U0504878

传记读库

# 心通庄子

孔正毅 唐少军 张荣明 ○编著

全国百佳图书出版单位

时代出版传媒股份有限公司

安徽人民出版社

图书在版编目(CIP)数据

心通庄子/孔正毅　唐少君　张荣明编著.—合肥:安徽人民出版社,
2016.12

(传记读库)

ISBN 978－7－212－09473－7

Ⅰ.①心…　Ⅱ.①孔…　Ⅲ.①庄周(约前369-前286)—传记　Ⅳ.①B223.5

中国版本图书馆 CIP 数据核字(2016)第 303979 号

# 心通庄子

XINTONG ZHUANGZI

**孔正毅　唐少君　张荣明　编著**

出 版 人:朱寒冬　　　　　　出版策划:朱寒冬　　　　　责任编辑:黄　刚

出版统筹:徐佩和　黄　刚　　责任印制:董　亮　　　　　装帧设计:孙丽莉

　　　　　李　莉　张　旻

出版发行:时代出版传媒股份有限公司 http://www.press-mart.com

　　　　　安徽人民出版社 http://www.ahpeople.com

地　　址:合肥市政务文化新区翡翠路 1118 号出版传媒广场八楼　邮编:230071

电　　话:0551－63533258　0551－63533292(传真)

制　　版:合肥市中旭制版有限责任公司

印　　刷:合肥中德印刷培训中心印刷厂

开本:710mm×1010mm　　1/16　　印张:17.5　　字数:320 千

版次:2016 年 12 月第 1 版　　2017 年 1 月第 2 次印刷

ISBN 978－7－212－09473－7　　定价:30.00 元

版权所有,侵权必究

# 序

民间有句谚语:"跟着好人学好人,跟着筮婆子下假神"。现实生活中,跟着神婆装神弄鬼的人可能不多,但是"跟着秀才会拽文"的人肯定不少。

的确,人是他所在的环境和文化的产物。即:近朱者赤,近墨者黑。当然,近着圣贤,我们未必就能够成为圣贤,而由于近着圣贤、从而濡染了圣贤的某些本色,则是无疑的。

"心通圣贤"这五本书包括《心通老子》《心通庄子》《心通孔子》《心通孟子》《心通墨子》,是"传记读库系列丛书"的一部分。它是我国优秀传统文化尤其是先秦诸子、百家思想解读的典范,是传统经典现代化、通俗化、大众化的一个努力。

在我国思想史上,先秦时期、"民国"时期、20世纪80年代以来的改革开放时期,是三个思想发展的高峰。

随着我国经济社会的发展、综合国力的提升、国际影响的扩大,中国文化的战略地位和作用日渐凸显。

习近平总书记在关于我国传统文化的一系列讲话、论述中指出:中国传统文化博大精深,学习和掌握其中的各种思想精华,对树立正确的世界观、人生观、价值观很有益处。学史可以看成败、鉴得失、知兴替;学诗可以情飞扬、志高昂、人灵秀;学伦理可以知廉耻、懂荣辱、辨是非。中华优秀传统文化积淀着中华民族最深沉的精神追求,是中华民族生生不息、发展壮大的丰厚滋养,是中国特色社会主义所植根的文化沃土,是我们最深厚的文化软实力,更是一种独特的战略资源。

我社从中华民族文化发展战略的高度,从弘扬中华优秀传统文化着眼,组织有关传统文化研究的专家、学者,集中策划、编撰、出版大型图书文库"传记读库系列丛书",计划五年之内,出版五十种、近百本图书。

为了使这套图书不断臻于完善,希望读者朋友多提宝贵意见。

# 目录

## 庄子传奇

## 庄子百问

心通庄子

心
通
庄
子

庄子传奇

# 一　楔　子

庄子是战国时期的大思想家、哲学家,他那瑰奇万状的哲学思想,似乎是一种千古绝响。

童年的庄子是否在水中捞过月亮,少年的庄子是否在地上画过八卦……这一切,由于历史风尘的逐渐湮没,人们早已无从知晓。然而,通过一部皇皇的《庄子》,时至今日人们依然可以看见一位千载之上的丰神翩翩、栩栩如生的大思想家、哲学家的风貌。

庄子是一位奇人。

他曾故过一个梦,梦见自己变成一只蝴蝶,飘飘悠悠四处飞舞,逍遥快活不可言说。此时此际,蝴蝶压根儿已忘掉自己原本是庄子。突然,一阵狂风刮来,蝴蝶一惊,突然醒来,又变成一个忙忙碌碌的庄子了。

庄子摸摸脑门,想道:刚才是怎么一回事? 一会儿蝴蝶,一会儿庄子,究竟是庄子做梦变成蝴蝶呢,还是蝴蝶做梦化成庄子?

这真是一个旷古奇梦。

奇人做奇梦,于是衍生出无穷的奇思奇想、奇言奇论……

# 二 庄子与东郭子①

有一天,庄子外出,走到一座城墙东面的时候,不期然遇见一个白发老翁,名叫东郭子。东郭子扶着根拐杖,原先正坐在青苔滋蔓的墙脚下眯缝着眼睛晒太阳,闲着无事。时而,还低下头去瞧瞧地上的蚂蚁打架争食,无聊得慌。

现在,东郭子一见庄子飘然走来,赶紧起身相迎,问道:

"呵,您就是人们常说的庄先生吧?"

"不敢,不敢,在下便是。"庄子拱手相答,顿住了脚步,一边在肚子里嘀咕:这老先生没见过面,却挡住我的道,不知有什么事。

东郭子见庄子的眼睛里闪出几道炯炯的疑惑的光,就急忙撩了撩嘴边的长白须,说明缘故道:

"噢,是这么回事。你们道家常说的那个'道',恍恍惚惚的,看又看不见,摸又摸不着,它究竟在哪里呢?鄙人想了几年也没弄明白,往往是刚要想通的时候忽然又变得糊涂起来了。'道'啊'道',这道简直比阴阳八卦还要难懂。今天贵驾经过,鄙人不揣冒昧,厚着脸皮打扰来讨教一番了。"

"哪里,哪里。好说,好说。"庄子很客气地摆了摆手,随后娓娓地谈了

---

① 本篇取材于《庄子·知北游》六。

起来。"我们常说的'道',虽然是恍恍惚惚、迷迷茫茫,其实却是无所不在、遍地皆有的。不这样,就不成其为'道'喽!"

"哎哟,原来如此! 不过我越听越玄乎,您能不能具体地给我指点指点?"

"拣近的说,就在蝼蛄和蚂蚁的身上。"庄子指指对方脚下。

"不可能吧。在这样低下的东西身上怎么能有'道'呢?"东郭子吃了一惊。

"不瞒您说,连瘪塌塌的小稗子里也有。"庄子淡然一笑。

"啊? 怎么在更加低微的东西里也有'道'呢?"东郭子的脸同胡须一样白了。

"说实在的,甚至在断瓦碎砖之间也有。"庄子依然不动声色。

"啊呀呀!"东郭子惊讶得几乎跳了起来,唠叨着;"蝼蚁会动,稗子在田里生长,这两者姑且还有些生命之'道'罢——其实也不能算有'道'——可这瓦砖是死东西,死沉沉的,说到天皇老子那儿,它也有不了道呀! 我不信。"

"恕我直言,老实说,连大粪里也有'道'哩!"庄子拱手一揖,风度翩翩地说。

就像树上聒噪的知了突然给竹竿敲了一下,东郭子即刻不作声了。他以为庄子这话是在调笑作弄自己,所以有点气鼓鼓。

庄子见东郭子突然缄口不言,明白他是误生其气,就微笑地解释道:

"呵,得罪,得罪。老丈,您以为我刚才这话是开玩笑、打趣您吗? 那可是大大误解了啊!"

"我说粪中有'道',并不是说粪就是'道',意思是说通过粪也能反映出'道'。譬如以马粪为例吧,在咱们这个列国争雄、戎马遍野的时代,无论是山谷、平原、僻乡、都邑,马粪几乎到处有,司空见惯的。假如有一天这马粪能均均匀匀地直接屙在农田里,而不是乱七八糟地撒在战场上,那么咱们这个世界便是清明太平之世了。为什么呢? 我们道家开山祖老聃先师说得好:

"'天下有道，却走马以粪'。

这话就是说，整个天下如果真正太平了，那么就不必骑着马儿驰骋战场去厮杀，而是赶着马儿去肥田了。因为马不似牛，不会耕田，干脆拉粪肥田罢了。老丈，您想一想，可见这马粪，不就曲折地反映出一种社会的动乱和升平的'道'吗？

再说那瓦砖吧。瓦砖之中难道就没有'道'吗？不是的。倘如说枯骨髑髅原先是风流潇洒的公子、蝤首蛾眉的佳人，那么这断瓦碎砖其实就是昔日的朱楼绣阁、歌榭舞馆。我几乎从这断瓦碎砖之中还闻得出琼浆玉液的美味，听得见凤竿龙笛的佳音呢。可见世上的荣华富贵也无非像瓦霜草露，转瞬即逝。再说天地间哪有一家一姓永做侯王的道理呢！所以这看似平常的断瓦碎砖，究其实，不就深刻地反映了一种高下易位、世事迁移的社会变化之'道'吗？

虽然'道'本身不是蝼蚁、瓦砖、大粪，但'道'如同幽灵，恍恍惚惚地依附在万物身上，任什么也逃不了。老聃说：'道之为物，惟恍惟惚。恍兮惚兮，其中有象；惚兮恍兮，其中有物。'意思是说，'道'虽然是恍恍惚惚的，但究竟还是通过具体的形象和物质来显露出'道'的精神面貌的！"

庄子这一番话脱口而出，似行云流水，一泻千里，痛快淋漓，东郭子听得频频点头，如醍醐灌顶，美滋滋地眉开眼笑，连声叫好。庄子略略顿了顿，又说道：

"老丈，我想，咱们没见面之前，恐怕您一定以为'道'是高高在上，清气飘逸，一尘不染的。对不对？这也难怪，因为'道'是在天地之前就应运而生了，能不尊贵吗？殊不知'道'虽然光辉灿烂，庄严伟大，就像高挂在天上的太阳一样。但宇宙间没有一件东西能不受到'道'的光芒的滋润，如同阳光普照万物一样，一视同仁，概莫能外。呵，这是所谓'道'的真面目，它既神秘又不神秘。老丈，这下您可明白了吧！"

听到这里，东郭子连连拱手，不胜佩服地说：

"呵、呵。真是、真是'闻君一席谈，胜学十年道'呀！庄周先生道貌岸然，德化天下。当今世上，道德文章的魁首，舍先生真不知其谁也！"

传记读库

庄子一听哈哈大笑;不过随即又摇摇头,有点不以为然地说:

"老丈,不见得,这话您可是多多溢美了。咱们萍水相逢,真是一见如故呀。其实,我一开口也不必说得如此惊世骇俗,使人听了毛骨悚然。我可以说得冠冕堂皇一些。譬如说,'道'存在于泰山顶上、蓬莱岛中;存在于周文王的八卦演化之中、姜太公的兵书战策之内。这样您无论如何也不会奇怪了,而且会觉得'道'是那样的神圣庄严,令人要焚香膜拜了。那么,您的心里也将感到很舒坦。是吗?但我想:何苦要蒙人呢?不讲则罢,一讲就应讲得透彻一点。所谓'一针刺疱,痛而后快'!老丈,您小处明了,大处自然也就通了。"

"这里有一个例子。据说市上的小官吏问屠夫是怎样收购猪的。屠夫回答:买猪之法,顶重要的是先要估量一下猪的肥瘦。仅仅用眼瞧瞧是不够的,这需要用脚去踩踩猪的腿脚的肉膘。因为猪的腿脚最难生得肥了,倘如这些部位很丰腴,那么其他地方就不必说了,一定生得圆圆滚滚、膘壮肉肥。这当然是一个简陋的比喻。'道'呢,也是这模样。既然在蝼蚁、瓦砖、大粪之间都有'道',那么天地间还有什么东西能没有'道'呢?真是无所不在、遍地皆是呀!原先我故意说得耸人听闻一点,使您也能悟得深一些。一番苦心,盖出于此。呀,时候也不早了,好了好了!后会有期。老丈,我这就同您告辞了。恕罪,恕罪。"

庄子说完,一拱手,就飘然走远了。

# 三　庄子谢绝相位①

这一日,秋高气爽,太阳已爬在半空,庄子还关着门大睡其觉。原来昨晚他一直在聚精会神地撰写大作,由于文思如泉,下笔不能自休,待到四更过去雄鸡初啼,他才丢下笔杆,倦然入睡。

如今门外突然一阵车马喧哗,随即门上被敲响几下。

原来,楚威王在宫廷内外多次听人交口赞誉庄子,据说此人满腹经纶,博古通今,似有经天纬地之才,诚是旷世一奇人。楚威王一听,当下仰慕得要命,心想:如能把庄子这位奇才招纳进宫给予高位,犹如挖掘到一颗大宝珠,于自己脸面也大有光彩。虽则自古豪杰之士,才高气盛,背有傲骨,不肯唯唯诺诺任凭君王驱使,但方今天下大乱,群雄纷起,逐鹿中原,正是用贤举能之际,寡人倘能仰仗庄子的不世之才,争霸天下,岂不大妙?

如此这般一思量,楚威王即刻派了几位大夫充当使者,领着一队壮士,抬着猪羊美酒,带着一千两黄金,赶着几辆驷马高车,隆隆重重地来请庄子去楚国当卿相。

门敲了半个时辰,才见庄子整整衣冠,迈步走了出来。

几位使者当下一起作揖,赔笑道:

①　本篇取材于《史记·老子列传》。

"呵,您就是庄先生吧? 多多打扰。久仰、久仰!"

庄子有些奇怪,问:

"各位从何而来? 有何贵干?"

其中一位下巴上留着撮山羊胡子的年长的使者,朝前跨了一步,回答说:

"庄先生,在下是从楚国京城星夜赶道而来,奉威王之命,要迎请大驾前去屈就相位。吾家大王陛下久仰先生大名,渴望一睹先生风采,以慰平生之愿呵。"

山羊胡子的使者言毕,右手一挥,两位楚国壮士随即献上一箱黄金,使者解释说:

"区区千金,不成敬意。请先生笑纳。"

庄子见状,仰天哈哈大笑:

"免哉! 免哉! 千金,重利也;卿相,尊位也。真是多谢你家大王陛下一片美意了。然而诸位难道没有瞧见过君王祭拜天地时所当作祭品的那匹牛吗? 这牛莫非天生就是挨刀的料吗? 不是的。想当初,它在田野里自由自在地吃草,在河流里尽情畅怀地嬉水,疲倦了,还可挨着柳树,躺在地上美美地打个盹。——只是由于这牛模样生得端庄一点,皮毛生得光滑一点,就被人选入宫中,喂以精美的食料,较之赤日炎炎下汗流浃背的耕牛,两者的差别正不啻霄壤!"

"几年下来,这牛被养得肥肥胖胖,毛色蹭亮,然后选了个黄道吉日,替牛清洗梳理一番,随即披红挂绿,鼓乐前导,把它送入大庙。此时此际,这牛方知大限已到,即将挨刀,不禁四腿发软,浑身发抖,牛泪盈眶,牛气大喘。当此关头,这牛倘想改换门庭,不要说换成一条终日耕耘老死田间的耕牛,就是硬要变成一只忍饥受寒整日在泥泞污秽的圈栏中翻滚的小猪猡,难道还可能吗? 难道还来得及吗?"

"再说到朝廷去做官吧,与这条选入宫中充作祭祀牺牲品的牛,又有什么差别呢? 天下的君王,当他势单力孤、尚未夺得天下之时,往往是卑躬屈膝礼贤下士,收揽海内英雄,'为王前驱';并且广开言路,从善如流,显得天下为公,爱民如子,总之是豁达大度,温文尔雅,宛如谦谦君子和忠厚长者。一旦荡平四海混一宇内,这些君王每每一阔脸就变,得志便猖狂,以为天下是孤家一人之天下,故为所欲为,人莫予毒,不仅视民如草芥,而且认为昔日那些运筹帷幄鏖战沙场的猛将重臣,将会功高震主,贻害无穷,非得斩尽杀绝而后快。你们说在这种德行的君王手下做官,能有什么好结果呢?"

"当然.对付这类坐稳天下就要翻脸的君王,鄙人亦未尝不可'留寇自重',剩下一两个国家故意不去消灭,闹得他君王寝食不安,不敢放肆。然而放着大自然的清风明月、荷色菊香不去观赏,不去消受,偏偏费尽心机要与这些无聊的君王周旋,你们说,又何苦呢?"

几位使者见庄子对于世情有如此深刻的洞察力,讲得又如此斩钉截铁,也不好再说什么,只得怏怏地告退,打道回府了。一路上,山羊胡子回想平生在官场上的所见所闻,何尝不是如此。今日承蒙庄子一声棒喝,勘破数十年做官迷梦,就此决计回朝之后上奏君王告老回乡,免得也当那披锦挂彩临末挨刀的牛。

# 四　庄子与魏王①

庄子不爱做官,固然是好,这样一则能飘然超脱于官场上整日雍容揖让周旋应酬的繁文缛节;二则嘛,平日里倒很有一些洒洒脱脱的清闲,可以登山临水,笑傲烟霞,可以访故迹赏景色,寄怀抱发感慨,或者在秋雨潇潇、妍花零落之中盘膝枯坐,冥思苦想,一旦性灵勃发,那就挥笔泼墨,作一些熠熠与日月争光、绵绵同天地齐寿的神采文章。真正是好不得意!

可是,世事往往是有利有弊的。庄子不爱做官,悠悠晃晃很清闲,挺不错,但这么一来,他没有碧瓦飞甍、画栋雕梁的朱门大屋住倒是小事,最糟糕的是没有一点俸禄来维持生计,而且又不会耙田耕种、挑菜卖瓜、务农事、做生意,赚些钱来贴补贴补,所以日常的景况自然就比较穷困一些。不过,庄子不戚戚乎贫贱,一点也不在乎、他平日最注重的是"内圣外王"的自我道德修养,而对于外表的服饰以及饮食的好坏,似乎是随随便便,不放在心上的。庄子在他的开山大作《齐物论》里这样阐明道家哲学:人间的王宫侯馆,无非是茅房草屋,而破衣烂衫呢,倒可以算是衮服龙袍,至于那粗茶淡饭,在思想上干脆就把它当作熊掌驼峰、山珍海味吃。真可以化臭腐为神奇、点顽石成赤金的。

---

①　本篇取材于《庄子·山木》六。

是的,庄子的风格就是庄子自有的风格。

有一次,庄子出门,就马马虎虎穿了件粗布衣服。这衣服呢,大抵是先前周显王二十七年做的,当时已是周赧王五年了,这中间换了两代帝王,相隔了几十个春秋,所以风吹雨打日晒水淋下来,这件衣服早已破旧不堪,上面足足有二三十个烂洞口子,东一块、西一块补得很是奇特,穿在身上,就像和尚的一件百衲衣,而一旦挂在绳上摊开来晒晒太阳,远远望去,又活像一幅画有东一块丘陵西一块山脉的孙子出门打仗时的行军图。

庄子穿了这件衣服,拦腰上还系了根会随风飘舞的布带,就神态飘然地在路上走着。可他脚上的那双鞋子似乎也不很堂皇,不知什么时候竟然已裂了两个口子,宛如开了一对大大方方的天窗。庄子生怕这口子任着性子越裂越大,没个约束,似脱笼的野马势如破竹地一裂到底,那就太不像话了。于是庄子找了根绳子,穿进这两个口子里去狠狠地打了个结,嘴里一边嚷道:

"我叫你这口子放肆不得!"

那两个鞋面上的口子,原先随着庄子的脚趾扭动,一拱一拱地乘机准备东裂西穿、开拓缝缝,如今给一根绳子系了起来,好似野马套了缰绳,也老实了好多。再说鞋上的那只绳结,大抵是庄子手巧的缘故罢,竟打得有模有样,活像一只翩翩欲飞的蝴蝶,停在那儿迎风招展哩。总之,这鞋,经过这一整顿,倒也显得别有一番生气。

庄子尽管是破衣烂鞋,外表褴褛,但精神上却一点也不自卑、不羞愧。是的,道家学说做了骨子,他是从不自惭形秽的。不像有些落难公子、尔雅君子,一旦穿了件破衣衫,就常常胆战心惊地觉得四周有许多滑溜溜的眼睛在嘲笑他,因而芒刺在背,怪不好受,唯恐天下不大乱。这样看来,庄子其人果然不同凡响,他破破烂烂的,穿戴比乞丐还差劲三分,但走起路来,却是趾高气扬大公鸡的派头,说实在的,就是那旌旗簇拥、斧钺前导的帝王出巡,也比他强不了多少。

庄子正走着,突然前面远远的大道上扬起一阵冲天的黄尘,隐隐约约如雨打芭蕉似地还传来一些马蹄声,原来是魏国的魏王带了大队人马出外去打猎。一见破衣蓬松的庄子，魏王先是傻眼愣了一下，随后赶紧停下马车，热乎乎地招呼道：

"哈，是庄先生，久违，久违。咦，庄先生今天怎么了，为什么看上去憔悴疲劳倒像生病一样呢？"

庄子当下站定身子，看住魏王的眼睛，说：

"哈，是魏王陛下，少见，少见。承蒙您大王陛下说得好，代为遮丑。不过，我倒喜欢直白白地捅开屋顶说亮话：鄙人这个样子叫作捉襟见肘、穷相毕露，哪里是什么憔悴而生病呢？一个人，怀抱着高超的道德，但因为曲高和寡，不能行之于世上，所谓'举世皆醉我独醒'，这是很痛苦的。天长日久，随着岁月流逝，志向也淡泊了，头角也磨光了，外表上就未免露出一副猥猥琐琐、抖抖瑟瑟似生病一般的潦倒面貌来。我庄周，虽然道德不高，可是无论如何究竟还不至于窝囊到这种地步——一穷困就要生毛病。鄙人衣服有破绽，鞋子穿了两个洞，是不大中看，可您大王也别弄糊涂了，这叫作穷相毕露，并不是生病憔悴呀！那么，为什么会这样呢？因为不得时运呵！"

"您大王嗜好打猎，难道还没见过树林里跳跳蹦蹦的猴子吗？倘如遇见一些端正光滑的树木，那猴儿就运气了，它们攀枝跳跃，往来迅速，悠悠自在，这时候，虽然是天下射箭的好手如后羿、蓬蒙也奈何它们不得。但如果碰到一些粗糙有刺的树木，那就糟了，猴儿们东瞧瞧、西看看，小心翼翼地跳动，树枝略略一抖，它们就吓了一跳。这并不是猴子的筋骨一下子变得僵硬而不柔韧了，而是环境险恶呀，所以弄得猴子虽巧，却没法施展它们的技能了。"

这时，一阵微风吹来，庄子的腰带被吹得飘飘扬扬、婆娑起舞，似乎正像一位婀娜多姿的敦煌仕女飘飘然地要凌空飞上天去呢。

"当今天下，列国相争，兵荒马乱，"庄子一只手臂搁在背后，另一只手臂平平稳稳地在胸前展了开来，加强了语气，"一个抱道之士，虽想扬眉吐气地干一番事业，但能办得到吗？办不到！"庄子展开的手臂随之向下一劈，如同有千钧之力，仿佛想把这乱糟糟的世界劈西瓜似地劈它个七八瓣。

“所以到头来还不弄得缩头缩脑,憔悴得要死。唉唉,商朝的纣王因为昏庸无道,甚至于连忠臣比干都被剖开胸膛取了心去,我看,这时节与商朝也差不离了。”

魏王静静地听着,心想:这个庄周,说起话来长长一大套,而且夹刀夹枪地总给他刺了几下,好像我就是那商朝昏庸的纣王似的,冤不冤呐,真是的!

魏王很想说几句反对的话,但在庄子的灼灼逼视下,竟口不由心地说:“在理,在理。庄先生,告辞,告辞。”

呼哨一声,魏王领着大队人马风驰电掣地赶去打猎了。庄子会心一笑,也飘然走远了。

那边路上,魏王很有点后悔,他觉得:刚才同庄子谈论时,双方眼神直射相接,如长枪大刀交叉在一起,自己的眼睛给他看住,脱不开来,所以竟没看清他身上到底有多少补丁,破到何种程度,否则的话,细细打量一番,倒也是很有趣的呀!

# 五　庄子与髑髅[①]

　　庄子去楚国的时候,路过一片墓地。那里野草丛中荒坟累累,一眼望去,满是凄凉萧瑟的景象。庄子可一点也不在意,他独自一个人悠然自得地走着,走着,那模样,似乎不是在荒无人烟的旷野里踽踽独行,倒好像是在热闹繁华的街市上信步漫游。庄子晃着脑袋,东张西望,南顾北瞧,一步三摇,似乎正在细细地观赏四周的景致,其实是在深深地思索人生的哲理。他想道:天地间事物的道理真是十天十夜不吃不睡也想不清楚,弄不明白。譬如这坟堆为什么像馒头似的,倒是圆圆的,而不是方方的呢? 不过,天长日久,风雨剥蚀,无论这坟堆有多大多高,在岁月的流逝之中总是要渐渐地平塌下去的。因此,到头来,还不是这包罗万象的大自然吞吃了人肉馅子的土馒头吗? 哈哈,人吃馒头,"馒头"吃人,最后,造化一并吃掉那吞吃人体的土馒头,唔,真是有趣……

　　突然间,只听哐啷一声,庄子的右脚不知踢着什么了。他肚子里说:什么玩意儿,凹凹凸凸、七高八低的,而且又硬又尖,把我庄周的脚趾踢得可疼了! 他低头一瞧,哎哟,老天,原来是个死人的髑髅,上面除了有七个不很有趣的深深的洞洞,白骨斑斑的什么也没有了。庄子赶紧朝它作了个

①　本篇取材于《庄子·至乐》四。

揖,说道:

"啊呀呀,得罪,得罪,真正冒犯您了。鞋子虽新,总不能戴在头上,帽子再破,也不能冠于脚上——况且,我穿的只是双破鞋,真是十趾九露,经风受雨。所以,无论上哪儿说去,我的脚不巧碰着您的头,总是失礼的……咳,您老哥可得多多包涵,包涵……"

髑髅一动不动,除了七个深深的洞洞,在朝人幽幽地望着,什么表情也没有。

庄子觉得很是遗憾,不过由此也感慨万千,浮想联翩。他肚里寻思:这么一个髑髅,它的前身是朱门高楼里王侯颐指气使的阔脸盘呢,还是凄风苦雨中乞丐嗷嗷待哺的瘦削脸?是田野老农饱经风霜的脸呢,还是腰缠万贯、挥金如土的富翁的白白胖胖的脸?嗟,眼眶这么大,所谓虎眼圆睁,大抵是一位叱咤风云、纵横战场的慷慨之士罢。可是嘴巴也不小,看模样倒也很像是一位大言炎炎、信口雌黄的游说之士。不过,谁知道呢,平民百姓中眼大口阔的多得很,而细眼将军、小嘴说客恐怕自古以来也是不会少的……但是,这人究竟是怎么死的呢?

想到这里,庄子拿了根马鞭子在髑髅的脑门上敲了敲,自言自语地问道:

"喂,喂,你是不是贪生怕死、临阵逃脱弄成这样的呢?还是昏庸亡国,吃了板斧弄成这样的呢?还是有了丑事,声名狼藉,对不起父母妻子弄成这样的呢?还是又冻又饿,活不下去弄成这样的呢?或者,干脆什么也不是,而是因为年纪一老,像瓜熟蒂落般自自然然地死了呢?"

髑髅一动也不动,除了七个深深的洞洞,在朝人幽幽地望着,什么表情也没有。

庄子怔怔地呆看一阵,转而又苦笑了。他知道髑髅固然冥顽不灵,但自己也傻气可掬地乱说一通,真正是对牛弹琴,枉费心思了。抬头一瞧,已是夕阳西下、薄暮四起的时刻,况且也走了大半日了,加上脚趾也踢得极疼,所以庄子就随地坐了下来,脑袋枕着坑坑洼洼的铜髅,也不怕沾染了崇气,竟高枕无忧地睡了起来。

半夜里,庄子不知不觉地做了个梦。只见这个髑髅像皮球似的突然骨碌碌地滚动起来,它眼睛一张,嘴巴一开,冲着庄子嚷道:

"你老弟啰啰唆唆地讲了一大套,真像是一个摇唇鼓舌的说客。不过,你刚才所举的种种例子,'万变不离其宗',都是活人的一种累赘,就仿佛是长途旅行时驮在背上的一个包袱,沉甸甸的,压得人脊背发麻,通身不舒服。那么,这包袱里究竟装的是什么呢?无非是人世间的虚荣、名利、权势罢了。人们一旦驮上这些劳什子,那在人生的道路上就别想轻松自在了。当然,倘如瞑目一死的话,则撒手不管,万物皆空,什么累赘包袱也没有了。你老弟见识不广,孤陋寡闻得很,想听听死后的光景吗?"

庄子一想,觉得这或许比三皇五帝时的逸闻逸事还要有趣,心里很高兴,连说:

"好的,好的。足下现身说法,鄙人洗耳恭听。"

髑髅眨了眨眼睛,又抿了抿嘴,才大剌剌地说道:

"一死之后,嗯,就撇开千般忧愁,解脱万种苦恼,整天逍遥自在,遛遛逛逛。因为既无人管你,也无人要你管。推而广之,则上无运筹帷幄、荡平天下的庞然大志,下无谋取禄位、荣妻耀子的渺然私心,不必劳心劳力、牵肠挂肚,而且极妙的是:全无四时之事,如春耕、夏锄、秋收、冬藏,悠悠然以天地为春秋,要活多久就多久。因为一死之后,不会再死,一劳永逸,快快活活。虽是在人间称王称霸的好汉,常常要绞尽脑汁、乱打算盘,所以也万万及不上死人的无忧无虑、天趣盎然呀!"

听了这话,庄子摇摇头,说:

"原来如此,这也算不了什么。我看,你还是去通融通融管命的神仙,求他显显神通,上哪儿搞点皮肉肌肤,来恢复你的本来面貌。这样,你就可以回去见你的父母妻子、亲戚老乡。大家团圆在一起,初春游山,盛夏纳凉,中秋赏月,隆冬踏雪,热热闹闹地享受一下人间的天伦之乐,该多好啊!这总比你孤孤零零一个人,虽然跳跳蹦蹦地没人管束,但寂寂寞寞地想要找个朋友聊聊天,谈谈学问也不可能的情景,不知道要好上多少倍了,你愿意不愿意呢?"

"真是个木瓜脑壳的糊涂汉。说了半天,你还没有开窍,可说是愚不可及,呜呼哀哉了。一听到做人,我就头疼。难道我这么傻,竟愿意用死后的悠悠闲闲如同做工的快活去调换人间的忙忙碌碌做人的劳累吗?"髑髅一下子大皱眉头,皱得连鼻根都缩了起来。

　　庄子想:这家伙自己死头死脑的,还要口口声声地想要做王侯哩。可是连"死王乐为生鼠"的道理都不懂,真正是不可救药! 这恐怕就是髑髅之所以只能成为髑髅的缘故吧! 庄子刚想开口骂他一顿,突然觉得颈窝间有点痒痒的,不禁睁眼一看,哈。原来刚才的情景仅仅是荒坟一梦,而几个脏水沟的癞蛤蟆正蹲在他的身上蹦蹦跳跳,呱呱乱叫呢。

　　抬头一瞧,红彤彤的太阳已升在半空中了。庄子叫了声"惭愧",跳起来拍拍衣服,又赶他的路去了。

# 六　庄子与曹商①

战国时期的宋国，有一个人名叫曹商，作为宋王的使节去秦国。初次朝拜秦王的时候，被赏赐了几辆车子。后来。因为口舌伶俐的缘故，很得秦王的欢心，所以格外开恩。又赏了他一百辆车子。

曹商满脸春风回到了宋国，遇见庄子，很得意地说：

"唉，待在穷僻的小巷里，又穷又窘，只能编织麻鞋以糊口，人弄得头颈枯槁，面色焦黄，这就是我昔日的短处；然而如今一旦受到万乘国主秦王的赏识，凭着三寸不烂之舌毫不费劲地搞到了百辆车子，一路上前呼后拥，声势煊赫，真是春风得意马蹄疾。嗨，这就是俺曹商的长处了。"

庄子声色不露，只笑了笑，答道：

"好，那么我问问你，倘如秦王有病召集天下医生，立下一条规矩：能替他挤破毒疮脓疖，赏车一辆；替他舐舐痔疮，赏车五辆。做的事越卑下，赏的车也越多。你刚才虽然自我谦虚地说，不烂之舌只有三寸，不过，依我看来，你老弟简直是'喙长三尺'了，如果想舐痔疮的话，真可说是得天独厚的了。你老弟愿意干这勾当吗？因为这样可以多得车子呀！去吧，你快点去吧！跑得慢可捞不着了。"

---

① 本篇取材于《庄子·列御寇》四。

# 七　庄子与阿二①

有一个人名叫阿二,去宋国拜见宋襄王,卑躬屈膝地当面说了许多奉承恭维的话。他想:反正拍马的话儿又不费钱,顶多劳累一下两片嘴唇,或者难为一些唾沫罢了。这,较之人世间干其他的活儿出力流汗,那可轻松得多了。何乐而不为呢?

"嘿嘿,嘿嘿。您大王尧状舜趋,龙行虎步,真是德高望重,威加四海呀!嗳,普天之下,莫非王土。小的似一颗旱苗,托居贵土,可要好好地叨光您大王的澍雨甘露之恩了。哎唷哟,真的,您大王腰缠万贯,富有天下,拔根毫毛赏赏,也保管比俺这个傻大个的腰还粗哩!哈,小的在这里就给大王您磕响头了。"阿二跪了下去,谄笑地颂扬道。

倘如把阿二先前已絮絮叨叨说的一大套,比喻成一块五彩缤纷、令人头昏目眩的美丽的锦缎,那么,上面这些话只能算是这锦缎上又添绣了几朵漂亮的花儿罢了。

宋襄王刚喝了几盅酒,心里很痛快,又见这家伙说的比唱大鼓的还好听,就不免有点头重脚轻乐呼呼了。宋襄王酒醺醺地乜斜着醉眼,洋洋得意地嚷道:

---

① 本篇取材于《庄子·列御寇》八。

"嗬,你小子虽生得鼠头獐目的,但嘴巴还不赖。唔,像个蜜罐,大王我就爱听这话,比笙独奏还爱听……唔,哼,赏你这小子十辆车,大王我拔根毛呀!"说完,宋襄王胖乎乎的脑袋朝后一仰,倚着案几一下子睡着了。

阿二得了这十辆车子,如同黄鼠狼抓着小鸡,喜从天降,肚里甭提多高兴了。他赶着车子.出了城门,一路上踌躇满志,嘴上还哼着桑间濮上的小调,真是"人逢喜事精神爽"。阿二兴冲冲地准备衣锦回故乡了。

半道上,远远地突然瞧见庄子,正风神潇洒地迎面走过来。阿二私下里想:鄙人现在时来运转,今非昔比了,撞着庄子,正可摆摆阔气,抖抖威风。你有你的道德文章,俺有俺的高车驷马,所以俺也不必自惭形秽。今天见面,如同是两个国王相见,完全可以分庭抗礼了。

阿二当下赶紧勒住马头,停了下来,老远就阴阳怪气地叫道:

"啊呀呀,我道是谁,原来是庄老夫子,失敬,失敬。夫子名扬天下,驰誉列国,鄙人久仰大名,今日一睹足慰平生之望,深感荣幸不已。不过……"他的目光突然滞留在庄子的鞋子上,原来那鞋面上有两个破洞洞,活像一对黑灼灼的眼睛朝人瞧着,刺得他吓了一跳,好不自在。"唔,你老这模样还是不衫不履,洒脱不拘,像从前一样。你还是安步当车,飘游天下吗?不过,关山重重,大地辽阔,你老总是这样走着走着,就不怕终有一天把脚底皮磨破吗?唉唉,可怜!今天,我见了宋王,以口舌之力,轻取这十辆车子,易如反掌。来,你老过来瞧瞧,这车子轱辘大,跑得快,可真有气派!你整天用脚底板赶路,一颠一簸的,也真费劲,不如放下架子先图快活,在我这儿赊一辆去坐坐。钱……干脆,算鄙人赏给你,不,不,算是献给你老得了,如何?"

庄子朝他瞥了一眼,说:

"嘺,这不是油嘴阿二吗?神气活现的,就得了这十辆车子?前几日,宋国的曹商去秦国,被赏了一百辆车子。假如他瞧见你这副得意劲儿也要自愧不如的。你要送我一辆车子?多谢美意!你嘴儿甜,你脸儿大,还是放着你自己慢慢地坐吧!不过,我得告诉你一件事儿,给你浇盆凉水,免得你脑袋发热昏了头。"

"这事是这样的:河那边有一户人家,很穷,平日只能用芦苇织些薄帘子卖了维持生计。有一天,这户人家的小儿子去河里游水,看见一个碧湛湛的深渊,就泅到渊底下去掏摸一阵,没料到竟摸到一颗拳头大小的珍珠。小儿子高兴得立刻捧了回家。他的父亲一见之下,大吃一惊,喝道:

'快把门背后那柄大石锤取来,敲碎它!''啊呀,父母大人你莫非喜糊涂了!这么大的珍珠,价值千金。敲碎它成了珍珠粉儿,还值什么钱?'小儿子伸开双手,急忙拦住。他父亲听了勃然大怒,大声叫道:'你这小子莽莽撞撞的,不懂的事儿还多着呢。这种千金之珠,浅河小湖里是断断乎不会有的,一定是生在深渊之中,通常有条黑龙守着它。有时,黑龙干脆就把这颗珍珠放在下巴颏下,小心翼翼地监护着。你小子今天侥幸能摸到这颗珍珠,大半是碰见那黑龙在打瞌睡,迷迷糊糊地漏过了你。假如那家伙醒着,全神贯注的,你去冒险,好,吧嗒一口,还不把你小子囫囵吞了进去?保管连一点骨头都不剩下。你想这险不险?所以我今天一定要敲碎这珠,不稀罕!免得你下次还去冒险,早晚让黑龙吞了去。'"

说到这里,庄子意味深长地朝天呼了口气,继续讲道:

"今天,宋国几百里疆域之广,那个九重深渊是不能比拟的,至于宋襄王的一声令下绑去砍头的生杀大权,更不是那条凶猛的黑龙所能比得了的。眼前这十辆车子,是怎样弄来的呢?我想,大抵是你乘着来王的酒兴花言巧语诓骗而来的。一旦宋王酒醒,觉得有点后悔,那么定你个欺君之罪,恐怕把你碎尸万段,扔到东海里喂王八还不罢休哩。"

油嘴阿二听完这番话,如闷雷轰顶,吓得魂儿出窍,六神无主,连手中的那根马鞭也不由自主地簌簌掉了下来。

# 八 庄子授课：人生哲学

孔子当年开门授徒，教以诗书礼乐，门下弟子三千，冠盖云集，其中博学的高徒竟有七十二人。庄子与孔子不同，喜欢独来独往，一如闲云野鹤，潇洒自在。然而也有几个执着之人，闻其大名找上门来，软磨死缠，硬要拜其为师，庄子经不住折腾，不得已而招纳了几个。

道家讲究"多言数穷，不如守中"，"大辩若讷"，但既为人师，也不能枉担虚名，总得在腹囊内掏点招数，多少传授一点给弟子，免得他们日后痴痴呆呆跑到世上，辱没了师门。

这一日风清日丽，庄子早晨啃了两个馎馎，精神似乎很好，就把几个弟子拢在一起，开始讲授他几十年俯仰天地、纵观人生而总结出来的哲学思想。

## （一） 逍遥游：大鹏与小雀①

相传北海有一种名叫"鲲"的鱼，庞然大物。有几千里之巨。鲲又化成为鸟，称之为"鹏"。鹏的背像泰山，翅膀又像天边云层，它裹着一阵旋

---

① 本节取材于《庄子·逍遥游》一。

风,昂首奋飞,直上九万里的高空,超绝云气,背负青天,然后掉头向南,哗啦啦直朝南海飞去。

丛林中的一个小麻雀在悠悠然地低飞觅食,刹那间,随着一阵呼啸,半边的天空像罩上了一块黑幕,突然暗了下来。小麻雀鼓瞪眼珠,赶紧仰起脑袋朝天观望。好一会儿,似乎当一座泰山在头顶上移过之后,才看清鹏的背影在天空南边晃动。小麻雀摇了摇头,不以为然地说:

"唉唉,这个鹏,憨头憨脑地要飞到哪里去呢? 借着一股春风,它扶摇直上九万里,飞到南海,激起浪花三千里,真是作威作福,把个清平世界、朗朗乾坤搅得一团糟。它要干吗呢? 俺小麻雀,在蓬蒿丛中飞来飞去逍遥游,悠闲自得,瞧着虽不起眼,偶尔有个闪失,也不过轻轻掉在地上而已。但你这个鹏,九万里上一旦倒栽葱下来,还成个什么玩意呢?"

这样看来,"大小虽殊,逍遥一也"。就各自追求精神上的自我满足而言,蓬蒿间的小雀绝不输于九万里的大鹏。倘能自得其乐,无论是青云直上九万里,还是上下翻飞蓬蒿间,对于逍遥游这个宗旨来说,都是一模一样的。

总之,关键在于内在的精神如何求得愉悦,而不在于外在的地位如何处得显赫。试看三家村里,几个蓬户闲汉,清风一榻,便是羲皇上人,较之因重兵围困、杀声四起而躲在火光烛天的宫殿里急得要上吊自刎的帝王,轻松得不是要相差"九万里"了吗?

归根结底,逍遥游是精神世界的逍遥游。据说列子能乘风飞行,轻轻灵灵的,比常人可要自由自在得多了。然而他虽能免于"行",但还是要凭借那个"风"。说到底,列子还是有所制约,有所束缚,未能迈入真正自由逍遥的境域。

唯独静坐冥想,才能让思绪在无边的宇宙间翱翔,与天地万物混为一体("与物冥"),才能让思想的"飞龙"去追随大自然神奇的变化("循大变")。这种冥冥中的心驰神往难道还要凭借吗? 难道还不比你列子御风而行和大鹏鼓翼遨游来得潇洒,来得逍遥,来得自由吗? 这叫作"夫唯与物冥而循大变者,为能无待而常通"。

## （二） 齐物论：美人与真理①

粗粗看来，天下万物有大小、高低、是非、美丑、生死之别。细细想来，却未必尽然。

一个婴儿从母腹中呱呱坠地，来到世上，这固然可叫作"生"，但光阴似箭，由婴儿迭经少年、青年、中年几个阶段，就是垂垂老矣的白发老翁了。老翁双腿一伸，一口气一闭，这就叫作"死"。这中间光景不过是弹指一瞬间。由此可见，当肉鼓鼓的婴儿一天天成长起来，在枕上地上爬着爬着开始蹒跚学步时，他实际上已走上了通向死亡之路。所以这表面上的"生"，实质上也就是隐藏着的"死"。故可称之为"方生方死"。

人死了之后就一无所有、万劫不复了吗？也不是的。一死之后，肉体腐烂，分解为各种物质，纷纷扬扬地散落在生生不息的宇宙之间，为形成新的生命而创造了物质条件。所以这表面上的"死"也就蕴含着"生"，故可称之为"方死方生"。

这样说来，人的生死在某种程度上是相"齐"的。毛嫱、西施是古代绝色美人。据说这两位天姿国色，如出水芙蓉，嫋嫋婷婷，仪态万方，加之明眸善睐，秋波四溢，使得普天下芸芸众生，偶然一睹芳容，不免"色授魂与"，颤颤巍巍半天透不过气来，先忘了儒家六经"子曰诗云"，后摸不着归去路口七尺家门。但是这种评判美人的标准仅仅是咱们"横目之民"的观念，倘如毛嫱、西施搔首弄姿地迎面走来，喔唷，一个庞然大物，小鱼看见了转身就潜入水中，小鸟见着了振翅就飞入丛林，至于给小鹿瞧见了恐怕还要撒腿就逃哩！可见，美这个观念，本身是相对的。

对面泥塘旁懒洋洋蹲着个癞蛤蟆，浑身上下一股脑儿布满着大大小小的脓包，一见之下就让人恶心不已，横看竖看，也瞧不出半点"美"来。然而且慢，殊不知在公蛤蟆的泡泡眼里，天下最美最美的莫过于如此这般的

---

① 本节取材于《庄子·齐物论》六。

雌癫蛤蟆了。

这样说来，事物的美丑在某种程度上是相"齐"的。

孔子曰："朝闻道，夕死可矣。"这个"道"就是真理。呵，真理，是何等的崇高，如同太阳挂在空中，俨然不可侵犯。人们往往为之杀身成仁，视死如归。然而少安毋躁罢，世上果然有真理吗？果然有是是非非的真理吗？

譬如我与你两个人进行辩论，你辩赢了，我辩输了，你果真是对吗？我果真是错吗？我辩赢了，你辩输了，我果真对吗？你果真错吗？究竟是我们两个有一人对、有一人错呢？还是咱们两个干脆都对，或者干脆都错呢？我和你都懵然无知。凡人皆有喜怒哀乐，难以排除偏见、超然无私，那么我们请谁来评判你我的是非呢？假如请观点与你相同的人来评判，他既然已与你相同了，又怎么能做出不偏不倚的评判呢？倘如观点与我相同的人来评判，他既然已与我相同了，又怎么能做出不偏不倚的评判呢？那么，干脆请观点与你我都不同的人来评判，但他既然已与你我都相异了，怎么又能超然做出评判呢？假使请观点与你我都相同的人评判，他既然已与你我都相同了，怎么又能超然做出评判呢？显而易见，咱们两个人连其他所有人都不能评判谁是谁非，那么还有谁能做出评判呢？

这样说来，事物的是非在某种程度上是相"齐"的。

——庄子这一大段绕口令式的奇谈怪论，使得众弟子们听得目瞪口呆，如醉如痴，脑细胞来不及随之千曲百弯地调整，只得崇拜得五体投地而三日不能起身。


# （三） 养生主：庖丁解牛①

人活在这个世界上，每个人的生命都是有限度的，而人世间的知识，上至天文，下至地理，包罗万象，是没有限度的——"逍遥游"与"齐物论"只是其中的"沧海一粟"。以稍纵即逝的生命去追求无穷无尽的知识，这岂

① 本节取材于《庄子·养生主》二。

不如"夸父追日",要劳累而死吗？因此无奈乎就要"养生"。说到养生，最好的方法自然是气功导引，即"吹呴呼吸，吐故纳新"，可以神清气爽，延年益寿。咱们老聃先师讲得妙：

"营魄抱一，能无离乎？专气致柔，能婴儿乎？涤除玄览，能无疵乎？"

意即灵魂儿常附在身上，能睹见美色美景而不跑开吗？气儿细细地吸，绵绵地吐，能像婴儿一样吗？清除心中种种杂念，能一点儿也不留吗？

照着这样法儿天天练，管保诸位"寿比南山"，像800岁的彭祖老翁儿。

这里我给大家讲个"庖丁解牛"的故事，大家可以从中细细琢磨一下养生的道理。

据说魏国梁惠王有个专门掌管宰牛的屠夫，人称其为"庖丁"。庖丁大抵懂一点导引气功之道，宰牛有绝活。庖丁通常不用绳索捆绑，只是让牛悠悠然在场地上随意吃草，然后意守丹田，宁神运气，接着操起一刀向牛飞起，刀光在牛前牛后牛上牛下牛左牛右飞快闪烁，如同浪里的白蛟，神出鬼没，寒气逼人，又见他手在这里一抓，肩在那里一顶，脚随之一踩，膝随之一抵，身手步法，形同闪电。但听"砉啦"一声，大片的牛肉随着刀尖纷纷向四面八方滑落下去，刹那间，场地上只剩下一个光秃秃的牛骨架完整地矗立在那里，而牛眼睛还在转，牛尾巴还在扬呢。

更加奇妙的是，庖丁宰牛时左右闪动的步法，忙而不乱，腾挪有序，如同商代王宫里取名为"桑林"的莲花舞步；而刀刃在牛肉与牛骨间伸展运行时所发生的"吱、吱"声，抑扬顿挫，宛转动听，完全符合帝尧宫廷内名叫"咸池"乐章的韵律。

当时，梁惠王在一旁目睹了庖丁解牛的全过程，不禁脱口称赞道：

"啊，妙极了！你宰牛的技术怎么竟会达到如此出神入化的地步呢？"

庖丁放下屠刀，双手抱拳对梁惠王作了个揖回答道：

"宰牛仅仅是一门粗糙的技术，而小民往往喜欢研究能够贯通万事万物的大道，然后再以这种大道来指导宰牛的技术，就能够得心应手，挥洒自如。"

"刚开始宰一头牛时，小民看上去无非是浑沦一团，宛如一堵铜墙铁壁横在眼前,令人不知从何处下手。经过长期的琢磨与实践,三年之后,当拉过一头牛预备宰杀时,小民一眼望去,何处有骨,何处有筋,以及五脏六腑灿烂分明,真可说是'目无全牛'呵!

"20多年过去了,至今小民宰起牛来,闭着眼睛操起一把刀,只是凭着一种感觉,在牛身上前后左右持刀运行,势如破竹,如同一把铁犁在松软的泥土中所向披靡。小民的刀刃是按照牛身上的自然纹理,进入筋肉的间隙,进入骨节的空隙,完完全全是顺着牛的自然结构去行动。这样刀刃连经络相连的地方都不会遇到,何况会撞在大骨头上呢?

"好的屠夫,据说是一年更换一把刀,因为他们是用刀去割筋肉的,刀刃磨损得慢。而普通的屠夫呢,据说一个月就要换一把刀,因为他们是用刀去砍骨头,刀刃损坏得快。现在小民这把刀已经用了十九年了,用它宰杀的牛也已达几千头了,可是它的刀刃似乎刚从磨刀石上磨出一样,银光闪闪,锋利异常。小民的看法是:牛骨节虽然紧密,总是有间隙的,而刀刃呢,几乎没有厚度。以没有厚度的刀刃切入略有间隙的骨节,当然是游刃恢恢而宽大有余了。尽管如此,每当遇到筋骨盘结的地方,小民也知道不容易对付,于是全神贯注,手脚略慢,找到间隙,刀刃微微一动,整头牛就哗啦一声解体了,大块牛肉如土散落,牛本身还来不及感受疼痛就死了。这时候,小民才感到如释重负,提刀站立,顾盼自如,觉得大功告成,心满意足,随后把这口刀擦拭干净收藏好,以备后用。"

梁惠王听了庖丁这一番"宰牛经",不禁深受启发,赞扬说:

"好啊!听了庖丁这一席谈论,从中亦可悟到不少养生的道理了。"

## （四） 人间世:"支离疏"混世①

先讲一个故事。相传上古时代南方有一只千年老蜗牛,硕大无比。蜗牛的左角上有一个国家,名叫"触氏",蜗牛的右角上有一个"蛮氏"国。两

---

① 本节取材于《庄子·人间世》六。

国的土地极其肥沃,捏摸一把就可以冒出油来。按理,这两国大可"鸡犬之声相闻,老死不相往来",彼此春耕秋收,安居乐业,各自享受一下太平盛世的日子。然而"蛮氏"国的头领似乎天生是个蛮酋,放着脚下肥沃的田地不耕种,老是鼓瞪着眼珠瞅着对方的那一块土地,恨不得一口吞下。这一日,蛮酋纠集了"蛮氏"国内 28000 条蛮汉,乘着月黑风高之夜,直向对方杀来。

殊不知,"触氏"国的头领亦非等闲之辈,触酋平日里喜欢向四周触触摸摸,占点便宜,不甘寂寞闲得慌,正想蠢蠢欲动:哪一日去吞并"蛮氏"的国土好一统天下。如今一听蛮酋竟敢冒天下大不韪,无端兴师动众,真是天赐良机。当下触酋一声令下,即刻召集了 30000 条平时擅长触触撞撞的"触"汉,作了七八句战前动员,随后群情激愤地迎面向蛮氏国扑来。

朝阳初升的时刻,触、蛮两国兵马在蜗牛头上的这一片开阔地上迎头相遇。"仇人相见,分外眼红",因此无须蛮触两酋下令,58000 条汉子就彼此恶狠狠蜂拥而上,大肆砍杀起来。

这一场恶战持续三天三夜,直杀得血肉横飞、鬼哭狼嚎,直杀得飞沙走石、日月无光。三天之后,触蛮两国全军覆没,蛮酋被拦腰斩成二段,弄成一个"八"字。而触酋呢,光剩下脖子腔里在汩汩冒血,脑袋不知飞到哪里去了。总之,一眼望去,伏尸数万,阴风惨惨。多少年后,有一位骚人墨客途经此地,但见尸骨遍野,不禁触目伤心哀吟道:

"鸟无声兮山寂寂,夜正长兮风淅淅。魂魄结兮天沉沉,鬼神聚兮云幕幕。日光寒兮草短,月色苦兮霜白。伤心惨目,有如是耶?"

然而,造物主似乎在天上掀髯而笑,笑这些横目之民芸芸众生鼠目寸光、冥顽不灵,往往为了些蝇头小利、蜗角小地,竟然抛却身家性命不顾,莽莽撞撞地厮杀得埋骨战场,有家难归。

当今天下呢,列国仍在你争我夺,厮杀连年,闹得荆棘遍地,民不聊生。看来,当年蛮酋触酋的覆车之鬼至死不悟,在各国穷兵黩武的君王诸侯身上又借尸还魂了,因此驱着众多无辜的庶民百姓一味兵戎相见,冤死沙场。

这些蜷居深宫的君王诸侯,平日里钟鸣鼎食,歌舞娱目,声色犬马纵情享受,直养得脑满肠肥大腹便便。既然想打仗,那你尽可以脱下王服赤膊上阵,作一番身先士卒的肉搏大战。何苦一定要征召天下安居乐业的千千万万无辜百姓,冒死在战场上作无谓的相拼呢?

唉唉,方今天下,世情险恶。"祸重乎地,莫知所避"呀!你待在家里安分守己做个小民百姓么,说不定哪一日被抓去当兵,送到战场权充冤死鬼;你跑到朝廷炫耀才华求个一官半职么,保不定哪一日君王发怒找个替罪羊,被人推出宫门将做刀下鬼。

那么,普天之下大家都一股脑儿地躲入深山当隐士去吧,且不说神州大地还没有这么许多幽谷峻岭,可供人结庐而居,逍遥一番,就是山中蛇虺横行、虎狼嚎叫的情景,闹得人亦不易清静下来。

那么,就如孔子所说:"道不行,剩桴浮于海"罢,东海洋上的风急水深、白浪滔天这里且按下不表,就是你在险风恶浪中有幸到异邦他乡,又会有什么造化呢? 人生地疏,语言不通,风物皆异,宛如一个孤魂在陌生的旷野里游荡,能有什么乐趣呢? 况且异国人士一听你是从东方"窝里斗"国流亡出来的,除了横侧里送上几个白眼,还会奉赠一席酒宴吗?

唉唉,苍茫天下,红尘滚滚,孽障重重,竟无一块清清静静的立身之地藏身之所呀!

我庄周夫子冷眼旁观天下有年,但觉当今之世战乱方兴未艾,"城门失火,殃及池鱼",大劫正来,哀鸿遍野。弄得不好,就会玉石俱焚,人为鱼鳖。你们这些弟子如欲在乱世茫茫中苟全性命,且让我夫子传一些防身手段、混世本领。

以下再讲一个故事,奥妙全在其中,你们可细细体味一下。

南方楚国有一个人名叫"支离疏"。"支离疏"的形体是造物者的一个杰作,令人叹为观止:脖子长长的像根丝瓜,顶端结了一个如同葫芦似脑袋,低低地垂下来,鼻子可以嵌入肚脐眼;两肩高耸,超过头顶;颈后的发髻蓬蓬松松,似一窝朝天雀巢;加上天生驼背,两排肋骨几乎同两条大腿并列。总之,"支离疏"生得奇形怪状,活像一个大风吹后东倒西歪散了架的黄瓜棚,真是名副其实的支支离离、疏疏落落。

"支离疏"歪歪扭扭的,天下的姑娘恐怕没有一个会看得上他。然而"支离疏"暗暗独自庆幸,他感谢上苍赋予他这一身支离不全的形体,自认为是七世修来的好福气。"支离疏"平日里给人家缝衣洗服、簸米筛糠,足以糊口度日。他乐天知命,日子倒也过得舒心顺意。当君王准备打仗,在国内强行征兵之时,青壮汉子如惊弓之鸟,四散逃入山中。而"支离疏"呢,偏偏耸肩晃脑地跑去瞅热闹。管事的正愁兵员未能满额,就一把抓住"支离疏"想滥竽充数,但仔细打量他天生的这副尊容之后,真是"驴子上不得阵",气得一脚踢开了他。

当楚国君王大兴土木,准备建造王宫而摊派差役之时,庶民百姓被骚扰得叫苦不迭,而"支离疏"呢,却以形体残缺不全,免去了许多沉重的劳役。然而,每逢寒冬官府开粮仓救济贫病者之时,"支离疏"却欣欣然地跑去,十拿九稳可循例领到三斗小米和十捆粗柴,以致半月十日可躺在坑上睡大觉而不愁没米下锅。

弟子们,你们可想一想,在形体上支支离离、疏疏落落的人,尚且可以明哲保身,以享天年,那么,把这种支支离离、疏疏落落从而遗形忘智、大智若愚的精髓运用到立身处世的方法中去,难道还不可以逢凶化吉、远害自保吗?

## (五) 德克符: 兀者与孔子[①]

这里先提一个问题:人生在世,究竟是应该首先注重内在的精神修养呢,还是应该首先注重外在的形体修饰? 换言之,从终极意义上说,是内在的精神修养重要呢,还是外在的形体修饰重要?

当然,倘如是天纵之圣,秀外慧中,既有清秀奇伟的外貌,又有颖慧明哲的内囊,那自然是再好不过了。然而世上的事往往是鱼与熊掌不可兼得,当不得已只能两者择其一之时,究竟应如何选择呢?

---

① 本节取材于《庄子·德充符》三。

不言而喻，一个人的形体皮囊不足百年，即会衰亡腐烂，但是一个人的精神业绩却会传之千秋万代。孰轻孰重，岂不显然？

人生在世，一日之中，除了三餐一眠之外，剩下多少时间，能有几多精神？如果朝画眉、晚涂唇，中间还要搔首弄姿、顾影自怜一番，那么，"重于外者拙于内"，天长日久，这人就会外表锦绣腹中草莽了。

俗话说："妍皮不裹痴骨。"须知这话听似有理，但实际上却大半靠不住。试看列国京都的大街上，那些悠然倘徉的公子王孙、纨绔子弟，哪一个不是养尊处优、衣冠楚楚？哪一个不是明眸皓齿、面如美玉？他们一个个如过江之卿，招摇过市，飞鹰走马，挑逗民女，无所不为，踌躇满志。倘如有人突然拍拍他们的后脑勺，稍稍问一问诗书礼乐、天文地理以及兵谷刑法、国计民生之事，这些富家子弟大半会上翻白眼下吐舌，期期艾艾答不出。

这样看来，世情往往与"妍皮不裹痴骨"相反，也许倒是"慧骨不裹妍皮"。试看那些栖身于幽谷峻岭茅草庐中的山野之士，外表大都不衫不履，土木形骸，或生得清奇古怪，或生得奇丑怪陋，乃至歪脖子、凸额角、驼峰背、罗圈腿，然而一个个夜看天象，昼察民情，胸藏天地之机，目观八方风云，万里乾坤大千世界真可一股脑儿全盘收入他背上的一个青皮葫芦中去。

如此说来，这些模样丑陋腹中锦绣的怪杰，难道不正是"石中有美玉之藏"吗？

呜呼！普天下那些相貌奇丑怪陋、形体残缺不全的人士，万万不可自轻自贱，妄自菲薄，应该努力进德修业、砥砺学问，须知一个人内在的精神的光辉将远远超越皮囊的妍丑，而能久久放出动人的异彩。

卫国不是有一个名叫"哀骀它"的人吗？其貌丑陋不堪，跛脚驼背，外加脖子上生了个大瘤，倒垂下来晃荡不已，使得他脖子连着脑袋总是一扭一动的，模样真是瘆人。然而说也奇怪，男人与他相处一久，就舍不得离开他；女人与他接触几日，就想嫁给他。"哀骀它"既无权势可以替别人消灾解难，亦无钱财可以养他别人的肚子，况且面目之丑恶可使人吃惊蹶倒，偏偏女人男人皆钟情亲附于他，可见"哀骀它"精神魅力之大，确乎"前无古人,后无来者"了。

　　鲁国的君主哀公听说"哀骀它"其人其事之后,绝不相信,于是就把"哀骀它"请到鲁国来。相处不到一月,鲁哀公就感到"哀骀它"智慧超群,有惊人的天赋;两个月后,鲁哀公一见"哀骀它"就自惭形秽;三个月后,鲁哀公见到"哀骀它"就只有崇拜得五体投地之感了,连得"哀骀它"脖子上一扭一晃的大瘤也显得风度潇洒,特别顺眼,相反,见到常人的脖子反倒觉得仿佛缺腿少胳膊似的相当别扭。

　　鲁哀公极为激动,就请"哀骀它"当宰相,他漫漫然未加推辞,淡淡然无意承应。鲁哀公更加为之倾倒不已,硬把国家大事全部托付给他。"哀骀它"人情难却,只得勉为其难。自此以后,"哀骀它"便坐在相府里面俨乎其然地总理百揆,但见他眼睛看着各种官府文牍,耳朵谛听各方民间纠纷,嘴巴应付列国使者络绎不绝的拜访,手里还不停地起草告国人书。真是五官与四肢齐动,脑袋与心灵并用。在"目送飞鸿、手挥五弦"之间,把鲁国上下十几年累积下来的政经大事、陈年要案处理得妥妥帖帖,皆大欢喜。

　　正当鲁国上下目瞪口呆、崇仰得发懵之时,"哀骀它"挂掉相印,就不声不响地走了。从此以后,鲁哀公三魂六魄似乎丢了二魂五魄,觉得茶饭不香,后宜粉黛黯然失色,恹恹然患起相思病来了。

　　"哀骀它"的例子充分说明,在一种伟大的或者睿智的精神的感召之下,普天下之人,无论男女老少、富贵卑贱,犹如冰山遇到阳光,潺潺溶化,皆可为之俯首投地,皆可为之心悦诚服。凭着内在的无形的睿智的精神力量,一介布衣可与至尊极贵的帝王相抗衡,可与名震天下的圣人相颉颃,上下五百年,纵横十万里,独与天地神灵往来而不沾半点人间烟火气,岂不妙哉。

　　以下再讲一个"兀者与孔子"的故事。

　　鲁国有一个人名叫"叔山无趾",他曾经触犯刑律,被"捉将官里去",砍掉一足,弄得独腿难行,只得拄了根烧火棍子、聊以代步。平日里,他一瘸一拐的,步履艰难,很感不便。因此,他常常待在家中,从不到外面去遛遛玩玩。

叔山无趾整天闷闷居家，心情极不痛快。虽然时间很充足，但十分遗憾的是：他叔某人以前从未领兵打过仗，对于戎马生涯一窍不通，没有半点战争经验。否则的话，像后世齐国的兵法家孙膑，腿脚不幸也遭了刑罚，留下个残疾，但躲在家中沉湎往事，著书作文，总结经验，还能把昔日胸中雄兵百万．十面埋伏以及行军布阵、山川地理的大学问，编成一部大兵法，流传千古；使得一腔怨气，在假想虚拟的刀光剑影中发散。

叔山无趾既不能登泰山，观日出，游目骋怀，以求外在快乐，于是觉得干脆把红尘看看破，静自反省，以求内心的恬静，在自我道德修养方面开辟一个尽善尽美的境界。这样，在精神上自我也可支撑一下。不然的话，看看别人都是好腿好脚的行走方便，自己一拐一瘸的拖泥带水，真是惭愧煞人，实在有点活不下去。

既作如是想，叔山无趾就决定到讲究"吾日三省吾身"的孔子府上去拜访一下，向他讨教讨教道德修养的功夫。去了几次，都没有见着面。原来孔子一听说有个瘸子来求见，心里就不大乐意，因为他有一条不成文的宗旨：叫作"无友不如己者"。况且，一拐一扭的，在观瞻上，于自己府上难添光彩。可是这叔山无趾不知竟打哪儿生出股倔劲，一次一次接连不断地来求见，大有一副见不着面就把你家门槛都踏烂的气派。

孔子搔着头皮，思量再三决定见他一次，三下五除二地把他打发走算了，免得他天天来纠缠不清，仿佛前世欠了他三百吊大钱一般。

当下孔子迎了出去，两人在门外的石阶上见了面，孔子乜斜着眼睛，说：

"呃，嘿，足下从前玩世不恭，结果触犯法纲，被砍去一足，如今你还想来求学，难道还来得及吗？"

叔山无趾原先低着头，弓背屈腰，对孔子诚恐诚惶地抱有极大的恭敬，一听这话，他顿时全身放松了下来，仰仰脸，露出副轻蔑的样子，答道：

"先生这话倒也不错。不过，正因为我从前持身不谨，乱来一气，结果被官府抓去搞掉一足，以示警诫。然而由于羊圈里逃走了一只羊，是否就干脆让它们全逃光呢? 要知道亡羊补牢犹未迟呀! ——而我呢,虽失一腿,却还有一腿呢。"

"今天,我上先生这儿来求学,是因为我还有一腿,并且再也不想失去了。而您先生呢,双腿亭亭玉立,一条也没有失去,想来道德一定高超极了。我如今既然在形体方面有所残缺,而在道德方面我却想追求一个圆圆美美,毫无缺陷。"

"那个碧湛湛的蓝天,大公无私,无论是人类、飞鸟、走兽,乃至一只苍蝇、一条毛毛虫,都在它的覆盖之下;而那个莽苍苍的大地呢,更是胸襟博大,不管是高山、平原,还是丘陵、江河,甚至连一个臭水坑、一条污泥沟,它都一律容纳。我原先听闲人说您先生如何如何的伟大,正以为您像天地那样浩茫无际,包容万物,谁知道您先生原来是目光如豆、浅陋可笑,充其量也只能算是半尺天地,以至乎连我这个独腿伶仃的,都难以容下。唉唉!看来,真是人言难信呵!"

孔子一听,惭愧极了。一向以道德二字标榜天下的自己,竟然也像世俗浅陋之辈一样以貌取人,真是难得糊涂。老实说,真比脸上少了个鼻子还令人难堪。

当下,孔子似乎矮了三分,脸上赔着笑说:

"是的,是的。鄙人孔丘实在太卑陋了,出言不逊,多多冒犯您了。三人行,必有吾师。呵,先生,快请进吧,给我们大家谈谈您的高见吧!"

叔山无趾毫不谦让,大模大样地进了孔府,在杏坛上清了清嗓子,审视了一下坛下的孔子以及他的七十二位高足,不慌不忙地发表了一番言论,如:世上之人大都敷敷衍衍、马马虎虎地活着,并且活得不耐烦。然而一旦失去了某些东西,才分外觉得珍贵。不过,此亦一是非,彼亦一是非。有腿固然不错,能快步如飞,凡事捷足先登;但缺腿也无伤大雅,可以以杖代步,而且还有一个意想不到的好处,即肉体固然萎缩了,但精神由此却分外清醒、壮健,可以无牵无挂,一味去追求高妙的道德境界云云。

洋洋洒洒,总之讲得很是玄妙,是孔子先前闻所未闻的。讲完之后,孔子率领弟子恭恭敬敬送走了莫测高深的叔山无趾。

# （六） 大宗师：虫臂鼠肝①

人生在世，虽是六尺之躯，渺然一身，但却欲望无穷，心比天高。人，作为一个具有血肉之躯并又充满七情六欲的动物，他既想胸有学富五车的才识，具备纵横捭阖的辩才，然后气宇轩昂地进入朝廷，口吐莲花、巧去如簧，从君王那里谋得相位高官，随即高车驷马衣锦归乡，光宗耀祖煊赫一世；又想囤积奇货、经商谋利，不消数年，即可腰缠万贯，富甲天下；甚至还想追求"立德、立功、立言"三不朽的皇皇大业，使一己名声昭如日月，并将千秋万代地流传下去。

诸如此类的人生欲望如夏日之蚊，嗡嗡嘤嘤联翩而来，一日之中除却吃饭睡眠，无有一刻能够稍稍停息。然而当山洪暴发，黄河决口，大水夹着浪涛汹涌而来，淹得大地一片汪洋时，而你抱着一枝略略露出水面的树梢向四处眺望呼救的时候；当寒冬腊月大雪弥漫，你在白茫茫的森林中摸索了三天三夜仍找不到一条归路，并且又饿得头昏腿软的时候；当你心旷神怡在山峰上观赏风景，却不小心一脚踏空，从上面滑落下去，恰好拦腰挂在悬崖峭壁的一棵千年老树上，而面临足下万丈深渊的时候——换言之，当你处在人世间千奇百怪的种种险境之中面对生死存亡千钧一发的时候，此时此际，尘世间的声色繁华功名利禄皆可一脚踢开，置之度外，唯独生死一念，不能淡然置之，求生之欲高于一切。

如此看来，真是悠悠万事，死生为大呵！但是，人生在世总有一死，如何了却生死，如何勘破生死大关，实在是人生的一件大事。对于这件大事，我思考参悟了几十年，终于得出一些结论。

古时候，有四位奇人，大抵都是些与世无争的隐者，名叫子祀、于舆、子犁、子来。一日，他们四个人凑在一起纵论古今，谈道说玄。子祀说：

"当今世上，谁能以空无为脑袋，以生命为脊背，以死亡为臀股，谁能通

① 李节取材于《庄子·大宗师》五。

晓生死存亡原来是一体的道理的人,那么,咱们就跟他交朋友。"

说完之后,四人相互瞧瞧,哈哈大笑。四个灵魂仿佛水乳交融,一点隔阂也没有。

可过了没多久,子舆突然生了病。子祀闻讯就赶紧跑去探望。一见子舆,子祀几乎吓了一跳。原来数日不见,子舆一下子衰老了不少,他的背弯成一个驼峰,他的脸垂在肚脐底下,肩膀高过头顶,颈后发髻朝天。总之,子舆似乎变成了一个猥琐卑陋的丑八怪。

看见子祀这位不速之客,子舆就笑着说:"啊,老朋友,你看造物者真是伟大啊,没有几天就把我变成这个模样。"

说完,他摇摇晃晃但却神情安祥地走到门外的井边,带着一种观赏的心情照了照自己的形体尊容。

子祀的手在他的驼背上抚摸了两下,问道:

"老兄如今是否嫌恶自己这副尊容?"

子舆摇了摇头,大不以为然地说:

"真是从何谈起,老弟,我为什么要嫌恶自己这副尊容呢?不是讲'道法自然'吗?我的模样虽然奇形怪状一点,但却是造物主把我变成这样的,我何必戚戚于心呢?退一万步说,造物主假使把我的左臂变成一个鸡,我就用它来啼唱报晓;假使把我的右臂变成一些铁弹,我就用它去打个斑鸠烤了吃;假使把我的尻骨变成车轱辘,把我的精神变成大灰马,我就驾着它们四处逛逛,还需要什么其他的车马呢?"

"再说人的得生,乃是恰逢其时;人的死去,乃是顺应变化。能够安心适时而顺应变化的人,喜怒哀乐的情绪就不会侵入到心中,这应是古来所说的解除束缚。那些不能自求解脱的人,是因为被外物束缚住了。总之,人力难以抗衡造物的变化,我为什么要嫌恶自己这副尊容呢?"

不久,子来也生病了,而且奄奄一息快要死了,他的妻子儿女围在床边一齐啼哭。子犁正巧赶来,对着这些泪光莹莹的啼哭者申斥道:

"嘘,滚开,不要惊动正要顺应变化的人。"

然后,子犁倚着门对子来说:

"伟哉伟哉,造化者！又要把你变成什么东西呢？又要把你送往哪里呢？你死之后,肉体腐烂,物质四散,将变成鼠肝呢,抑或变成虫臂呢？"

子来坦坦然答道:

"儿子听命于父母,人受制于自然。大自然赋予我形体,让我活着使我勤劳,让我衰老使我清闲,让我死亡使我安息。因此,如果说它赋予我生是一种恩惠,那么它赐予我死亦是一种恩德。譬如现在有一个铁匠正在铸造金属器物,那块金属猛然从炉内跳了起来,说'一定要把我造成宝剑'。此块金属奇则奇矣,但大吃一惊的铁匠一定会认为这块金属有点邪门。就像咱们在宇宙生生不息的洪流中,偶然成了一个人,就拼命喊着'我是人,我是人'。那么造物者亦必定会认为这是邪门的人。现在咱们就把天地看成大熔炉,把造化当成大铁匠,然后生生死死,随物赋形,何往而不可呢？"

子来说完,就酣然睡去,一会儿,又恬然醒来。

这四位高人对于生死的态度,真是旷达得很,他们的看法说出了我的部分观点,但却未尽我的底蕴。

我的整套生死观,是我哲学的最高核心,是不传之秘,这里姑且抖开一下我思想的八宝箱,让你们也饱饱眼福。

譬如说,我这样一个"独与天地精神往来"的不世之才,一死之后,岂不可惜！虽然物质是不灭的,即"万物皆出于几,皆入于几",但重要的是我死后是否依然故我,即我死后所遗留下来的各种物质,是否在宇宙间生生不息的变化中不偏不倚地依然聚合在一起,重新塑造一个原先的庄子。这,大抵是不可能的。然则我一死之后,虽然不会无声无息,荡然无存,但我遗留下来的各种物质,在大自然的氤氲变化中,必然会掺入到其他万物的形成和诞生中去,或成虫臂,或成鼠肝。这样看来,物质固然不灭,但原先的那个"庄子"毕竟死了,毕竟四分五裂,永不再生了。

然而且慢,——这仅仅是我年轻时代不成熟的生死哲学。之后,经过50年上天入地般的立思冥想,我为自己找到了一条不朽永恒的生路。

我不是讲过"知天地之为稊米也,知毫末之为丘山也"吗？不是讲过"天下莫大于秋毫之末,而大山为小"吗？我认为,宇宙之间,大至天地,小至秋毫,可以分成无穷个层次。天地虽大,与法追的宇宙相比,不啻沧海一粟。秋毫虽小,但它的内囊,亦是一个万物具备的小乾坤、小世界。换言之,一颗沙粒就是一个五光十色的大千世界,而一个宇宙亦仅仅是一个黄白相混的小鸡蛋。就此而言,我夫子六尺之躯亦可看成一个大宇宙,一死之后,肉体腐烂,物质四散,如同大宇宙分崩瓦解,分散成无数个小宇宙,每一个小宇宙的核心都隐藏着一个真我,随后轻轻灵灵、飞飞扬扬地散落在宇宙间,随物赋形,或成虫臂,或成鼠肝,或成帝王,或成庶民。这样,久而久之,我上天入地,无处不在,人类走兽、花草鱼虫、山川河流、风霜雨雪,自然界的一切都打上了我庄子的物质烙印。一言蔽之,天地万物是我庄子,我庄子也就是天地万物。这不就是真正的"天地与我并生,而万物与我合一"吗? 那么,你们干吗还看不破生死呢?

## （七） 应帝王:凿破混沌七日死①

如何治理天下,将是一个永恒的难题。

当今天下列国相争,大小诸侯各霸一方,整个世界沸沸扬扬乱透了。那些统治者们,整日饱餍酒色,头脑迂腐不堪,把个天下弄得越来越糟。咱们道家虽然超然物外,不愿做官,但对于如何治理天下,亦想贡献一点意见。

一言蔽之,"无为而治"就是咱们道家"应帝王"的良策。

天下的老百姓原先大抵都是很淳厚质朴的,做统治者的让他们安居乐业,食能果腹,衣能蔽体,不要过多地加以干涉,无为而治,诚以待人,天下不就太平了吗? 这也就是老聃先师所讲的"其政闷闷,其民淳淳"。

然而"天下本无事,庸人自扰之"。统治者一旦大权在握,总是不甘寂寞,以为权大智慧亦大,官高本领亦高,于是自作聪明,设想出种种烦琐苛刻的法律条令来骚扰愚弄老百姓。老百姓原先固然纯朴,稀里糊涂给统治

---

① 本节取材于《庄子·应帝王》六。

者一糊弄,只是有点发懵,但是几次受骗上当之后,他们不禁也大彻大悟了。这时节,如果统治者再想搞点权术耍弄人,老百姓亦今非昔比了,而是上有权术,下有计策。以统治者几个脑袋中有限的鬼点子来与天下千千万万人的智慧相抗衡,岂不是"以蚊负山",难以奏效吗?

老聃先师曾经指出:"治大国若烹小鲜。"就是说,统治方法要搞得简单些,不要耍鬼花招,就像锅里煎鱼吧,摆弄两下即可住手,如老是翻来覆去的颠弄不已,小鱼的肉就支离破碎了——如果有知觉的话,小鱼也会感到痛苦不堪,如同民不聊生,于是就要揭竿而起大呼造反了。

倘如统治者本身严以律己,诚以待人,天下为公,爱民如子,无为而治,那么天下的老百姓莫非还会无端捣蛋,无事生非吗?诸位难道看见过有人用三十六计狡诈伎俩对付一个天真无邪的婴儿吗?不会的。用了也不顶用,无处售其奸。

相反,如果整个世界从统治者开始,大家面面相觑,各怀鬼胎,彼此钩心斗角,你骗我诈,以致老百姓熟能生巧地也跟着一起效法起哄,弄得人欲横流,遍地鬼诈,一发而不可收,那么这个世界离末日也就不远了。

呜呼,人世间的君王们,大可无为而治,千万不要自作聪明,开凿智窍,以奸诈权术治理天下,最后搞得"凿破混沌七日死",大家一起完蛋。

以下再讲个故事,就作为我夫子哲学的收场。

据说,古代,居住在南海的帝王名叫"儵",居住在北海的帝王名叫"忽"。这二位行走神速,而做起事来也相当机灵。居住在大地中央的帝王名叫"浑沌",浑沌的意思无非是混混沌沌一团糟,没赶得上南北二位的灵巧。

因为腿脚灵便,来去迅速,儵和忽就常常喜欢互相串串门儿。但是南来北往的,总免不了要经过中央大地,作为主人的浑沌,对这二位"不速之客"很是友善,招待得很周到。这样,天长日久的,儵和忽觉得很过意不去,"礼尚往来"嘛,他俩偷偷地商量着,怎样才能好好地来报答中央帝王的盛情。

"浑沌老兄真不错,"南海帝王满脸感激地说,"对人雍雍和和,永远是一团和气。不过,人们都有耳、目、口、鼻七个窍儿,才能看、听、吃、喝、呼吸,才能享受做人的乐趣儿。但浑沌老兄鹅蛋似的脸上,浑脱脱的没个窍儿,真令人摸不着头脑,而且事实上喜怒哀乐他本人也无法表达清楚呀,真正是莫大的遗憾!"

"是的,一点也不假。气闷的时候,他就是想打个呵欠也没处打呀! 真是可怜巴巴的! 俺们做做善事积积德,给他凿几个窍儿试试,怎么样?"说着,北海帝王伸伸懒腰,还打了个呵欠。

南海帝王听了连连点头,高兴地嚷道:

"啊呀呀! 亏你想得出,这真是一件天大的好事! 咱俩可要仔仔细细地给他凿,凿好之后,也算报答人家一场了。"

这样,南北两位也不管浑沌愿意不愿意,就捧住他的脑袋替他认真地凿起窍来。但是糟糕透顶的是:这两位"巧匠"凿起来又是墨守成规,按部就班的,先两只眼眶、两个鼻孔、两个耳孔,最后才是一个嘴巴。所以,浑沌有苦憋在肚里一点也说不出,顶多只能干瞪着眼睛。倘如南北两位风流洒脱,大胆创新,能先给他凿个嘴巴,那么浑沌或许一开口就要喊救命了。

就这样,每日一窍,倏、忽两位噼噼啪啪地凿,浑沌一人硬着头皮地受,不多不少,到了第七天,南北两位算是大功告成。但是瞧瞧浑沌,只见他奄奄一息,像走了气的皮球,满腹委屈,一下子死了。

# 九　庄子授课：寓言小品

庄子的人生哲学比较玄奥高深。因此,在讲授哲学的间隙,庄子亦讲一二段妙趣横生的寓言小品,使得众弟子紧绷绷的脑细胞能忙里偷闲轻松一下。此即所谓"文武之道,一张一弛"也。

## （一）　木鸡无敌①

西周时期,有一个人名叫纪渻子,他善于养鸡,远近闻名。当时的周宣王酷爱斗鸡,因此就把纪渻子召进宫来,专门替他一个人精心养鸡。

光阴飞逝,转眼之间已过去了十天。周宣王好像有点心急,就问道:"鸡养得怎样,可以斗了吗?"

"还没有呢,我养的那只大公鸡看上去正昂头翘尾地有一股娇气。这模样,上阵斗起来是不能耐久的。"纪渻子答道。

又过了十天,周宣王熬不住又问了。

纪渻子说:"还没有呢,因为那鸡还沉不住气,一看到旁的鸡,就像是'离弦之箭',刹的一下冲上去便斗。这是要吃亏的,它似乎还不懂得'以

---

① 本节取材于《庄子·达生》八。

逸待劳'的道理。"

十天又过去了,周宣王心想,这下总可以斗了吧,于是又探问了。

纪渻子笑了,解释道:"还没有呢,还要等一下。那鸡有时还免不了抖抖冠子,瞪瞪眼珠,凶煞煞的仿佛还有一股盛气。娇气、盛气,都是一种孬气,成事不足,败事有余。只有养成一腔浩然之气,才能稳然临敌,战无不胜。所以我还要磨磨它的性子。"

周宣王听得懵头懵脑,差点摸不着回宫的门槛。他心里嘀咕道:这养鸡的年龄不大,花样倒不少,讲得天花乱坠,神乎其神,简直可以编本《养鸡经》了。不知我的大公鸡究竟给他养得怎样了。

度日如度年,好不容易又熬了十天,周立正乘机又问开了。纪渻子满脸喜气,高兴地答道:

"这下总算差不多了。如今那只大公鸡视群鸡如草芥,就是听到它们的叫唤也只当是蛤蟆叫,能够始终保持神色不变,纹丝不动,瞧上去木头本脑的,好像是一只用楠木雕出来的本鸡。这样,大公鸡可说是修养到家,将无敌于天下了。"

周宣王一听,大为愕然,心想:养成了"本鸡",还能斗得过旁的活鸡吗?

说也奇怪,旁的鸡每每遇到那只"木鸡",见它泥塑木雕似地一动不动,往往都傻了眼,心想:它这算是哪一门鸡,"葫芦里卖什么药",怎么死样活气地连眼珠都不转一下?拍拍翅膀,冲上去斗吧,又觉得没趣,又感到害怕。瞧了瞧,瞧了瞧,众鸡都感到木鸡稳如泰山、高深莫测,仿佛身后埋伏着十万只雄鸡,猛地一下冲出来帮它的忙似的。所以,尽管很热闹地瞧了瞧,实在没有一只鸡敢上去交锋一下,最后,大多是瘟头瘟脑地溜开了。

## （二） 朝三暮四①

春秋时期的宋国,有一个专门饲养猴子的老翁,他非常喜爱猴子,所

① 本节取材于《庄子·齐物论》四。

以,鲜蹦活跳的猴子竟养了一大群。日子一长,老翁渐渐地摸透了猴子的脾气,而猴子呢,好像也很懂得人意似的,很称主人的心。

然而老翁的家景也不富,为了尽量让猴子们吃个痛快,只得常常省下家里人吃的东西。有一段时间,老翁穷得实在拿不出足够的食物,就想对猴每天的食物限制一下,定量供给。可是,又怕这些猴子平日里吃饱喝足、娇生惯养的,如今一下子限起食物来,会大大地不高兴,甚至调皮捣蛋再也不听自己的话了。

"咳,猴儿们,现在我给你们说件事。"老翁一本正经地宣布道。

众猴子见主人召唤,呼噜一声,就跳跳蹦蹦、挨挨挤挤地拥了过来。其中一个红脸翘鼻的小毛猴,冷不防地一个筋斗竟从远处翻到主人的怀里。

老翁摸了摸它的脑袋,继续说道:

"我想,从今天起给你们吃橡子,早晨给三升,晚上给四升,怎么样?够不够?"

众猴子一听"朝三暮四",可气坏了,这么一点橡子怎么够吃呢?大伙儿不由竖立起来,瞪着眼睛,露出一副"金刚怒目"的样儿。

糟糕!老翁一见赶忙改口道:

"那么,早晨给四升、晚上给三升,够不够呢?"众猴子一想,"早晨给四升",不错,一会儿工夫主人就加了一升,老头儿真好!这样,众猴子点点头,趴了下去,在地上互相磕头碰脑、翻滚窜爬起来,表示十分满意、十分高兴。

## (三) 屠龙之技[①]

古时候,有个人名叫朱评漫。他很想努力学点本领。可是三百六十行,眼花缭乱的,究竟去学什么好呢?朱评漫左顾右瞧,心里有些捉摸不定。他这人平日里志向不小,好高骛远,总想在什么地方能学点稀奇古怪、

---

① 本节取材于《庄子·列御寇》三。

独一无二的技能,以便超人一等,让旁人佩服。可令人不胜气馁的是:天地间似乎很少有这样让人轻轻松松大出风头的本领,所以好长时间朱评漫只得什么也不学,待在家里闲着无事。闷得慌时,就白天看麻雀闹夜里听耗子叫罢了。

有一天,大抵是朱评漫的运气到了。他听说附近有个人本领出众,名叫支离益,他有一手屠杀天龙的绝招。朱评漫听了正合脾胃,因此喜出望外,高兴极了。他想:"踏破铁鞋无处寻",这下可给我撞着了。杀猪宰羊,不稀罕,这活儿一般人都会干,可是能宰杀天龙的,实在是破天荒第一次听到。这种本领可说是"凤毛麟角",稀奇得很。学好了独家经营,肯定了不得了——赚大钱。

因此,朱评漫兴冲冲地决定去学屠龙了。

然而,朱评漫在支离益家里首先吃了一惊。原来支离益家里并没有一条活龙,只是在房子里的墙上、门上、窗上、柱子上、椽子上,琳琅满目地画满了大大小小的龙。有黄色无角的螭龙、青光璘璘的虬龙、黑气斑斓的蛟龙;有横飞的、直升的、盘绕的;大多是张牙舞爪、喷云吐雾,或者是藏头露尾、翻江倒海。总之,乍一看来,那威风凛凛的满屋满室的龙像,确乎是很怕人。怪不得那爱龙如命的叶公看见真龙下降露真相,便要吓得惊慌失措、拔腿就逃了。

朱评温初初一见,也感到很怕,但为了学好绝招,将来能炫耀世上,发财致富,所以就鼓起勇气,诚惶诚恐地拜了支离益为师,并送上了一份厚礼作为学费。

支离益收了朱评益为徒弟,心里也很高兴。因为自从他在屋里画了许多龙要教人宰杀以来,门前冷冷落落的,实在还没有一个人自告奋勇地登门求学,所以照旧是独自一人形影相吊,好不寂寞。如今来了个朱评漫,自送上门,要拜他为师,学他的本领,这样,也就使这座画龙房里略略热闹起来。

杀龙师傅把开门徒弟领到东墙旁,拿起一柄刀,指着壁上的那一条几丈长的画龙的咽喉,煞有介事地说:

"瞧着。喏，在这里一刀斩下去，别慌。打蛇打七寸，杀龙杀咽喉，记住，千万别忘了。随后把刀口朝后一划，把龙腹部开来，小心，用力别太猛，否则把龙胆碰碎了，龙肉就要发苦了。倘如要烧一席山珍海味、龙肝凤髓的话，那就顺藤摸瓜，在龙胆左上方三寸的部位，把一颗龙肝割下来。咳，龙的全身都是宝。龙骨、龙齿可做药，能安神、止血、敛汗。连龙的唾沫，也是做龙涎香的好材料……"

朱评漫在一旁认认真真地听，全神贯注地看，唯恐眼睛一眨，漏学一点。然而朱评温也有些苦处，苦就苦在他的师傅画不来龙的剖视图，因此永远只看见一只囫囵的龙肚子，看不见龙的五脏六腑，像只看见一只闷葫芦的外貌，却始终不知道这闷葫芦里卖的什么药。总之，杀龙师傅拿着一把刀，在壁上的画龙身上指指点点，作一番表演。朱评漫呢，如同瞎子摸象一般，也干脆只能凭空想象罢了，所以，到头来，他恰似壁上的画龙一样，坠入云海雾天之中，实在有点摸不着头脑了。

不过，天长日久的，"光阴不负苦心人"，虽然是跟着师傅"纸上谈兵"地学，但无非只是杀一条画龙呀，毕竟不是造一座龙宫，所以说到底，也不会麻烦得要命难学得要死。就这样，从刮画龙的鳞、剖画龙的腹，一直到割画龙的角、剥画龙的爪，他整整学了三年，把家里的千两黄金都用尽了，才总算把支离益全套的屠龙本领学得滚瓜烂熟，一丝不走样。

临别之时，师傅送了徒弟一张杀龙示意图。那图中画龙的肚子上，歪歪扭扭地写了几个字：肝、胆、心、肺……借此来标明一下这些物件的部位，免得将来徒弟万一生疏遗忘，也能"按图索骥"，依样杀天龙了。可是朱评漫见了这张图，心里也暗暗埋怨师傅：倘如早得了这张杀龙示意图，在这里也顶多学一年就够了。这样，浪费光阴倒也罢了，可也不必多化掉好多黄金了。

不管怎样，三年学成，总是件很高兴的事情。

朱评漫很得意地回家去了。他自以为在师傅那座龙天龙地的龙馆里学了三年，胸中自有千条龙，除了师傅，杀起龙来自己还不是天下第一！朱评漫回家之后张罗一阵，拣了个黄道吉日准备开张。为了装饰一下以广为招徕,门前挂了一副对联,上面是斗大的墨字,道是:"活杀北海蛟螭,烹成南味龙肝。"横联是:"独家绝技。"

朱评漫这样一排场,心中得意扬扬,满以为不久这杀龙店将风闻天下,顾客纷至沓来,家中一定是门庭若市,应接不暇。那时节,自己拿拿架子,摆摆威风,使使本领,光等着发大财就是了。朱评漫想得倒很美。他坐在家里等啊等,足足等了三个月,竟然没有一个人缚了条龙来请他宰杀的。朱评没有点不耐烦了,渐渐地心里急躁起来,他想,天下的人真是愚蠢的多,有眼不识泰山。自己花了千金之费辛辛苦苦学来的大本领居然没有一个人懂得,真是又气又好笑!

猛然间,朱评漫独自一人仰天哈哈大笑起来,他嘴里咕哝道:

"哈哈。我这是深深地嘲笑整个天下呀!"

不过,笑管笑,人家还是不上门。朱评漫只得耐耐性子,又等啊等。光阴似箭,一晃半年过去了,还是没有一点生意。挂在墙上的那柄杀龙刀,原先明晃晃地雪亮,很是威风,而今因为常常不用,刀面上生了一层黄黄的锈,像是坟堆里掘出来的,变得花里斑斓,很不中看。

有一天,总算有桩生意光顾这杀龙店了。来者是位老翁,笼子里装了条大蛇来请朱评漫杀一下,谁知道朱评漫眼睛一横,没好气地说:

"杀龙店概不杀蛇!"

"一样是生意嘛,为啥不杀?"老翁有点奇怪。

"没学过,不会杀!"朱评漫答得很干脆。

老翁搔了搔头皮,肚里道,好家伙,杀龙的竟然不会杀蛇。这真好比是能打南山的老虎而不会捉东屋的猫咪了。哈哈,真是奇闻一桩了。老翁一扭头,拿着蛇笼也就离开了。

自此以后,再也没有人上门了,且不说杀天龙吧,就是连叫他杀黄鳝的也没一个了。

朱评漫的杀龙店的大门前永远是静悄悄的,不见人影。看那情景,实在可以撒点谷粒,用网捕雀,干脆开一爿鸟店,或许生意倒会兴旺起来。

# （四） 夔、蚿、蛇、风①

夔,是古代传说中的一种野兽,形状似牛,声音如雷,没有角,只有一条腿。蚿,又名马陆,是一种多足之虫,俗称香油虫。如今夔、蚿、蛇、风,四者凑在一起,就热热闹闹起来了。夔可怜蚿,蚿却羡慕蛇,蛇又去眼红风。

夔一跳一蹦地从一座山坡上走了过来,看见一条寸把来长的蚿躺在一块湿地上起劲地咬草根,它那有着赤色斑纹的暗褐色的身子,正在得意地一节一节地蠕动呢。夔向蚿自我介绍道:

"哎,小老弟,我的大名叫夔,你瞧瞧,我只有一条腿,可走起路来跳跳蹦蹦,利利索索,大大方方,多爽快!"

蚿抬起头朝夔看了一眼,心想:这个模样倒没见过,可嗓门这么粗,声音这么大,吓我一跳,真是如雷贯耳呀。

"久仰,久仰!"蚿晃了晃头,算是恭首作揖,嘴里一边结结巴巴地恭维道。原来它的口中含有半根草茎,还没有嚼烂咽下肚去,所以说话的声音不免有些含含糊糊。

夔一见蚿在摇头晃脑地颂扬自己,心里更得意了几分,站在山坡上,干脆就像唱"独角戏"似地唠叨开来:

"是的,是的,你小老弟的眼力还不坏。大凡天地间能称王称霸的野兽,如狮象虎豹,都是四条腿,缺一条则寸步难行,连狗都不如。就是作为万物灵长,大名鼎鼎的人类吧,也非得有两条腿,才能左一脚右一步地走路。唯独我,夔,得天独厚,只有一条独腿,然而跋山涉水,又蹦又跳,同样能走路。咳,当今世上,四海之内,实在没有再比我轻巧灵便的了,真正可以说是'天下独步,无与为偶'!而你这个小老弟呢,拖泥带水地竟生了这么多腿,走一步,每条腿跟着都要动一动,像跳舞蹈一般,好麻烦! 好吃力! 难道你就不感到疲劳吗?"

---

① 本节取材于《庄子·秋水》二。

这时,蚿已三嚼二咽地吃完了草根,所以它清了清嗓子,大声回答:

"不,不,我一点也不觉得疲劳。要知道这是天然的呀!打个比方说,您见过人打喷嚏吗?'阿嚏'一声,人们一个喷嚏便从嘴巴里喷出许多四溅飞扬的唾沫,这些唾沫的形状通常是圆圆的,大的如河蚌的珍珠,小的仅仅像清晨的细雾露珠。那么一个喷嚏究竟会产生多少这样的唾沫珠儿呢?唉,那才是天晓得,数量之多简直是不可胜数。试问老兄,这么许多唾沫珠儿莫非是人们故意弄出来的吗?不是的,这是天然的,故意弄也弄不出,可以说这是'天工',不是'人巧'。当时,人们只觉得鼻孔里痒痒的,阿嚏阿嚏,还来不及想一想,许多珠儿就随喷嚏一起喷出,要知道这真是天然的呀!"

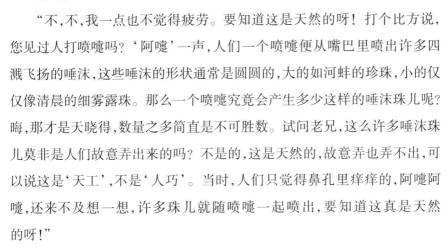

"而我的走路呢,也是一样的道理,就像打喷嚏一般自然。我想走了,一腿一动,众腿跟随,自自然然的,不用费劲。您瞧瞧,我并没有许多脑袋呀,我只有一个脑袋,倘如一个脑袋管一条腿,多生一条腿就多生一个脑袋,那才麻烦死了!因为动一动一条腿,就要动一动一个脑袋,十几条腿一起走动,十几个脑袋就一起开动,咳,我的天,那才真正疲劳死了!可我现在呢,只生一个脑袋,简简单单,脑袋里想走,好,走,一动百动,自自然然,轻轻快快。恰似风吹大树,千百张树叶跟着一起哗哗摇动,难道风耐着性子一张一张地挨个吹叶子吗?笑话,不可能!大风只是吹着树干,树干一摇撼,树叶就会抖动了,这叫作'牵一发而动全身',自自然然。所以承蒙您多多关心、怜悯,我可是一点也不感到疲劳。"

蚿絮絮叨叨地讲完这一席话,觉得嗓子眼干得直冒火,就再也不吭声了。而夔呢,听完之后思忖了一下,感到这蚿个头不大,但要起嘴皮却头头是道,滔滔不绝,不仅腿生得多,而且好像嘴也比别人长得多。不开口倒也罢了,一张嘴就有点一"鸣"惊人,实在也没话驳它。

因此夔光瞪了瞪眼珠,就一跳一蹦地跳开了。

蚿继续在湿地上啃它的草根一点也不觉得寂寞。过了好一会儿,突然听见那边草丛里传来一阵窸窸窣窣的奇怪声音,蚿闻声寻去,仔细一看,嗟原来是条花色斑斓的蛇,只见它在青草间滑溜溜地蜿蜒爬行,脊背一缩一拱,爬得很是麻利。

看着,看着,似乎有点茫然若失,而心中又不胜羡慕,蟆慢慢地不自觉地移过步去,同蛇搭腔道:

"哟,我道是谁,原来是蛇大哥,上哪儿去呀? 兴冲冲地! 你瞧瞧,我这么许多腿一起走路,竟然还不及你无腿的快。唉唉,惭愧,惭愧,请问:你爬得这样快,究竟是怎么搞的呢?"

蛇听了,很骄傲地扬起脖子,眼睛朝天答道:

"嗅,你在说我? 我嘛,还用你说,当然跑得快。人们不是常常说'龙行虎步'吗? 这话就是专门用来形容俺们跑得快的词儿。其实你应该早就知道,咱们龙蛇原先是一家,我蛇,就是无角的龙;而龙呢,就是有角的蛇。总之,我是天生其才,根本无法变换一下,而你呢,顶多只能在一旁眨眨眼睛,眼热一下我的本领,学也没法学。你看看,我的身子只要扭扭,就可以了,我干吗需要累赘的腿呢? 从前有人给我画过像,不知怎的,硬是凭空替我加上了几条腿,后来,这事就被人讽刺为'画蛇添足',成了千古笑话! 哈哈……莫非你也想给我添几个腿儿吗? ……"

蟆受了蛇的这一顿奚落,肚里很恼火,心想:你再高明也不过是在地上一扭一扭地爬,又不是在天上腾云驾雾地飞,有什么了不起! 就这样盛气凌人,夜郎自大,哼,真是气人!

蟆一扭头就爬开了。蛇还不知道,只是一个劲地扭动脖子扬扬得意呢。过了大半晌,周围也没有一点动静,蛇很纳闷,低头一看,才发现蟆没了,大概气跑了吧! 蛇独自一个,也觉得没趣,所以又嚓嚓嚓地朝对面那个山坡爬去。

蛇在一个山岗上停了下来,身子盘成一团,伸起个脑袋,正想观赏一下四周的景致,突然一阵大风刮来,树叶飘动、尘土飞扬。蛇心想:这风刚才还在那山上打转转,一眨眼,就吹了过来,可见比我跑得快多了。蛇睁大眼睛,想仔细瞧瞧风的模样,但又不见个影儿,于是拉开嗓门向空中嚷道:

"喂、喂,风老哥,你停一停! 我说,你干吗要跑得这么快呢? 你瞧瞧,我虽然没有腿儿,但我有个脊背,可以一扭一扭地爬行,这样看来,我的行走还有个凭借,还有个依靠,可你这算是哪门子呢？只听见嘭嘭地从北海吹来,又蓬蓬蓬地朝南海吹去,既没有腿脚,又没有脊背,简直连影子也没有。嘿,你这算是怎么搞的呢？"

风在半空打了几个圈圈,回答道：

"对,对,你说得一点也不错。我是蓬蓬蓬地从北海吹到南海去,又蓬蓬蓬地吹回北海去,你看,我的气派不小呢！可我也有我的苦衷。平时人们用手朝我指指点点,我又吹不断他的手指,用脚踏踏我,我又吹不断他的脚踝,这样看来,我的性情大概是很柔和的吧？殊不知我发起脾气来,乖乖的,可了不得,我能把百年的大树'咔嚓'折断,把巨大的房屋'哗啦'掀起,这,在自然界里,雷、电、雨、雪谁能做到这一点呢？嘿嘿,只有我风！"

"可见,只有在小处忍一忍,才能在大处逞逞威。如果平时不积蓄,乱吹乱刮,随处发泄,那么,刹那间怎么能形成飞屋拔树这样巨大的力量呢？咳,这就叫作积沙成山、积'忍'成怒呀！这个道理,听听容易,可只有圣人才能做到,一般的人就不必谈了。"

## （五） 罔两与影子①

在白天阳光照耀下,任何东西和人体都会显出它的影子。如果仔细观察一下,影子旁边还有淡淡一圈的微影,这微影,通常叫它"罔两"。

有一天,一个罔两嗔怪一个影子说：

"嘿,你这个家伙,一会儿低头,一会儿仰首,刚才束紧头发,现在又披头散发;刚刚还坐着,如今又站了起来;一会儿在跑,一瞬间又停住脚步。这玩什么鬼把戏呢？我跟在你的后面,一会儿这,一会儿那,颠来倒去也受够了罢。你这家伙朝三暮四,怎么连一点节操都没有？"

影子听了,有点气鼓鼓地反驳道：

"说得倒轻快,可你问我,我去问谁呢？去问那位主宰我们的人体

①　本节取材于《庄子·齐物论》七。

吗？——可他又不懂咱们的话。我，影子，似乎天生就仰人鼻息，摇来晃去，何必还要劳驾足下责问呢？老实说，我为什么总是摇摆不定，我自己也搞不明白，因为这是咱们主人——人体的事。自从追随了他，咱们可说是'人在江湖，身不由己'了啊！人体要向东，我影子不敢也无法不朝东；人体去西，我影子粘在一块也朝西。谁让咱们是影子呢？"

"然而仔细一琢磨，我影子也不完全依附人体，如同知了脱的壳、花蛇蜕的皮，也是造化的一分子，可说是独立存在的。"

影子说得有些玄妙，罔两却听得有些懵懂，赶紧追问一句：

"此话怎讲？"

影子不慌不忙进一步申述它的观点：

"一旦有阳光和火光的时刻，咱们影子就应运而生，堂而皇之地出现了；如果是阴天与黑夜，咱们影子就退避三舍，无影无踪地消失了。这样看来，谁能说咱们影子是依靠人体才出现的呢？这就充分证明影子也是独立的，是造化的一分子。另一方面，咱们也不仰仗阳光和火光，因为仅仅有阳光和火光的话，影子也不会凭空产生。你想，咱们依赖谁了呢？咱们谁也不依赖，咱们是真正独立的。"

"人们常说'形影不离'，其实这是糊涂的观点，影子与人体实际上是彼此各自独立的。试想，咱们影子都宣告自己是独立自主的，那么，世上还有什么不能独立呢？芸芸万物都将独来独往，无所依傍！"

## （六） 蛤蟆与大鳖①

泰山脚下有一口浅井，当年孔子登泰山观日出时，曾在井边小想半个时辰，舀过一瓢水喝。多少年过去了，先前清澈见底的井水渐渐浑浊起来，原来有一个蛤蟆跳在井里，整天东窜西扑，上下翻滚，穷折腾，把一口井水搅得混沌不堪。

---

① 本节取材于《庄子·秋水》四。

有一天似乎是春暖花开,太阳和煦地照着,这个蛤蟆在井里一连呆了数年,觉得全身滑腻腻潮得慌,就沿着井壁探头探脑地爬了上来。呵,没想到外面的世界真奇妙!蓝天白云,青山绿水,远处还有几朵小花在碧草丛中红艳艳地招展。蛤蟆瞧得心神陶醉,不由得在草地上连翻几个筋斗,然后仰身躺下,灰白的肚子沐浴在温煦的阳光中,散发一下多年的潮气。

躺了一会儿,蛤蟆也觉得有些无聊,就翻了个滚,鼓瞪眼珠四处瞧瞧,突然看见左边土丘边有一个大磨盘在慢慢移动。蛤蟆想:这可新鲜了,磨也有腿?蹦过去一瞧,何尝是大磨盘,原来是个灰不溜秋的大鳖在缓缓地爬动。

大鳖原先生在东海,长大以后,也想出远门,溜达溜达,就长途漂浮,越过黄海,从蓬莱岛边爬上岸,爬呀爬,好容易来到泰山脚下。由于远程跋涉,大鳖似乎也很疲乏,懒洋洋地爬着,想找一个所在休息一下。

蛤蟆竖了竖后腿,又鼓了鼓肚子,尽量装用大模大样一点,对大鳖发问道:

"喂,你老兄这么大的个头,如何长的?又是打哪儿冒出来的呢?"

大鳖闻声,探了探头,原来是个小不点儿的蛤蟆,在竖腿鼓肚要充大阔佬。大鳖觉得有点滑稽,就说:

"嗯,好棒的小老弟!俺是个粗人,俺是从东海来的呀!初来乍到,还请小老弟多多关照。"

蛤蟆见大鳖个头很大,但口气不大,因此就松弛一下鼓胀的肚子,换了口气说:

"呀!失敬,失敬!大驾是从东海来的?没听说过,它有多大呢?你老先生瞧瞧,我虽然在水井里住着,从未去过东海,但我却活得快活极了!平时感到寂寞,我就跃出井来,在井栏边遛遛玩玩,夜赏明月昼观日;如果觉得疲劳呢,我就窜入井口,在破砖缺壁上耷拉脑袋睡个觉。晚上在井水里洗个澡,浮起两腋托着腮帮,瞅瞅夜空数星星;若要安静,我就泅入井底,泥浆淹没脚背,软绵绵的如同盖了丝绸被。我陶然自得,踌躇满志,偶尔回头看看井里的小赤虫、小螃蟹和小蝌蚪,它们谁能像我这样快乐呢?我独霸一井,逍遥自在,仰天俯地,唯我独大,这不就是世上最大的快乐吗?嘿,老鳖先生,你那个东海算个什么劳什子呢?你何不随我跳入井内,参观参观新世界呢?"

大鳖平生从未见过水井,只听蛤蟆把它吹得天花乱坠,就想姑且见识见识也无妨。大鳖摇摇摆摆爬过来,没料到左脚还没有伸进井内,右脚已被井栏绊住了。原来这口水井尚不及大鳖的脚掌大。

大鳖朝后退了几步,苦笑了一下说:

"蛤蟆兄,看来俺真是个粗人,无缘观赏你的水井宫了。不过俺可把东海的模样给你拉呱一下。东海究竟有多大呢?一眼望去,东海上白浪翻滚,水波连天,浩渺辽阔,九千里的遥远,不足形容它的大;八千尺的高度,不足测量它的深。大禹时代十年有九年闹水灾,天下洪水滔滔,遍地浊浪,然而东海没有涨高一点;殷汤时代八年有七年遇旱灾,天下赤地千里,田野龟裂,然而东海也没有下落一点。蛤蟆兄,你想一想,在这种汪洋大海里究竟快乐不快乐呢?"

乍闻之下,蛤蟆的脑袋一下子简直无法想象所谓东海究竟有多大,只觉得脑袋昏昏然,似乎东海之水铺天盖地漫溢而来,灌得脑袋胀鼓鼓,沉甸甸的。扑通一声,蛤蟆只得转身跳入井中,去睡大觉了。

# 十　庄子授课：人物掌故

　　庄子授课的第三种方式，是讲一点人物掌故。如果说"寓言小品"是一种文学艺术，那么"人物掌故"就是一种历史知识，加上最初的"人生哲学"，庄子授课的内容亦可说是文史哲俱有，洋洋乎大观了。

　　然而庄子毕竟是一位哲学家，因而，无论是讲文学、论历史，众弟子从中都能感受到一种浓郁的哲学氛围。

## （一）　老子与孔子①

　　老子，据说是南方的大圣人，生活在楚国，姓李，名耳.字伯阳；或名重耳，号老聃。老子在世100余年，何以屡改名字，称号不一？据上古九宫八卦经云：人生在世各有灾厄，届时若巧易姓名，腾挪闪烁，以随天地阴阳二气变化，则可以禳除灾殃而延年益寿。

　　或云：老子来头不小，伏羲时为郁华子，神农时为九灵子，祝融时为广寿子，黄帝时为广成子，颛顼时为赤精子，帝喾时为禄图子，尧时为务成子，舜时为尹寿子，夏禹时为真行子，殷汤时为锡则子，文王时为文邑先生。总

---

　　①　本节取材于《庄子·大运》七。

之，为历代帝王师。如此看来，老子似是千年不老万年不死的活神仙。

孔子，据说是北方的圣人，居住在鲁国。孔子精通六艺，学识渊博，生平志向是以周公之道治国平天下，故几十年来，他是席不暇暖，栖栖惶惶地周游列国游说君王，希望能一展怀抱。但不胜遗憾的是：孔子总是屡遭白眼，八方碰壁，到头来郁郁寡欢闲居在家。

这一年孔子是五十一岁，他若有所思似有所悟，听说南方有个老子大圣人，便决计去拜访求教一番。一路上风餐露宿，花费了若干时日，终于来到了老子府上。

老子的客厅，除了墙上挂了个大葫芦之外，空荡荡的家徒四壁，深得主人清静无为之真谛。

孔子见客厅中央坐着白发广额的老翁，料是主人，就深深作了个揖：

"老先生贵体可安？孔丘拜见老先生。"

老子双手一拢，算是回礼，说：

"听说，足下是北方之贤者也，大抵早已得道了吧？"

孔子又作一揖，说：

"未也，未也。孔丘穷途末路，尚未得道，故向老先生求教来了。"

老子眯缝着眼，问：

"那么，足下以前是如何追求道的呢？"

孔子比画着说：

"我以前从政治制度方面去追求，历五年而未得道也。"

"那么，这以后又是如何追求道的呢？"

"我接着从阴阳变化方面去追求，历十二年而未得道也。"

老子睁开双目，莞尔一笑，说：

"说的也是。这道，倘可以奉献，人臣没有不奉献给君主的；这道，倘可以进贡，人子没有不进贡给父母的；这道，倘可以透露，人们没有不透露给兄弟的；这道，倘可以传授，人们没有不传授给子孙的。然而这是不可能的。原因很简单：人们心中没有灵气颖悟则道不停留，人们向外不能举一反三则道不通行。这样看来，足下倘未得道，亦非奇事而不可思议也。"

老子顿了顿,又说:

"天底下追求财富的人,不会让人利禄;追求显耀的人,不会让人名誉;贪图迷恋权势的人,不会授人以权柄。统治者掌握了权势,却常常疑神疑鬼,恐怕别人会暗害他,故一日权势在手,一日惊恐万状;一旦失去权势,却又悲伤不已,因为回想往日炙手可热,何等荣耀,而今世态炎凉,不胜凄怆冷落了。这一类人,动辄受惊生悲,心中未尝一日有所清静,真可说是天生的刑戮之民啊!"

说完,老子双目一闭,算是送客。

隔了半年,孔子又来拜谒老子。见面作揖之后,就抢先谈了一番自己最擅长的仁义学说。

老子听了半晌,终于开口说:

"阔别多日,足下进步不大。簸糠扬入眼睛,天地四方看起来就颠倒了;蚊虻叮咬皮肤,通宵达旦就会不得安眠。而天下的祸害,没有比仁义之说骚扰人心更大的了。回想上古赫胥氏时代,无庆贺之利,无刑罚之威,无有欺诈暴虐,无有爱憎畏忌。老百姓鼓腹而游,含哺而熙,日出而耕,日落而休,一片恬淡纯朴太平安宁之世,何须讲什么仁义之说呢?"

"然而昊天不吊,百姓不幸,不知怎么地出现了三皇五帝,自作聪明,以权术智诈治理天下。殊不知'出乎尔者反乎尔',上以智诈对下,下亦以奸猾对上,上行下效,尔虞吾诈,把个原先好端端的清明世界搅得不可收拾。于是乎'失道而后德,失德而后仁,失仁而后义',急急忙忙提倡仁义之说,企图感化百姓,恢复原先纯朴世风。然而己身不正,焉能正人?治人者心口不一,越提倡仁义之说,被治者越刁猾奸诈。这样看来,仁义之说岂非祸乱之源吗?"

"足下倘想使天下归于纯朴,大可道法自然,无为而治,何必喋喋不休去倡导仁义,真像敲着大鼓去追寻逃亡的奴仆,难道能成功吗?白鹤无须天天洗才白,乌鸦不必天天染才黑。黑白的本质,不值得论辩。泉水干涸了,鱼儿在烂泥地里扑腾翻滚,才晓得以湿气互相嘘吸,以口沫互相湿润,与其如此倒不如在水波滔滔的江河里彼此相忘的好!"

孔子听罢老子这一番训示，瘟头瘟脑地赶回家，几乎静默三日而不发一言。众弟子甚感诧异，于是问道：

"夫子这次见了老聃，对他有什么规谏呢？"

孔子白了白眼睛，喘了口气，说：

"神龙见首不见尾，我这次似乎见到了龙，它收拢来像一团光，散开来似一片彩，乘着云气纵横四海，光怪陆离，变幻莫测；我见到老子如同见到了龙，我瞠目结舌不知所措，还能有什么规谏呢？"

约莫又过了半年，孔子又来拜谒老子。由于熟门熟路，无须他人通报，孔子径自走进客厅，向老子深深作了一揖，说：

"今日要向老先生讨教一个问题：我孔丘研究《诗》、《书》、《礼》、《乐》、《易》、《春秋》等六经，已有几十年了。自以为熟知其中三昧，就跑去游说各位君主，发挥前辈圣王的大道，阐扬周、召两公的业绩。然而所遇君主，皆'王顾左右而言他'，没有一人愿采纳鄙人的主张。呜呼，大道之行难矣哉！究竟是这些君主冥顽不灵难以说动呢？或者还是大道本身难以阐明呢？"

老子摇了摇头，慢慢地说：

"足下还是幸运的，幸好你没遇到治世的君主，就是遇到了，又怎么样呢？通常所说的六经，只是先王陈旧的足迹，哪里是足迹的根源呢？你讲得气乏力疲的那套东西，就是陈旧的足迹。足迹，仅仅是鞋子所践踏出来的痕迹，难道就可误认足迹为鞋子本身吗？一对白鹇，雌雄相互瞧着，眸子不动而可生育；两个虫儿，雄的在上方叫，雌的在下方应，就可生育；有种名叫'类'的动物，一身兼具雌雄两性，故无须找对象，自身即可生育。呜呼，性不可易，命不可改，时不可止，道不可塞。倘如得了道，随你怎样，皆挥洒自如，无往而不利；倘如失了道，随你如何战战兢兢，谨小慎微皆动辄得咎，无往而不倒霉了。"

老子的这一段话讲得云天雾地，令人摸不着头脑。孔子回去之后，发狠闭门三月而足不出户，苦苦思量了一番。三月之后，孔于去见老子，说：

"鄙人总算搞明白了。乌鸦喜鹊孵化而生，鱼儿吐着泡儿濡沫而生，蜂儿是莫明其妙而化生;弟弟出生了,哥哥失去独自享受的爱而啼哭。鄙人庸俗不堪,很久未能与造化为友,不与造化一起变化,怎么又能去感化人呢?"

老子两颗莹莹发绿的方瞳在长长的白眉底下转了一转,说:"妙哉!足下既悟及此理,亦可说是开始得道了。"

## (二)　支离叔与滑介叔[①]

古代,有两个飘游天下的隐士,名叫支离叔和滑介叔。他们两人有一天结伴去游昆仑山,兴致勃勃地登上了一座名叫冥伯的山峰。这座山峰峥嵘嵯峨,险峻奇特,如果远远望去,活像一支巨大无比的玉笋矗立在蓝天白云之间,很是雄壮。据说,先前早些时候,三皇五帝之一的黄帝也上这儿来赏过光、游玩过,后来,玩得累了,还在这山峰上休息了大半日。

支离叔和滑介叔在这山上漫步徜徉,心旷神怡。一会儿仰观天空,一会儿俯视大地,只见四周的山脉连绵起伏,昂然翘首,在一片云海雾气的苍茫之中,山峰丘峦像东海的波涛一般汹涌奔腾。自然界的变化真是奇丽壮观,气象万千呵!他俩瞧得热闹,正在啧啧赞叹,突然,一阵凉风从横侧里吹来,刹那间觉得胳膊上有点痒痒的。他俩心里很是奇怪,赶紧捋起袖子低头一瞧,原来肘弯上不知怎么搞的,顷刻之间竟滋生出一只肉瘤,这家伙圆圆鼓鼓的,模样比一只拳头还大半寸哩。

莫非是昆仑山上的气候变化太大,以致使人的气血不通,竟猛古丁的一下子长出这个累赘来,还是其他什么缘故?总之,不管怎么说,他俩瞧了瞧各自肘弯上的肉瘤,心里似乎有条毛毛虫在爬,觉得很是肉麻,很不好受。

支离叔不由自主地搔了搔他自己的肉瘤,有点哭笑不得地嚷道:

"唉唉,伙计,这算什么玩意儿?又不是白面馍馍头,咱俩真走运,竟一

心通庄子

---

① 本节取材于《庄子·至乐》三。

人捞着一个。嘿,个头倒还不小哩。哎哟哟,搔搔还蛮疼的,你厌恶不厌恶?"

待在一旁的滑介叔不仅仔细地看了看自己的这只瘤,还认真地瞧了瞧对方的那只。观察了一番之后,他也感到非常惊奇:原来这两只难得的宝贝不但生在二人身上同一个地方,而且连个儿都一般肥大,模样都一般"俊俏",肉鼓鼓的真像是一对惟妙惟肖的双胞胎兄弟。咳,真是天地之大,无独有偶呀!

滑价叔瞧瞧肉瘤,又看看远方飘荡的白云,一瞬间仿佛感到大彻大悟。突然,他莫名其妙地仰天大笑了起来,对支离叔说:

"哈哈,哈哈,'既来之则安之',有什么大惊小怪的。这肉瘤,我一点也不厌恶。再说,你厌恶又有什么用? 难道你不喜欢它,它就害羞地逃走了吗? 不会的! 嗨,小心,你别使劲地搔,搔破了还会出血呢。就我本人而言,我不仅不恨,而且还非常感谢这瘤,因为它虽然没头脑却通情达,不使人为难。倘如它由着性子胡来,不管三七二十一,猛一下地生在你的鼻子上,厚皮赖脸地挡住你透气的两个孔儿,恐怕你老弟现在就未必如此轻松悠闲了。这瘤虽是刚刚出世,初出茅庐,却又很通世故,也很知趣。它大概知道自己的那副尊容不很美,所以也不愿出头露面地生在你颈窝上,招摇一下,吊得你脖子发酸,脑袋发胀,它只是文绉绉地在你胳膊上借了块地盘悄悄安了个窝,并且还痒痒地朝你打了个招呼,免得你猛地一见,大吃一惊,晕死过去。你想一想,这肉瘤虽不美观,倒也大方,而且它的态度总还不错吧!"

"况且,我们的生命,我们这样的堂堂六尺之躯,是从哪里来的呢?"滑介叔越说越得意,一边还用手比画着,"是大自然给予的! 而这肉瘤呢,是打天外飞来的吗? 不是的,也是大自然给予的! 我们整个生命较之无始无终、永恒存在的自然界只不过像电光火花似的一刹那,可怜得很。我们到这个世上来,仅仅像做客一般,短短地旅行一次就要回去的。一句话,生命之于我们,不过是一种凭借。凭借了一定的物质,我们才成为其人,才长成堂堂六尺之躯。悟彻了这一点,我觉得自己这个身子就没有什么了不起,没有什么特别的高贵神秘了,说穿了,它和尘土一样,不过是大自然的一种物质罢了。这样看来,我们这个不是永恒的身子暂时生了个不是不朽的肉瘤,也是没有办法的事,算不了什么,如同一个圆圆的大西瓜上多结了个胖胖的瓜蒂,一到冬天,连瓜带蒂,什么都将消失,消失得无影无踪,再也不存在了。总之,一生一死,就像自然界的白天和黑夜一样,是不可避免的。

"再说,你莫非忘了吗?咱俩登上昆仑山干啥呢?不就是要细细地观赏大自然的千变万化吗?现在承蒙大自然赏光,把'变化'送到咱俩身上——让咱俩各生个肉瘤,使我们所谓的'变化'能体验得更加真切,真是'求仁得仁,又何怨乎',我何必去厌恶这个老老实实的肉瘤呢?"

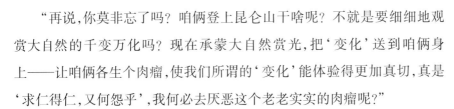

## （三） 子子与游夫①

晋国境内有一条名叫吕梁的河水。它从一座峻巍的高山上径直流下,瀑布竟有几十丈高,远远看去,就像一条张牙舞爪的白龙,蜿蜒在悬崖苍壁之间,水势凶猛,奔腾而下,激起的浪花白沫可以一气流动几十里。这种地方,连往常在水中悠悠自如的鳄鱼、鳌鳖都不能游,更不必说陆上生长的人了。

有一天,孔子周游列国路过这里,就站在远处细细地观赏这吕梁水景。说实话,在这种奇特的水光山影之中,东奔西走的孔子虽然见多识广,但也被如此雄伟壮丽的瀑布所陶醉、所震动。尽管此时孔子也很不得意,乘了简陋的车子,颠颠簸簸周游列国,想要以周公之道治国平天下,无奈时运不济,或遭权臣白眼;或被田夫嘲弄;甚而至于被暴民围困,饿扁了肚子:到处碰壁,凄凄惨惨好不狼狈。然而可叹的是他不是一位诗才,故不能借景抒情,像楚国的屈原一样,吟出一两句"去故乡而就远兮,遵江夏以流亡"的诗句来。

不过,子在川上曰:"逝者如斯夫,不舍昼夜。"这个流传千古、脍炙人

---

① 本节取材于《庄子·达生》九。

口的大感慨,恐怕就是孔子在玩赏吕梁水景时冲口而发的,也未可知,说不定。

孔子站在那里浮想联翩,呆呆地瞧着。突然,远远跑过来一个年轻的汉子,不管三七二十一,嚓的一下跳入水中,莽撞撞地游了起来。孔子见了大吃一惊,以为这个汉子一定是有了什么冤苦而想自杀了,于是急忙叫几个弟子沿着河岸一直奔下去。想法拦住这人把他救上来。可是没想到,那个汉子在河里稀里糊涂漂了几百步远之后,突然又像水老鼠似的,从波浪里猛地冒出脑袋来,笑嘻嘻地朝四周窥探着,仿佛也是在瞅热闹、赏风景。孔子见了不免又是一惊,心想:这是怎么搞的,莫不是鬼儿作怪? 他睁大眼睛仔细一看,只见那汉子五官端正,模样可亲,绝不是一副吓人绝倒的青面獠牙。不过,他披头散发地横躺在水面,唱着歌儿,自由自在地随着浪涛的起伏稳稳向前,看上去,就如同在天空中腾云驾雾一样轻巧快活,逍遥自得。

孔子看了不胜惊讶,就走到河边同这汉子搭讪道:

"嗨,你这个样子游得可真不错。起先,你猛地一跳,我以为是自杀;后来,见你在水中神出鬼没地游,就以为你是个鬼怪;再后来,仔细一看,才知道你是人,不过是个游水好手弄潮儿罢了。我想问一问,你游得这样好,是否有什么别人不知的窍门?"

"哈,世上哪儿有什么这样的窍门?"年轻的汉子笑了起来,他随手抹了抹额上淌下的几串水珠,说道:"我从小得天独厚,长大习惯成性,如今就命定铁打一般了。我游水的时候,自自然然,毫不用劲,随着漩涡一起下沉,跟着浪涛一起涌出,总之,是顺着千变万化的水势而永不违背它,这样,我就能游得得心应手、左右逢源了。假如说,这也算是一种窍门的话,那就是我的一种可以告由于天下的窍门了。"

孔子站在岸上听得津津有味,这时,他歪着头又问道:

"好,好。那么,你那个'从小得天独厚,长大习惯成性,如今就命定铁打一般'的话,算是什么意思呢?"

说话间,一个白花花的大浪头猛地打来,这汉子即刻朝水中一沉,避过

浪头,然后又冒了出来,对岸上的孔子说:

"我生在陆地上长成一身好力气,这叫作'从小得天独厚';后来跳在水里游水又游得从容自得,'无师自通',这叫作'长大习惯成性';如今,我天天游,月月游,年年游,游啊游,任你大江长河,急流险潮,凡是有水的所在我都能游,而且我自己也不太明白我为什么会游得这样好,这就是所谓的'命定铁打一般'了。哈哈,老先生,这下你可明白我的意思了吧!"

## （四） 子贡与丈人①

子贡可算是孔子的一位高徒,有一次他出游到南方的楚国去,中途有事又准备折回晋国,于是渡过一条汉水,向西北行走。半路上,看见一个老翁正在修一个菜圃,把菜秧几种成一畦一畦的。老翁又在菜圃里掘了个井,可奇怪的是,他既不用水桶吊,也不用其他的方法,而是掘了条隧道,一阶一阶直通井底,随后,手里抱了个土罐,一步一步地走下去,用罐自了水,再磕磕绊绊地走上来浇菜。真是费劲多而功效差,别人在一旁瞧瞧也够吃力的了。

子贡见了,在旁边嘲笑道:

"啊呀呀!老丈你这个样子未免也太原始了,好像还是在伏羲神农三皇五帝时那样。咱们今天已是周朝了,人家不是发明了一种机械了吗？倘如用那机械灌溉,一日灌百来个菜畦也不怎么吃力,事半功倍的,老丈你干吗不用呢!"

老翁闻声仰起脸,不知是听不清呢,还是故意装聋。他说:

"什么?"子贡有点糊涂,脱口说:

"什么叫'什么'?"

老翁换个法儿说:

"你说的什么玩意?"

---

① 本节取材于《庄子·天地》十一。

子贡这才明白，解释说：

"找根棍子，用条绳子吊起来，挂在井上，棍子前面装个水桶，后面装块石头、这样，前轻后重吊起水来多方便，速度之快犹如一锅汤沸了，刹那间冒溢出来一般。这个东西叫什么呢？就叫桔槔。"

老翁一听，像是唆使他做坏事似的，脸上顿时愀然作色。子贡见了，很是纳闷，还来不及搞明白。突然，那老翁又仰天大笑起来了。老翁说：

"老夫听过我的先生老聃说过，发明这样一些诡异的机械的人，那么他从前为制造这诡异的机械干过诡异的活；干过这诡异的事的人，那么他从前一定先怀过诡异的心；诡异的心一旦存于胸中，那么他的胸怀一定很不纯洁了。既然他胸中不纯洁，那么他一定是神情不定、胡思乱想的人，这正是我们道家所极端鄙视而要唾弃的！你唠叨的小玩意，我们道家不是不懂——比它再巧的玩意也造得出——只是不屑干罢了。做诡异奇谲的东西，一定得先存有诡异奇谲之心，然后想出诡异奇谲的点子，这样，推而广之，流弊所及，滔滔天下皆是尔虞我诈、互相欺骗的人了。那怎么了得？所以我们道家要绝巧弃智，摒弃诡异的小聪明，以图恢复上古一片淳厚质朴之风。"

子贡一听，大感惭愧，低下头去几乎抬不起来，好一会儿，才讷讷地说：

"老先生，有利总有弊呀！何必死板板的呢？莫非饭粒噎了喉咙就不吃饭了吗？"

老翁不屑一顾地说：

"什么东西？"

子贡瞪着眼珠问：

"什么？"

老翁又说：

"你是干啥的？"

子贡一愣，答道：

"我？我是鲁国孔夫子的弟子名叫子贡呀！"

说完，子贡偷眼觑觑老翁儿，看他是否大吃一惊而肃然起敬。

传记读库

万万没想到,老翁一听勃然大怒,指着他的鼻子厉声斥道:"噢,原来如此!那么,你不就是沐猴而冠假学圣人、独坐弦歌自叹自怜、夸夸其谈迷惑百姓的那一帮欺世盗名之徒吗?你们这一帮人,可以休矣哉!再也不要装模作样,盛气凌人了。头颈缩一点,脊梁弯一点,或许只有这样,你们这些彬彬君子才更能接近道一点。你们游说列国,四处碰壁,搞得唇敝舌焦,惶惶不可终日,连自身都没有治理好,还大言不惭地想治天下吗?哈哈,毋再饶舌,你快点走开,可以休矣哉!"

子贡听了老翁这一番教训,如同从头到脚淋了一场倾盆大雨,慌慌张张像遭了瘟似地走了三十多里路才喘过气。回到鲁国,他急忙一五一十地告诉孔子。孔子听了,倒背着手在屋里兜了两圈,想了半天,才说:

"唉唉,这位老翁大抵是先前在老子门下专修混沌术的高明之士罢!这一流人物,平日收机返听,精神内聚,外表往往粗糙卑陋,质朴混沌,然而殊不知拙于外者巧于内,一旦你惹着了他,他虽然混沌一团,却能八面进攻,唇枪舌剑万箭齐发,口若悬河波澜翻滚,每每可以奚落得你无地自容而后止呢。我这里说的,仅仅是'混沌术'的皮毛,至于'混沌术'的内囊,精深得很哩,又岂是咱们这些门外汉所窥探得透的呢?"

## (五)　南郭子綦论天籁[①]

楚国有一个名叫南郭子綦的人,据说他是德行高洁的抱道之人。有一天,南郭子綦在家无事,靠着一只案几静坐,他意守丹田,仰天呼吸,一会儿就扫除了各种杂念,凝神入静,渐渐地物我皆忘,达到了"天地与我并生,万物与我合一"的境地。

南郭子綦独自气功静坐,撇下了他弟子颜成子游垂着手在一旁低首呆立。一个时辰过去了,弟子见先生仍然像果木头似地一动不动,眼睛虽然睁着,但直瞪瞪的连瞳子都不转一下,看来他的灵魂早已出窍,大抵已在天

①　本节取材于《庄子·齐物论》一。

国的琼楼玉宇中游玩,徒留一具皮囊在尘世——究竟是天热中暑呢,还是年老中风?总之,光景有点异样,很是怕人。为了保险起见,颜成子游把头凑了上去,放高声音说:

"先生,先生,您今天怎么了?是不舒服了吗?您怎么坐了一大阵子没个动静,难道坐起来就应该外表看上去像一段枯木头,而内心就该不起波澜像一摊死灰吗?以前弟子我也见过人家的静坐,可从来没见过像您先生这样一坐下去就纹丝不动的样子的。"

听完此话,南郭子綦先转了转眼珠,随后双手举起伸了个懒腰,像一个泥菩萨突然显灵一般从高度忘我中醒了过来。南郭子綦笑笑说:

"好啊,你小子问得好啊!静坐我练了多年,但今天也不知怎么搞的,竟然功到渠成,丹田下的一股真气沸腾炽热,循环流动,疏通百脉,如同醍醐或灌顶,春意融融,使老夫在身心飘逸之中浑浑然忘掉世态人性,而与天地万物合为一体了。

这类境界非修炼多年不易达到,常人旁观岂能理解。你小子说我静坐的模样与众不同,故惊奇得叫喊起来,这也难怪,正像你只听过人籁而未听过地籁,或者是只听过地籁而没听过天籁。"

刚才是先生枯坐,弟子呆立,颜成子游无聊得要命,正想听点新鲜事解解闷,闻此言,他赶紧接上去问:

"先生,那么什么叫天籁地籁人籁呢?小子闲着想长点见识,先生您就给我说说吧!"

南郭子綦的静坐既然已给弟子中途搅乱,一时再也静不下来,故清了清嗓子,干脆说了起来:

"人活在世上,不呼吸不成,那么大自然也一样。大自然一呼一吸,就是我们通常称作的'风'。这风,要么不刮,一刮就不得了,一刮就使大自然的千万种洞洞窟窟发出声来,难道你没听过大风呼啸怒号的声音吗?

那深幽幽的山谷,就像个大洞洞;那千年老树,有百围之大,树干上坑坑洼洼的洞洞,有的像大鼻子,有的像歪嘴巴,有的像尖耳朵,有的像大梁上的方孔,有的像杯圈,有的像石臼,有的像深池,有的像浅坑。大风一吹,从这些洞洞窟窿中所发出的声音,形形色色,奇奇怪怪,激烈如海水澎湃,尖利如箭头呼啸,有的像斥人的骂声,有的像急促的呼吸声,有的像呼救的嘶喊声,有的像号陶的哭声,有的像哈哈的笑声;有的呢,幽幽深深,如峡谷里的怪声,有的呢,哀哀切切,似哭丧妇的哽咽声。总之,一窍一响,万窍呼应,小风则小奏,大风则大奏,此起彼应,煞是好听,如同王宫里的乐队在嗒滴嘀嗒滴嘀地齐鸣齐奏。甚至大风过后,你仔细谛听,山林草木仍在摇摇摆摆地发出窸窸窣窣的声音呢。"

颜成子游当下恍然大悟,抢着说:

"小子现在是明白了。所谓'地籁',就是大自然的洞洞窟窿、坑坑洼洼,木窍土洞所发出的声音;而'人籁'呢,您不说我也知道,就是人用竹笛竹管所吹出的声音。请问先生,那么'天籁'究竟是什么呢?"

南郭子綦哈哈大笑,解释说:

"天籁?你还不知道?这样看来,你有三分小聪明,却有七分大糊涂啊!要知道,人籁、地籁归根结底也是一种天生的状态。天籁难道是独立的吗?天籁其实就是人籁、地籁的统称罢了。是谁使自然界的各种洞洞窍窍发出声音呢?难道洞洞窍窍自己会发出声音吗?还不是天地之际的'风'吗?这难道还不就是'天籁'吗?哈哈,你是聪明一时糊涂一阵啊!"

## (六) 列御寇受惊①

有一天,列御寇打点了一下行装,准备去齐国。吃罢早餐,他精神抖擞地上道了。才赶了几里路,远远地还没有到达齐国的境内,列御寇突然改变主意,也不知道为了什么缘故,他急急忙忙地扭头跑了回来。因为低垂着脑袋只顾一味走路,跑得太慌乱,所以半道上竟然撞在一个白发如雪的老翁身上。幸亏老翁的脚劲还强,因此尽管给列御寇莫明其妙地撞了一下,撞得像不倒翁似地摇晃了两下,还是勉强平衡地站住了。

① 本节取材于《庄子·列御寇》一。

列御寇定神一看，啊呀，原来这白发老翁不是别人，正是整日谆谆教诲自己的先生伯昏瞀人。

列御寇赶紧连连弯腰作揖，惶恐地说：

"死罪，死罪。小子瞎了眼珠，可撞坏了先生？"

先生瞧了瞧弟子神情，见他慌里慌张的，像是从战场上刚吃了败仗，丢盔弃甲逃回来一般，就奇怪地发问：

"咦，你清晨忙忙碌碌了一阵子，不是说要上齐国去吗？怎么才一会儿，就莽里莽撞地跑回来了呢？"

"唉唉，我方才猛吃了一惊。"列御寇昏头昏脑，有点答非所问。

伯昏瞀人也吃了一惊，急忙问道：

"怎么，你碰见什么了？瞧！脸色都吓得发白了，撞见强盗了，还是碰见老虎了？"

"不，不，老虎和强盗，我倒也未必这样怕。"列御寇恰似醉后大醒一般，有气无力地说："是这样的：今天天气很热，我早晨走了几里路，觉得嗓子眼渴了，就在一个小镇上停了下来想弄点水喝。不料这儿开着十爿水浆店，一见我来，即刻有五家店主如同熟人似地殷勤地拥上来，要先送我水喝。"

"这是好事嘛，那你吃惊什么呢？"伯昏瞀人更加奇怪了。

"唉唉，我吃惊的正是这个呀！当时，水浆店前正蜂拥着许多人，有男的、女的、老的、少的，等着要买水浆。可说是生意兴隆、应接不暇。但是我一进镇，几家店主像见了神明似的，老远就拥上来，把水浆敬给我喝。我和店主素昧平生，从不相识，为什么他们会对我这样呢？我想了想觉得：像我们这一流学道之士，因为肚子里装了些学问文章，平时不知不觉之间就会晃里晃荡地涌上脸来，且不说常常自命不凡，目空一切，就是走起路来，往往也是昂首阔步，头扬天外，外表上总是非常矜持，眉宇之间总要露出一股庄严之气，显得与众不同，鹤立鸡群，使得那些市廛乡村的老百姓见了总有些害怕、恐惧，感到'与其怠慢不如恭敬'，于是趋炎附势地拥了过来。

我自己呢，内囊里也正有这毛病，所以神采飞扬、高视阔步地走到镇上时,水浆店主人一见之下,匆忙间先抛下门前许多在烈日炎炎下等候多时想要买浆喝的老人,先冲上前来奉承我。这,他们自然也比较差劲些,因为拍马急于敬老了。不过,这一切都是我自己造成的,能怪谁呢?我恐怕照此下去会惹出乱子呢。"

列御寇滔滔不绝地说完这番话,头上已是满脸大汗了,不知是热的缘故呢,还是怕的原因。

"出乱子?这会出什么乱子?"伯昏瞀人越发搞不清楚了,他觉得他的弟子今天出外一次像是遭了梦魇丢了魂,所以语无伦次说怪话,看情形最好给他扬幡招一下魂才好哩。

列御寇擦汗之后喘了口气,向伯昏瞀人解释道:

"先生,您替我想想:那卖水浆之家只不过是小本经营,没多大的钱财,他们将本求利是极其微薄的,因而在世上所起的作用是不足道的。可就是这些无足轻重的俗人,一见我的神采,他们就要三脚两步赶过来巴结我、奉承我;那么,不言而喻,倘如那些万乘之国的国主见了我的风度,不就要死乞白赖地硬拖住我做官吗?一做官,我就脱身不开,日夜为他的国家效劳,我的清明的智慧就将消耗在他的无穷无尽的国事之中。况且,国主求贤的时候,一定是屈身俯就,彬彬有礼,但一旦付我官职之后,则循名责实,铁面无情,国主将要严格地考查我的政绩了。当然,文治武功,出将入相,我未必不会干他个几下子,但我的宗旨是明哲保身,与世无争,想做一个闲云野鹤的隐士,不愿意绑在一些官事身上。所以,当我发现一些别人崇仰、巴结我的苗子时,我仔细想想,感到大吃一惊了。所以当时我连水浆都顾不上喝,就没命地逃了回来。"

听完这话,伯昏瞀人哈哈大笑,用手点了点自己学生的脑袋说:

"好的,好的。这样看来,你是小处糊涂,大处精明。不错,一个人能够深深地明白自己的短处,那么这就是一个人的可贵的长处了。不过,你今后是得好好地改一改,应该韬光养晦,不必锋芒毕露。有时候,大智是若愚的,而大愚呢,反倒像管了。这就叫作聪明反被聪明误。一个人有本领,不必尽堆在脸上,可以默默地藏在肚里。常言说的胸有城府,就是这么个意思。你想想，咱们每一个人充其量能有多少可以发挥的精神？是不多的！倘如一个人把他有限的精神光使用在风度举止上，平日里总是矫揉造作、装腔作势，那么用不了多久，他的内囊一定会空虚起来，变得外表锦绣腹内草莽了。人一旦到了这种地步，可说是无聊得很了。再说，你不是一意要做个无牵无挂的隐士吗？那么更得改一改，要大巧若拙，混混沌沌。否则的话，迟早给哪个国君撞见抓去做官才了事呢。"

"是的，是的，先生的话深刻极了。老子说：'和其光，同其尘。'意思是说要遮蔽自己的光芒，把自己和尘世的老百姓混同起来，千万不要露头角。先生，这话是不是这样讲呢？"列御寇这时又露了点小聪明，好像在向他先生显示：你瞧瞧，我的脑袋怪机灵的。你讲的是妙，我也领会得快！

"不错，话是不错的。不过，世上的事大抵是说说容易做起来难，所以主要的是在'行'而不在'言'。好了，好了，站着说了半日，我的腿脖子都发酸了，加了刚才给你猛地一撞，我的胸口现在还闷得厉害呢。走吧，咱们回家去再唠叨吧。"

说毕，列御寇搀着伯昏瞀人一摇一晃地往回走了。夏日的太阳是很旺的，他俩在身后所抛下的两个影子慢慢地蠕动着，看上去歪歪扭扭，又长又细，很是滑稽。

# 十一　庄子与惠施的论辩:鱼儿乐否①

惠施是战国时期的一位哲学家。据说,他学富五车,见多识广。庄子与惠施熟悉,关系亦非一般。他俩因彼此意气相投而成朋友,又因互相辩驳话难而成对手。

一天,庄子惠施漫步出游,来到了濠水边(今安徽凤阳县境内)。两人走在桥上,倚栏观赏,只见煦风吹来,碧波荡漾,一条条银灰色的鱼儿在水中摇头摆尾,鼓鳃吐泡,显得很是快活。

庄子看了,不禁若有所思,似乎一刹那间想起了天地万物,宇宙人生,便对好友感慨道:

"你瞧,鱼儿们成群结队,悠悠嬉戏,游得是那样的从容,那样的逍遥,天地之间任它们快活,哪像咱们做人的整天忙忙碌碌。咳,这个模样,真可说是鱼儿世界的一种了不得的快乐了。"

身临其境,历历在目,惠施未必没有同感,只是他们彼此极喜欢辩论,所以他当时眯着眼睛,故意反问道:

"你又不是鱼,怎么竟会了解鱼的快乐?"

"是的,不过,你惠施老兄也不是我庄周老弟,你又怎么一定知道我不

---

①　本篇取材于《庄子·秋水》七。

了解鱼的快乐呢?"庄子针锋相对、以牙还牙地说。

惠施转了两圈眼珠,摆出一副中庸的模样说:

"讲得好,讲得好! 我不是你,当然不了解你,可你也不是鱼呀,你当然也就不了解鱼的快乐。这不是明摆着的吗?"

庄子听完,仰天哈哈大笑,指着对方说道:

"你老兄尽管口如悬河,舌底翻澜,但已经说漏嘴了。刚才这话,你不过是舍本求末,转移论点,强词夺理罢了。现在让我们回复到先前争论的要点上来,条分缕析一下便可明白了。"

"你一开头说'你又不是鱼,你怎么竟会了解鱼的快乐?'照这样说来,你惠施老兄虽然不是我庄周老弟,但却能明明白白地了解我庄周不是条鱼,所以,从而断定我庄周对于鱼的快乐是无知的,可见天地之间甲要了解乙,正不必甲本身是乙才能了解乙,正像惠施不是庄周却能了解庄周一样。可是转眼之间,你又出尔反尔,自打自的巴掌,竟然矢口否认道:'我不是你,当然不了解你。'这不是十足的大矛盾吗? 总之,你不是我,却能了解我,因为人们有脑袋,能思想,能以此知彼,触类旁通,举一反三,了解、认识、熟悉其他事物。所以我虽然不是鱼,也能通过观察了解鱼的快乐,正不必跳入濠水之中变成鱼儿之后才能做到这一点。"

惠施噤若寒蝉,没话说了。两人默默地思维着,在桥上河边又漫步起来了。

# 十二　庄子与惠施的论辩:无情之情①

庄子与惠施彼此是朋友,平日里常往来,日子一长,惠施发现庄子非但不热衷于富贵,而且对于世上的一切都看得很淡泊,无论是坐是行,在他庄子身上总有一股静穆清明之气,似一圈神秘的光轮,笼罩在他的周围,使人见了总觉得俨然不可侵犯。

不过,这模样,庄严则庄严矣,然而到头来总令人感到望而生畏,不能热乎乎亲近亲近。

有一天,惠施借机向庄子旁敲侧击地问道:

"我说,庄周老弟,这里有一个问题,就是:人难道是没有感情的吗?"

庄子含含糊糊地应道:

"是的,不错。"

惠施一听,心想:我是故意正话反说,没想到他不分育红皂白地竟说不错。好吧,我再来问问你,且看你错不错。于是惠施哑然失笑地说:

"俗话说:喜怒哀乐,人之常情。人如果没有感情,怎么能说是人呢?"

庄子含含糊糊地答道:

"道德滋润了我的外貌,天地养育了我的身体,你看我六尺之躯,堂堂

---

① 本将取材于《庄子·德充符》六。

仪表,难道不算人倒算猴吗?"

惠施心里嘀咕:这也真有鬼,明明是我质问他,可咱俩谈来谈去,总弄得我处于下风,仿佛庄周天生便是我的克星一般。心里一紧张,嘴里就结结巴巴地说:

"算人是算人,不过,既是人,怎么就没有感情呢?莫非感情搁在哪儿被耗子偷去了吗?所以看上去就冷冰冰了吗?"

庄子不慌不忙说:

"要知道,你说的感情两字并不是我之所谓的'感情'。这两者名称相同,内涵却大不一样啊!我所谓没有感情者是指人们不以暂时的得失好恶伤害自己的身体。如得意之时,不忘乎所以,免得喜滋滋地辗转反侧睡不成觉;失意生气之时,不勃然大怒,暴跳如雷,免得白白气坏了身体。这两种情形对身体都不利。老子说:'祸兮,福之所倚;福兮,祸之所伏。'总之,对于世上一切都看得淡泊一点,那么无论如何都不会乐不可支或怒不可遏了。因为'大怒伤阴,大喜伤阳',而阴阳平衡是保持身体健康的最重要的手段呀。所以我所谓没有感情者,是指心平气和地遵循着大自然的规律,而不以喜怒哀乐人为地使身体增加怒气和喜气!"

惠施摇着头说:

"此话差矣,没有喜怒哀乐,人的身体怎么活下去呢?"

庄子平静地说:

"道德滋润了你的外貌,天地养育了你的身体,就心平气和地活下去吧!而你老兄呢,往往为了一些虚名,总想在大庭广众之中出风头,常常劳心费神,连走路的时候还靠着树木吟咏诗歌,弄得疲倦不堪,以致有一次坐着弹琴的时候竟然当着宾客之面不由自主地呼噜呼噜打瞌睡了。哈,这多丢人,就像包子露馅一样,露出你一副外强中干的面目来了。呜呼,天地赋予你堂堂六尺之躯,总没亏待你吧!可你呢,不懂得保养,以体上天好生之德,每每搞得疲疲沓沓,萎靡不振,还去学公孙龙的'白马非马'论那一套劳什子,真何苦来呢?"

# 十三 庄子与惠施的论辩：无用之用①

庄子与惠施是朋友，然而不见面倒也罢了，一见面就仿佛公鸡打架一般，彼此缠在一起利嘴尖舌地互相攻击一番。可是不知怎么搞的，虽然每次总是惠施发难，首先进攻，但庄子却有时虚晃一枪，引军佯退；有时当头一棒，乘势猛攻。而惠施呢，总以哑口无言挂出免战牌才告终。

输是常输的，但好斗的禀性也是难改的。

有一天，惠施遇见庄子，口舌间滑溜溜的又觉得有点技痒，所以他开门见山地向庄子挑衅道：

"庄周老弟，你那一套学说大言不惭、汪洋恣肆，但可惜好听而不中用。不然的话，当今列国诸侯，皆以庄周之道处理朝政了。"

说完这话，惠施圆睁着眼睛，聚精会神注视着庄子，看他如何反应。

庄子打了个呵欠，似乎根本没在意，或者压根没注意到对方被胄上马当门挑战的气派，只是淡淡地说：

"没用？没用也好。一个人只有深深地了解'无用'，那么才可同这个人讨论什么叫'有用'。你看苍茫大地，无边无际，然而人只有两只脚，在这辽阔的大地上横站竖立，最多只能占用两只脚掌大小的地方。当然，假

---

① 本篇取材于《庄子·外物》七。

如你撒赖在地上打滚,自然可多占一些地方,不过,那是没皮,且作别论,这里不谈。”

“这样看来,无论公子王孙、天皇贵胄,还是庶民百姓、仆厮乞丐,凡是人,在一定的时间内,无论何处,都只能占据两足之地。那么,是否可以这样认为,既然人仅占两足之地,除了踏脚的地方,旁边的土地,反正一时派不了用处,干脆就掘掉它,掘到黄泉,像深渊一样险峻;那么,我再问问你,这个人如临深渊,战战兢兢,还能动吗? 还有什么用吗?”

惠施白了白眼睛,想一想,照直说:“无用!”

庄子双手一摊,总结说:

“是啊,这个人之所以‘无用’,是因为他没有余地可动弹了。如果这个人现在要动弹,刚才看似‘无用’的地方一下子又变得‘有用’了。如此说来,‘无用’转化为‘有用’的道理不是很明白了吗? ——正像你出门的时候,屋子闲空着不住人,别人因它暂时‘无用’而把屋顶扒了,你说行吗? 要知道,现在的‘无用’将来保不定‘有用’,而如今的‘有用’以后亦可能化为‘无用’。”

“再说‘有用’就一定好,‘无用’就一定坏吗? 林中的树木以其良材‘有用’而遭人砍伐,山中的老虎以其皮毛‘有用’而遭人捕杀,世上的聪明人呢,以其出类拔萃、才华、‘有用’而被君王相中招在手下干活,勤劳国事,身心交瘁。然而哪天触怒龙颜,一声令下,就给刀斧手架出南门稀里糊涂砍了头。呜呼! 世人皆知‘有用之用’,若非大哲,又岂能知‘无用之用’呢?”

# 十四　庄子访惠施①

听说好友惠施做了梁国的国相,庄子决定去他那里拜访一下。这,倒也并不是贪图去瞧瞧好友堂皇的相府,做官的排场,以及尝尝丰盛的酒筵,或者打秋风,借几个钱花花,不是的;庄子其人,是两袖清风,目空天下的,他虽然什么也没有,但什么也瞧不上。当初,楚国的国王楚威王闻其大名,很是仰慕,派人带了礼物来请他作越国的国相,但庄子竟不屑一顾,断然谢绝。

如今,庄子愿意上惠施那儿玩玩,一来彼此是好友,多日不见,理应碰头叙谈叙谈;二来惠施这人博学多才,读书多年,虽然平日里还有些夸夸其谈、华而不实的毛病,但倘如要讨论讨论问题、切磋切磋学问,他还不失为一个很好的对象。

这样,庄子就飘然往梁国来了。

然而,人未到达,消息已像四溢的河水,很快地蔓延开来,灌进了梁国。梁国人又惊又喜,议论纷纷,竟闹得满城风雨,家喻户晓。有些喜欢拍马的逸谀之徒,乘机遛进相府,把这消息作为见面礼,献给惠施道:

"咳,来了,庄子来了,庄老夫子上俺们这里来了。他来干吗呢? 十不

---

① 本篇取材于《庄子·秋水》六。

离九是眼红您的相位,恐怕是要取您而代之哪!"

"前些时候,他不是在濮水边学姜太公钓鱼吗?"另一个阴阳怪气地说,"他如今大概要换换口味,扔掉鱼竿捧相印吧!哈,这才是真正的身在江海之上,心居乎魏阙之下了。"

惠施心想:不错,庄周生平不喜游富贵之门,如今怎么一下子爽爽快快地说来就来呢?哼,是的,醉翁之意不在酒呀。外表是探望朋友,内囊是捞取官位,一箭双雕,真是个好计算!况且以庄周这样的道德风貌、文章学问,来咱梁国招摇一下的话,咱梁惠王还不给他弄得如醉如痴、神魂颠倒?而且令人不胜遗憾的是:梁国的相位只有一个,倘如你争我夺的,最后,还不眼睁睁地让庄周抢了去。

庄子的人格风度是令人敬佩的,庄子的妙言清谈是富有魅力的,而且朋友的情谊也是相当看重的,但是说到底,无论如何总抵不过一个权势熏天、炙手可热的相位呀!于是乎惠施决定先发制人,他赫然下令,派几支人马在国内大肆搜索起来,免得让庄子捷足先登,先偷偷溜去朝拜梁惠王,一见之下,情投意合,便得了相位。

据说,这场搜索,兴师动众,竟然持续了三天三夜,闹得鸡飞狗跳,简直把整个梁国搅成沸沸扬扬的一锅粥。

然而庄子这人也真是有点神不知鬼不觉的,找他找不到,请他请不动,突然之间,他飘飘然然地已出现在相府的朱门外了,仿佛是自天而降。惠施一听,整了整衣服,慌忙迎了出去,嘴里一边还嘀咕着:

"嗨,庄周这人变幻莫测的,真像一条出神入化的龙,可是鄙人却是叶公好龙,虽爱其人,却不希望他来呀!"

庄子气宇轩昂、旁若无人地走了进来。一见衣冠楚楚的惠施,便放怀哈哈大笑道:

"咱俩阔别了三个多月,可你老兄怎么一点儿也没长进呀!南方有一种鸟,名字就叫鹓雏,是凤凰一类的神鸟,你知道不知道?这,鹓雏从南海出发飞往北海去,一路上,不是参天的梧桐大树,就不肯憩息;不是稀奇少有的竹实,就不想吃;不是味如甜酒的泉水,就不愿喝。可是半道上遇见一只猫头鹰,它秃头秃脑的,不知打哪儿弄到一只腐烂的死老鼠,正蹲在棵枯树顶上狼吞虎咽拼命嚼食,那津津有味的模样,仿佛倒是吃一只肥嫩的小鸡。"

"这当口,鹓鶵正从天上飞过。猫头鹰抬头恰巧瞧见,就惶惶然地以为鹓鶵要扑下来抢它的死老鼠了,于是急忙露出副怒目瞪眼的样儿,撮起尖嘴朝上大叫一声:'嘘!'想吓吓鹓鶵,免得让它抢条鼠腿去。"

"凤凰如要吃这腐烂的老鼠,"庄子顿了顿,眉毛陡地一扬,又说道:"那麒麟恐怕要吞发霉的蟑螂了。没料到你老兄刚坐上了官位,就要对我大嘘一声。想一想吧,这好意思吗?"

惠施一旁唯唯诺诺,连连作揖,表示不胜歉意之至,一边又暗暗想道:唉,小人之心度君子之腹,这下可是大大地自讨没趣了。

# 十五　庄子妻死①

　　庄子的妻子死了,惠施一听到这噩耗,就急忙赶去吊丧。他一边走一边在肚里思量:庄周平日虽然见识超人、心胸开阔,可这次妻子死了,不知他神态如何,感觉怎样。总之,是身临其事,滋味就很不好受喽。倘如他一味陶醉在死者灵前,捶胸顿足,作哀哀妇人哭丧状,那庄周也决非是个仙风道骨的铮铮豪杰,也仅仅是个凡胎肉眼的村夫俗子罢了。所谓"灵不灵、当场验",这等时刻,是最能窥见一个人的真情的。

　　不过——惠施这时搔了搔头皮,继续想道:庄周夫妇之间的感情平时是很好的,是极缱绻绸缪的。如今一下子生离死别,音容永隔,漫漫长夜,天上人间,能不悲伤吗? 所以号陶大哭纵然不大可能,躲在家里独自呜咽啜泣,那是一定的了!

　　惠施边想边走,等到转了三圈脑子,已打了一部堂而皇之劝慰庄周的腹稿。他深知庄周的为人:庄周不仅才气横溢,妙思连天,而且感情如大海波涛,汹涌万状,也是极为丰富的。假如庄周一时糊涂,以为下泪如同作文,也一定要汪洋恣肆,滔滔不绝,那可要淹没天下,人为鱼鳖了。哈哈,不会的,不会。惠施暗自笑了,他是自我嘲笑刚才这样怪僻的念头。

---

　　① 本篇取材于《庄子·至乐》二。

总之，惠施决定去好好慰问庄周一番，劝他忍痛节哀，不必过于悲伤，免得伤了身子，以致坏了一腔道家多年修炼的清明纯朴的"婴儿之气"。

惠施兴冲冲地走着，才赶到庄子家门的左近，就突然听见里面传出了一阵歌声，这歌声婉转悠扬、慷慨激昂，如果细细聆听，真是动人心弦呐！并且难得而又奇妙的是：随着歌唱，里面还传出一些叮咚叮咚的乐器伴奏声，冷冷清清，悦人耳膜。看来庄子的屋里很是热闹，倒好像是在办什么喜事，因而大大地欢庆一番。莫非是自己的耳朵出了毛病？惠施的心里很纳闷，仿佛一下子坠入五里雾之中，有点摸不着头脑。他三脚两步走进去一看，嘿，真感到大吃一惊、目瞪口呆。

原来正是庄子在屋里引吭欢唱哩！

他蹲在地上，岔开双腿，摆了个大八字；这个架势，洒脱得很，简直活像一个竹编的老式畚箕。只见他的面前还放了个大瓦盆，里面盛了好多醇酒，微微泛出一缕缕酒香，脸色红红的，大抵庄子已喝了不少。

不过，唱唱歌，咋呼一下，为了遣遣愁倒也罢了，可是庄子手里拿着的那双竹筷，一边还不停地朝瓦盆上有节奏地敲着，叮咚叮咚的声音，就是由这玩意儿传出的，远远听来，和王宫里乐师在玉磬上敲出的音调一般美妙。

惠施似乎一头撞进了一座迷魂阵，被眼前的景象弄得扑朔迷离、晕头转向。他定了定神，仔细一看，真的，庄子又敲又唱，乐呼呼的，一边还冲着自己诡秘地笑哩。霎时间，惠施觉得自己如同是一个毛孩子，正在被庄子随便耍弄哄笑呢。他肚里不免有几分怨酸，并且还夹杂着一股不平之气。

所以，惠施即刻沉下脸来，向庄子劈头喝道：

"啊呀呀，你这个人！老婆死了，怎么一点也不悲伤？她不仅和你一起生活了几十年，而且又替你抚养子女一直到老，辛辛苦苦，贤贤惠惠。如今你老婆一下子死了，呜呼哀哉！不掬一把悲伤之泪倒也罢了，算你铁心肚，算你硬肚肠。可是，可是你又是唱曲又是敲盆，好像洞房花烛之夜正要同老婆成亲一样高兴。哼，最恼人的是咧着嘴巴还要朝我扮鬼脸。老天爷，真是的，你这算耍的什么鬼把戏。"

"鬼把戏？"庄子笑了笑，从地上站起身来，左手摸着下巴颏儿，慢条斯理地回道:"哈哈,老兄眼孔不大,拿道家风度当鬼把戏,真所谓见骆驼而嚷马背肿了。常言道,'人非草木,孰能无情?'当初我一听到妻子死了,真如屋顶塌下了一个角,何尝不感到伤心揪肺、悲痛欲绝呢?"

这时,庄子的脸渐渐庄严起来了:"想一想,在如此寂寞的人生路上,她与我搭了几十年的伴儿,如影随形,朝夕不离,而今一下子舍我独去,命归黄泉,我能不悲伤吗?当时,我不禁觉得心肝裂肠子断,头昏昏而泪汪汪了。然而偶尔抬头望望,天,还是这样苍茫的天;地,还是这样玄黄的地。皇天后地,一如既往,何尝为人间的生死而哀喜变色呢?啊,我明白了,我懂得了。"

"我想起了我们人类的前身,想起了盘古开天辟地之前,茫茫宇宙,何从来人?没有,宇宙间本来是没有生命的,岂但没有生命,而且也根本没有生命的形状。极言之,不仅没有生命的形状,而且压根儿连产生生命的条件都不具备。那时,宇宙之间,混混沌沌,潜移默化,物质在运动,天地在变化,渐渐地形成了能够产生生命的环境,在这个环境之中后来诞生了生命,生命发展开去又逐渐形成了人类。是人就不能不死,死了就死了,死了就没有了吗?不是的!生既然生在宇宙之内,死还是死在宇宙之间,哪儿也去不成,这叫作'无所逃于天地之间'。人们一死之后,尸体腐烂,归于大地,归于尘埃物质,物质又在运动,组成了人类赖以生存的世界。总之,生命出于宇宙,又归于宇宙。人间的生生死死,循环往复,依我看来,不过像春夏秋冬四时更替罢了。"

"我的妻子是死了,死了以后,无非是化为尘埃物质,纷纷扬扬地飘落在世界的物质之中,犹如小溪之水,流进江河,归于大海,简直又像个婴儿躺在宇宙这个大摇篮里,暂时悠闲地睡着了,可是,我倒去模仿一下不懂事的小孩,在旁边哇哇地哭着,这能算是通情达理的吗?这主要是对于天地间生命是怎样形成的不了解呀!"

说到这里,庄子又蹲下身去,抱住瓦盆喝了口酒,又说道:

"况且,你惠施老兄来的本意原是想劝我别伤心别哭,如今一见我高兴,反而妒忌起来,倒要想催我落泪痛哭,这不是出尔反尔,有始无终吗?

能说你是一个聪明人吗?"

"罢了,罢了。庄周之话,利于锋刃,我实在找不出一把盾可来挡你两下。"惠施笑着坐了下来,说:"好吧,那就唱吧,我陪你一起唱,唱个痛快,唱他个银河倒泻,天翻地覆! 如何?"

庄子没答话,两人喝着酒喝了起来,一个是"啦啦啦……"一个是"呜呜呜……"声音浑厚而又清脆,似两条无形的苍龙,盘旋在空中,消失在远方。

## 十六　庄子过惠施之墓①

传记读库

有一次,庄子的亲属死了,他去送葬。半道上看见一只大坟墩,坟前高高地耸起一块大墓碑,上面镌刻着这样几个大字:梁国故相惠施之墓。坟上青草萋萋,群鸱筑窝,而旁边的小白杨也快有胳膊那么粗细了。

随着送葬的人群行进在夕阳古道之中,周围弥漫着一片呜呜咽咽的气氛,所以庄子本来也没有什么好心情,如今猛然间见到好友的坟墓,不禁触景生情,渐渐地有点悲伤起来。他的弟子见了觉得很是奇怪,就问道:

"夫子平日里旷达超脱、潇洒不拘,不是开通得很吗? 不是认为死便是生、生便是死吗? 在您夫子皇皇的大作《齐物论》里不是还说过:'我怎么能知道死去的人不后悔他当初的求生呢?'夫子的意思无非就是:活人也不一定比死人快活,死了也不一定比活着糟糕。现在偶然瞥见了坟堆,怎么倒一下子悲哀起来了呢?"

庄子缓缓摇了摇头,感伤地说道:

"这等滋味不是你们后生小子所能知道的。我先说个掌故,你们琢磨一下,就可悟觉其中的道理了。"

"相传楚国的都城有个泥匠,手艺高超,干活的时候,常常穿着高领大

---

① 本篇取材于《庄子·徐无鬼》六。

袖的衣服,飘飘然地仰面涂墙而能够使衣服一点不弄脏,真所谓是出乎污泥而不染,想一想,这样妙的技艺一般人能行吗?"

"有一天,泥匠在涂墙,他干得正欢,生龙活虎般地刷刷刷,瞧他的气派,仿佛是一位大笔淋漓的画师,刹那间就涂好了一面墙。不料在涂墙角的时候,因用力过猛,一点泥浆飞溅开来,不偏不倚,恰巧落在泥匠的鼻端上。泥匠觉得鼻上痒痒的,虽然眼睛看不到,但肚里明白鼻尖上是溅上一点泥浆了。然而手里拿着泥铲抹子,又不能去擦,而且手上也很脏,可是不擦么,鼻上又痒得难受肉麻,怎么办呢? 泥匠好为难,正踟蹰着,突然他瞧见一位石匠在那边弯腰干活,就灵机一动,高声叫道:

‘石匠老弟,你快过来,帮个忙!'

嗳。石匠连手中的斧子都顾不上放下,就奔了过来,‘什么事呀?'他问。

"‘喏,鼻子上沾了点泥,请你替我擦一下,劳驾劳驾。'

"石匠仔细一看,果然,泥匠的鼻上溅了点泥浆,不过又小又薄,顶多像苍蝇翅膀那样大,而且已经快干了,牢牢地粘在鼻尖上,假如要擦的话,干巴巴的一下子或许还擦不干净。

"石匠想了想,说:‘干脆,我用斧子替你劈去这泥点罢!'

"‘你瞧着办吧。'泥匠听了,一点也不慌。他知道石匠的手段出神入化,精妙绝伦。拜托了他,那是极放心的,所以爽爽快快地答应了。

"当时,泥匠闭着眼睛,垂着双手,站在那里纹丝不动,好像是在悠悠然闭目养神,小睡一下。石匠抡起石斧胸有成竹地挥舞起来,呼呼生风,然后又掂掇了一下距离,摆了个百步穿杨的架势,瞅准目标,嚓地一下,一斧劈去,正好把泥匠鼻上的一点泥巴统统削去,削得干干净净,一尘不染。而泥匠呢,那时不仅面不改色,连哆嗦都没打一下。他的鼻尖上除了热得冒出颗汗珠外,皮都没擦破一点。

"四周看热闹的人已围了一大群,大家瞧得毛骨悚然,伸出长长的舌头像痉挛抽筋一般,竟然吃惊得麻麻木木缩不进去。

"泥匠笑着向大家解释:‘舞斧削物,是我石匠老弟的绝技。不过,这还不算稀罕。有一次,我鼻上顶了颗黄豆,他一斧劈来,只削去一层薄薄的黄豆皮,连一点豆肉都没沾去,妙不妙?所以今天鼻尖上削泥,只是他的一件粗糙活儿,马马虎虎的,实在算不得什么。'

"后来,这个消息不翼而飞,四下里传了开来,一直传到宋国的宫廷里。当时、宋元王听了也非常惊讶,心想,世上竟然还有这样的妙技,百闻不如一见,能亲眼瞧瞧多好。于是宋元王赶紧派了个使者去找石匠,要把他召进宫来。

"然而石匠似乎隐居了,害得使者东奔西走找了好久,最后终于才找着了,用车装着,把他送进宫去。宋元王见了,像得了件活宝,很是高兴,就问道:

"'听说你界上削泥的斧子功夫妙得了不得,现在是否可以当场为寡人表演一下吗?'

"石匠一听,脸上即刻涌出一片悲哀的神色,就像明朗的月亮突然蒙上了一片乌云。他低着头,讷讷地答道:

"'唔,唔,可以的。小民确会耍弄一两下斧子。但是,可惜的是我的好朋友泥匠大哥已死了,所以,当今世上再也没人能做我的对手。'

"'那么,我随便找个人,鼻上沾点泥,让他来充当你的对手难道就不行吗?'宋元王有点奇怪地发问。

"石匠叹了口气,声音沙哑地说:'唉唉,这是不能代替的,一般的人胆气不壮,休说斧子,就是使根棍子罢,倘如迎面朝他劈去,他能硬着头皮死顶住吗?不要说躲闪,他就是心里一慌略略抖一下,也保管被我的斧子劈去鼻子。我的朋友泥匠可不同了。他挺直身子,凝神屏息,一动不动,形同木雕,真可说是泰山崩于前而色不变,虎豹窜在后而心不慌。这样,我舞斧劈去,才能毫厘不差,完全奏效。现在的人谁还有泥匠这样的风度气概呢?然而泥匠不幸死了,我很悲伤,很悲伤呵!为了永远怀念我的这样一位好友、伙伴、对手,我早已把斧子扔到东海里去,再也不耍了'"

庄子说到这里,似乎动了感情,眼圈微微泛红,仰脸长叹一声,用了一种从未有过的悲哀凄婉的声调抑扬顿挫地说道:

"当初,楚国的钟子期一死,伯牙为了报答知音,把琴摔碎在南山上。后来,楚国的泥匠死了,石匠悲伤之下把斧子扔进了东海。唉,我呢,呜呼,自从惠施老兄撒手一死,茫茫人间,再也找不着一个能与之辩论一番的对手了。啊,从此以后,天涯海角,苍山碧水,我去找谁呢? 唉,知己如同不系之舟,英魂已在冥冥之中,我不说了,不说了,我只能闭口无言作哑巴了。"

弟子们听了,胸口憋得慌,大家面面相觑,也感到说不出一句话来,只得姑且一起陪庄老夫子暂时作哑巴了。

# 十七　庄子弹鹊①

有一年夏天,庄子独自一个出外游玩。半道上,他经过一个名叫雕陵的园子,望见里面长满了一棵棵茂盛的栗子树,浓荫蔽日,倒也凉快。而园外呢,却是炎阳似火,大地冒烟。庄子这时真是走得又累又热,脊梁上的汗珠成串地冒了出来且不说,连两个鼻孔也似老牛一般扑哧扑哧冒热气。原先走着走着,几乎还能抵挡一阵支撑住,现在一下子瞅见树荫儿,两条腿肚不禁软了下来。他想:干脆我就在这园子的篱笆边叼光点树荫歇歇腿,乘乘凉。咳,人生辛苦,该凉快点就凉快点,反正我也不忙着赶路去替人家救人看病。

正想着,还来不及双腿一盘就坐了下来。突然,看见一只形状古怪的大鹊子从南方铺天盖地飞来。这鹊的翅膀足有七尺之宽,眼睛也又大又圆,可谓庞然大物了。不过,这鹊大则大矣,然而飞得很鲁莽,哗啦一下从庄子的脑门上擦过,飞进园内,停在一棵栗子树上。大概它也飞得热了,想站在树上凉快凉快。

庄子给这鹊猛然间擦了一下,几乎吓了一跳,心里很恼火,嘴里就自言自语地嘀咕道:

---

① 本将取材于《庄子·山本》八。

"这算什么鸟？翅膀这么大,飞得却不快;眼睛也不小,竟然撞着人。真是有眼无珠,莽撞的呆鸟!"

说着,庄子灵机一动,也顾不得热了,撩起衣服,蹑手蹑脚地走进国去,拿出把弹弓,细细地瞄了瞄,瞅准目标,想把这呆鸟弹下来。

就在这欲射不射的当口,突然,庄子在这棵树上瞥见了一幅奇妙的情景:

一个方头大脑的蝉儿,正伏在一根洒满树荫的枝头上傻气可掬地鸣叫,因为那儿影影绰绰的,晒不着火辣辣的阳光,很是清凉。所以这蝉儿也不怕暴露身子,待在那儿独家争鸣,叫得正欢畅呢。不料,附近凑巧蹲着一只碧湛湛的螳螂,它虎视眈眈的,正旁顾四瞧,一听这叫声,知道是蝉儿,因此借着一片树叶的掩护,张牙舞爪地欲扑杀过来。它并不是把对方撵出这块好地盘就算了,而是要"必得食肉而后快"哩。

这时节,螳螂只知道蝉儿的肉美美的,只图口福,利令智昏地哪儿顾得上近旁还有什么东西窥视着自己呢。再说那只鹊儿,停在树上休息了一会,正想找点东西充饥,才一眼就瞧见那只蠢蠢欲动的螳螂,于是伸长嘴巴要去啄它,一边也顾不得周围是否有人要捕自己了。

庄子躲在旁边,把这一番景象统统摄入眼帘之中,看得很真切,不禁有些毛骨悚然地说道:

"啊,螳螂捕蝉,鹊子在后。这样看来,世上的东西,彼此常常给对方带来麻烦和危险,而互相造成危险的东西往往又有互相利用的一面。见利忘危,我可不能不知不觉地陷入这种境地之中去呵!"

说罢,庄子扔掉弹弓,转身就走了。没料到刚走几步,后面就有人追上来叫住他。原来是一个掌管园子的人刚才见庄子鬼鬼祟祟地东张西望,就以为他躲在园内要偷东西,正准备去找根棍子来揍他,现在见庄子突然一下子要走了,所以就急忙跑过来责问他。

庄子一愣,感到很奇怪,问清缘故,也就把方才的情景一五一十地叙说了一遍。管园的人一听,哈哈大笑,便放庄子走了。

庄子出了园门,想想这事,心里疙疙瘩瘩的,觉得很是懊恼,垂头丧气地折道回家去了。回到家里，庄子如同生了一场大病似的，整天像庙里的泥菩萨一般呆呆地坐着，看上去一动不动，似乎在打瞌睡，又似乎在沉思。就这样，庄子足足有三个多月不出户了。他的弟子蔺且见了很是奇怪，问庄子道：

"夫子，您近来已有很长时期没出门了，而且看来总有点怏怏不乐，这是什么缘故呢？"

庄子把先前在栗园里碰见的事情给弟子讲了一下，然后感叹地说：

"哎，人真苦于不知呵。平日闲时说说'知人者智，自知者明'的话，是较容易的，但一遇利和益，便往往会什么也不顾，得意忘形，忘乎所以了。栗园的情景，倘如在人世间推衍开来，我夫子还不眼巴巴地似螳螂一样给人叼了去，遭了暗算，不就完了吗？"

"你看，夫子我自己已有了堂堂六尺之躯竟然不爱惜，存了非分之想倒要去弹那鹊子，可说是见鹊忘身了。只贪有利的一面，忘了危险的一方，这，如同是只知道浊水里有鱼可以浑水摸一下而忘记了清水反可以整整容，益处更多。况且老聃先师以前不是说过'到一个地方，应该遵守一个地方的法令'的话吗？而今我一游栗园就忘掉了这话，并且也忘掉了自己的身子。那时节，鹊子撞了我一下，恼火之中，我走进园去一心弹雀，完全忘记了'入境犯禁'的道理，所以怪不得哪管园子的人一见之下便要以为我偷东西了。这真是一种无端而来的耻辱，虽是枉自飞临，不过也是事出有因呵！近来，我所以不出门，是想闭门思过，痛自反省呀！"

蔺且听了这席话，心时怅怅然很有触动，暗想：我们的夫子真了不起。这种鸡毛蒜皮的小事他都不漏过，能防微杜渐，小处见大。这样的道德风貌，可以说是遍历天下，无往不胜的了。真所谓是"以其不争，故天下莫能与之争"。

# 十八　庄子与弟子①

有一次，庄子和他的弟子一起出游，经过一座草木葱茏的大山，看见山里的一棵大树生得躯干粗壮，枝叶茂盛，简直就像一柄拔地盖天的大雨伞。在绿叶披离的树林之中，它挺然耸起，别有一番古古森森、莽莽苍苍的气象。行人路过，每每要对它左顾右瞧地观赏一下，抬起头来特地瞻仰一阵子。

山里有一大群工匠正在齐心合力地伐木。他们砍啊砍啊，干得很热乎，略略粗壮一点的树木，几乎都被砍倒在地，唯独对于近旁的那棵大树却熟视无睹，不屑一顾。仿佛那不是树木，只是沙漠中的一棵巨大的仙人掌，无所用之，派不了用场。

庄子见了这情景，暗暗发笑，心想：人苦于不自知，真所谓是"能见千里之外而不能自见眉睫"，眼下明明竖着这样一棵参天大树不伐，而去伐较小的，就像放着大鱼不捕，倒劲头十足地去捞小虾小鱼。这，能说是聪明人的行为吗？哈，真是天晓得！

"你们放着这棵大树不伐，莫非想留到夏天乘凉吗？"庄子的一个弟子走上前去，向伐木的人们问道。

---

① 本篇取材于《庄子·山本》一。

"哈哈,这棵树大则大矣,不过,大而无用。"一位胡须花白、正弯腰干活的老工匠闻声站了起来,笑着答道。"为什么无用呢?因为这树的木质不好,内囊太劣。做成的器具,容易被虫蛀蚁咬,发霉受潮,所谓'朽木者不可雕也'。我们伐木的老手是看不上眼的。假如它是棵有用之材,在我们之前,也早有人抢先把它砍去了,也留不到今日了。"

庄子听了,又把那棵大树端详了一番,才感叹道:

"哦,原来如此!真正是'外表文秀,腹内草莽'呵!不过,这棵大树能自由自在地长了几百年,享了偌大的寿数,乃是因为它不材的缘故呀!"

从这山林里走出来时,天色已渐渐地暗了。举目眺望,远处青山脚下横着几间草黄的茅屋,在暮霭弥漫之中袅起了几缕灰淡的炊烟。这茅屋的主人是庄子的朋友,一见庄子一行突然光临,心里真是喜出望外,即刻吩咐家中人杀鹅烧菜,准备好好款待款待他们。宾主正谈笑间,一个束发小童来向主人请示道:

"我家棚棚里有两只鹅,一只能呱呱地叫唤,另一只却是哑巴,从未听见它叫过一声,不知先让我杀哪一只?"

"先把那只哑巴鹅宰了,不会叫,傻乎乎的,养着也没用。"主人想了想,就这样关照道。

第二天清晨,庄子他们谢过主人,就早早地出发赶路了。途中,弟子们似乎想起了什么,就对他们的先生说:

"世上的东西,纷纷扰扰,真是奥妙无穷呵!昨天山里的那棵大树,粗粗一看,却是亭亭玉立、堂堂仪表,但本质低劣,所以工匠们不派它的用场。这样,那棵大树正以不材的原因,活了几百年。而昨晚上我们吃的那只哑巴鹅呢,却正因为不材的原因被主人瞧不上眼.一刀宰杀,烧成鹅块,让我们美美地打了顿牙祭。这样看来,同是不材,却一则是生,一则是死,得到的下场竟有天壤之别。这是什么道理呢?真使人左右为难。先生如果由你来对付这尴尬的事情,你将怎样来应付呢?"

庄子一听,哑然失笑,说:

"哈哈,你们倒也有些鬼机灵,竟偷偷摸摸地思索起这等事情来了。那么,如何对付这种事情呢? 首先,先生我将立身于材和不材之间。因为世上的东西不是绝对的,'材'不一定全好,如成材的树木要先受砍。'不材'不一定全坏,如不材之木能享大寿。可见这没有一定之规,需要随机应变。不过,所谓立身于'材与不材之间',说说容易,做到也难,而且就是能做到的话,也未能全部摆脱一种累赘。因为立身于'材与不材之间',任你朝哪一方面发展下去,都将成为'材与不材',都有一种弊病。"

"那么,究竟怎样才好呢?"弟子们仿佛被先生引进了一座迷宫,东撞西窜,苦于找不出一个头绪。

这时,庄子的目光猛地一亮,继续讲道:

"至于能掌握咱们道家的学说,而立身于世界的话,那事情就大大的不一样了,就能超然于这些弊病之上了。为什么呢? 因为我高瞻远瞩,看得透彻,我既无须你夸奖也不理你毁谤,我不是好树也不是哑鹅,我仿佛像这样东西又仿佛不像这样东西,我升腾似龙屈蛰如蛇,观察世上的变化而变化:你变我也变,你不变我已变,等你变了我再变——就像主人要杀鹅的时候,"我成呱呱之鹅,免杀;而工匠伐树的时候,我又成为不材之树,免砍。——总之,无论如何,我决不死板板地成为某一个固定的东西,如呱呱之鹅,不材之树。因为这些东西也有弊病,只能在一定的环境中和一定的时间内幸免于灾。"

"呱呱之鹅,虽然会叫,但毕竟不是鹦鹉八哥鸟,迟早一宰了事。而不材之树呢,虽不能做器具,但这么大的个头,砍下来当柴烧也是好的。所以我决不死板板地成为某一个固定的东西。要知道,抱残守缺,不能变化,最终就将陷入自己的对立面呵! 因此,我永远像龙又像蛇,环境你变我也变,我独自逍遥于万物之上,任你什么东西也不能成为我的累赘。哈,这就是我道家之祖神农黄帝的看家本事了。"

"至于人世间的万事万物,芸芸众生则就不一样了。他们各自局限于一方,都有弊病。譬如,有团聚的就有分离;有成功的便有毁败;有棱角的容易遭受磨损;尊贵一点的容易遭物议;想有一些作为的未免不遇到挫折;圣贤一些的会遭到算计;无能一些罢,又要受欺凌;他们何尝能保持原先的一种状态而不受到侵害呢!"

"啊,可悲呀,大自然的法则似铁一般,任谁也不宽容。顺之者昌,逆之则亡。生死存亡,千钧一发,呼吸之间已是瞬息万变了。弟子们,你们好好地给我记住,倘要全身保性,超脱利害,那么唯有以咱们道家的'道德'为归宿,舍此则莫由了。"

# 十九　庄子将死①

庄子老了,他白发鬖鬖的,连下巴颏上的一把胡须也像蒙上了冬天的雪霜,白得惊人;他那两颗横空一世的眸子也不再炯炯有神,锋芒四溢,而变得有些呆滞枯涩,黯然无光。总之,他的整个道家精神已失去了往日的矍铄,什么都麻麻木木,敷敷衍衍,甚而至于足不出户,连日常的饮食起居都懒得应付。真的,庄子是垂垂老矣了,如同一片橘黄打皱的叶子,抖抖索索的,正要从生命之树上凋落下来了。

庄子自己也明白他将不久于人世了。有一段时间,庄子总是默默地坐着,抬头看看浩邈深邃的碧空,真是虎老雄心在呵,他大概又在神驰宇宙,魂游六合,又在作那波澜壮阔、瑰奇万状的玄思了。想呵,想呵,庄子有时真想无端地大叫一声,遗世独立,羽化登仙,让真的"自我"随着勃勃的精神一起飞出躯壳,在光焰灿烂的思维升腾之中,像星星一般,遨游在高深莫测、无边无际的天间,获得超脱人世的久久的永生……然而说也可怜,就是这样坐着想想,庄子也不能耐久,过不了一会儿,他就似乎精疲力竭地躺到床间去休息,而后来,渐渐地发展到再也不想起身的地步。

看来,庄子即刻就将熄灭他那曾经产生过多少五彩缤纷的哲学思想的

---

① 本篇取材于《庄子·列御寇》十。

生命火花,似一根风前的残烛,在自然规律的大风的摇曳之中,快要油干火灭,静静地离开人世了。

庄子的弟子们聚在一起,看见当年谈笑风生、挥洒自如的庄老夫子在弥留之间,竟也同常人一般,变得猥猥琐琐,形同枯木,心里都感到很悲伤,不好受。大家默默地想着:曾经辛勤地教诲过他们的先生,眼看就要死了,就要抛别人间,离开他们了,怎么办呢?他们自己又没有回天之力,来挽留垂死的先生,恢复他的活力,彼此永远厮守在一起,让先生那广博雄健的头脑,永远无穷无尽地放射出绚烂的思想光芒……

虽然好几年前,庄子讲学时,曾说过一种"神人",大火烧着不怕热,河水结冰不觉冷,肌肤如冰雪,娇媚像少女,并且能"不食五谷、吸风饮露",甚至能"乘云气,御飞龙,骑日月,游乎四海之外"。可想而知,这样的神人还有什么生生死死,他们是永恒的。然而上哪儿去找神人呢?或许天地间压根儿还没有产生这样奇妙的神人,恐怕仅仅是庄老夫子理想中的孤芳自赏的产物罢了……

大家眼巴巴地望着空中,心里大半是一片茫茫然。突然,只听见一个弟子言自语地嘀咕道:

"唉,人生一场,总有一死;连我们的夫子都免不了。不过,真不知道,死后的情景美不美,是否抵得上活着的时节,否则的话,生便是死,死便是生,'方生方死、方死方生',我们倒也不在乎了。"

众弟子谁也没有死过,所以没有这方面的经验,无从谈起,无可奉告,彼此只瞧了瞧,默默地都没答上口来。

"依我看来,死后的景况是不错的,倘如一死之后便要受苦,那么以往的死人不都要慌里慌张地逃回来了吗?大家可瞧见过又活转来的死人吗?没有!可以想象:死人们一死不回,乐而忘返,所以死后的情景肯定是极美的。"一个胖胖的弟子想了好久,才振振有词地道出了他的看法。

"未必然,未必然,"另一个弟子接口说,"照你这说法,死胜于生,那么人们一死之后,守住死地,恐怕谁也不肯投生了。可是俺们这个世上,何以每天有这许多娃娃产生出来呢?"

"可是你又想过没有,为什么娃娃出世,一坠地,就哇哇大哭呢? 可见他的'生',也是很不得意的呀!"胖弟子立即反唇相讥道。

"罢了,罢了,现在还不是争论这事的当口。"一位年长的弟子出来维持局面道:"空谈不如实干。我们现今最好筹备一下后事,未雨绸缪,如买只棺材,以及陪葬用的珍珠王璧,免得先生临终之时咱们慌了手脚。"

众弟子听了,一致表示赞同,于是纷纷地各自着手去干了。

可是不知怎的一来,竟走漏了风声。躺在床上已显得迷迷糊糊的庄子突然得知了这事,就把从弟子召集到他的卧榻之侧,细声细气地说:

"唉,唉,你们怎么搞的,弄了那些劳什子究竟要干什么呢?"

"晤,晤,弟子们备了这些微薄的东西,无非是以待夫子百年之后也能好好相送,聊表寸心,这样也就不枉了夫子平日对我们的教诲。"一个弟子嘎声嘎气地说着,几乎要哭了出来。

庄子听完,善意而又嘲讽地微笑了,他用指点了点众弟子,说:

"你们的心意我是知道的。但我的心意呢,你们可知道? 看来是懵懵然,一点也不知道。我,庄周,活着旷达,死也超脱。死了以后,是以天地为棺椁,以日月为玉璧,以星星为珍珠。那么,送葬的有没有呢,有的。"说到这里,庄子用手在空中画了个半弧形:"三山为我执绋,五岳为我扬幡,长江为我呜咽,黄河为我号陶。呵,一刹那间,乾坤变色,草木凋零,天地万物都在颤颤巍巍地替我送葬、肃肃穆穆地向我致哀。这样,而我呢,这下也真正做到了'天地与我并生,而万物与我为一'。你们想,这种治丧的排场还不宏伟壮丽吗? 还不气象阔大吗? 还不完美无缺吗? 可是你们呢,学道多年,还摆脱不了世俗的桎梏,妄自菲薄的竟去效法俗人,搞那陈陋的一套。这岂不辜负了平日我的教诲吗?"

众弟子耷拉着脑袋,恭恭敬敬地听着庄子的训话,脸上大半都露出三分愧色。隔了好一会儿,他们才支支吾吾地辩解道:

"是的,是的,夫子的教导振聋发聩,使弟子们如梦初醒,又得了一番教益,长了一番见识。可是,我们心里感觉很是不安,假如没有一点遮掩,且不说风吹雨打、霜落雪降,就是那飞来飞去四处找食的老鹰,恐怕是不讲道理的,它可不管你张三李四,一见人的尸体,它就像饿狼扑食似的,大吃一通。这样,万一这牲畜冒犯亵渎了夫子的千金之体,那可真正如何是好呢?"庄子躺在床上费劲地摇了一下头,使得下巴额上的一把胡须跟着一起蓬蓬松松地晃动。他笑道:

"哈,我说,你们也真够糊涂的了。不用一点东西遮掩,固然会给老鹰吃,可是假如你们把我装入棺材,埋得深一些,难道天长日久一腐烂就不会给蝼蛄和蚂蚁吃吗?这两者的区别是:老鹰的胃口大,吃起来三顿两餐,干干脆脆,一扫而光。而蝼蛄和蚂蚁呢,嘴小肚浅,免不了要把我庄周的六尺之躯当成个肉山酒海似的大粮仓,吃它个一年半载,三春六秋,或许还剩点下来备饥荒。如今,你们一定要把我从老鹰的嘴里夺下来,去送给蝼蛄和蚂蚁排酒筵,这又何苦来呢?这是不公平的!"

"况且,不管是谁吃了我,吃的只是我那迟早会腐烂的皮囊,它们能吃掉我庄周横亘六合、震耀千古的精神吗?不能,万万不能!再说,它们吃了之后。能上哪儿去呢,能逃出天外,飞出宇宙吗?不能!它们和我们一样,都是世上一切芸芸众生,如走的、飞的、爬的、游的,最后都将一股脑儿地归于宇宙,概莫能外,谁也逃不了!所以,我说你们不必为这等事费心机费手脚,大可马马虎虎、随随便便,因为咱们总的归宿都是宇宙呀!"

庄子百问

# 一　庄子生平与《庄子》注本

## （一）　庄子是什么时代的人

　　庄子是我国古代伟大的思想家、哲学家，与老子同尊为道家文化的创始人。但是，关于庄子的生平，历史上流传下来的材料非常少，有的材料又相互矛盾，有的材料则彼此援引，以致以讹传讹。由此，引起学术界长期以来众说纷纭，莫衷一是。

　　今存最早记载庄子生平的著作当为司马迁的《史记》。司马迁在其《史记·老子韩非列传》中说："庄子者，蒙人也，名周。周尝为蒙漆园吏，与梁惠王、齐宣王同时。"司马迁的笔下，庄子与梁惠王、齐宣王属同时代的人。宋朝朱熹曾在回答其弟子问"庄子和孟子是否同时"的问题时说："比孟子后几年，然亦差不多。"（《朱子语类》）近年来的学者也多与此观点持相同的意见。他们依据庄子和惠施有过交往，判定庄子生活在惠施为相时期，特别是《庄子》一书中记载有庄子曾去惠施墓前，由此推知庄子生活的年代与惠施同时或稍后。

　　有人在考证杨朱时，推算庄子生活在孟子以前。冯韶在他的《杨朱考》(《学术月刊》1981 年第 11 期)中认为《竹书纪年》可推定楚王在位的时代基本上是和齐威王、魏惠王同时,下距齐宣王、魏襄王时还有十余年之久,而庄子在楚威王时已有被聘为相的声名。"楚威王闻庄周贤,使使厚币迎之,许以为相。庄周笑谓楚使者曰:'千金,重利;卿相,尊位也。子独不见郊祭之牺牛乎? 养食之数岁,衣以文绣,以入太庙。当是之时,虽欲为孤豚,岂可得乎? 子亟去,无污我。我宁游戏污渎之中自快,无为有国者所羁。终身不仕,以快吾志焉'"(《史记·老子韩非列传》)。冯认为从这里可以看出庄子是魏惠王以前的人,而孟子是惠王后元时才到魏齐活动,比庄子晚。在冯韶的《杨朱考》中,他根据《列子·杨朱篇》和《说苑》中都有杨朱谒见梁王的记载,及杨朱和庄子有相同议论等材料,论证庄子就是杨朱。这也是一家之言。

当然,庄子就是杨朱的说法学术界还很难接受。

关于庄子是什么时代的人,学术界主要有以下说法:

马叙伦认为:庄子生于公元前 369 年,卒于公元前 286 年。

闻一多认为:庄子生于公元前 375 年,卒于公元前 295 年。

吕振羽认为:庄子生于公元前 355 年,卒子公元前 275 年。

范文澜认为:庄子生于公元前 328 年,卒于公元前 286 年。

任继愈在他主编的《中国哲学发展史》(先秦卷)中认为:"庄子于公元前 328 年至前 295 年在世,是没有问题的。"并认为庄子与孟子同时,但比孟子稍晚一些。

历史上为庄子写传记、作年表的人不多,这在很大程度上影响着今人对庄子生卒年代真伪的考证。但是,我们还可以在司马迁《史记·老子韩非列传》之外,找到一些有价值的参考资料。比如:刘向《别录》(司马贞《史记索隐》引文);马叙伦《庄子年表》(民国间排印《天马山房丛书》本);丁儒侯《庄周传》(《国专校友会集刊》第 1 期);王文奇《庄子事迹考》(《河南政治月刊》第 5 卷,第 4 期,1937 年 5 月);关锋《庄子时代大事年表》(1961 年中华书局排印,《庄子内篇译解和批判》附录本)等都可作为研究庄子生平的重要参考。

我们认为:庄子不比孟子早。从楚威王在位的年代和孟子于齐宣王时来到齐的年代比较,庄子即便至齐比孟子早,但只此一点,不能证明庄子出生年代比孟子早。因为庄子与惠施同时有交往,且过从甚密,并吊祭过惠子墓,说明惠子死后,庄子仍活着,这些记载是《庄子》书中明白确凿的事实。而惠施一生的年代是可考的,他在魏为相的年数虽有些歧说,而他在公元前 318 年(魏襄王二年),因五国代秦事,为魏出使到楚。公元前 314 年(魏襄王六年)又被派和淖滑出使去赵,请求伐齐而存燕。魏惠王死,埋葬时遇雪,惠施劝太子改期安葬。公元前 310 年张仪为相,才被迫适楚。这些事实,都明确记载于史册中,可见魏惠王时惠施还存在,庄子与孟子略同时,至少不会早。张恒寿先生也持此观点。

由以上我们可以推算出庄子的生卒年代——约公元前 369 年至公元前 286 年,与孟子同时,略晚于孟子,为战国中期人。

## (二) 庄子出生于何地

庄子是哪里人?这个答案最早见于司马迁的《史记·老子韩非列传》:"庄子者,蒙人也,名周。周尝为蒙漆园吏。"这里的"蒙"究竟在哪里?庄子故里之"蒙"以及"漆园"又是什么地方?学术界对这个问题可谓伤透了脑筋。因为古人写文章惜墨如金,素以用字简练著称,今人莫衷一是,据史、引证、判断、推理、考辨,众说纷纭。

有人认为:今之安徽蒙城,世称"山桑、北冢,古漆园",改名蒙城虽自天宝,但蒙城之"蒙"却由来已久。他们认为不独尽人皆知,且有史据可证。南朝宋罗泌《路史》云:"盘庚自奄迁于北冢;北冢,蒙也。"《嘉靖寿州志》还有记载:乾隆《颍州府志》"漆园城,在县河北三里,即旧蒙城;庄子为漆园吏在此"。

反对者不乏其人,他们从《隋书·地理志》于"谯郡·山桑"下找答案。《隋志》记载:"后陶置涡州涡阳县,又置谯郡,梁改涡州曰西徐州;东魏改曰谯州,开皇初郡废,十六年改涡州为肥水,大业初州废,改县曰山桑。又梁置北新安郡,东魏改置蒙郡,后齐废郡置蒙县,后又置郡,开皇初废郡。又梁置阳县郡,东魏废。"他们认为:上面一段引文好像"山桑"(后为蒙城)也曾经称"蒙"。其实,《隋志》说的是"谯州"之内(南北朝时州辖郡,郡辖县)三个区域的建置沿革,其中涡阳、肥水、山桑的变迁,才属今之蒙城,而北新安、蒙郡、蒙县,仍属今商丘。并认为"梁郡·守城"(今商丘)注云:"梁置北新安郡,寻废",这就是对上面的解释和照应性的说明,由此推出,迟至隋代,今蒙城从未沾上"蒙"字。

唐代学者比较流行的说法则认为庄子出生地在山东曹州。李泰等著的《括地志·冤朐县》说:"漆国故城在曹州冤朐县北十七里,庄周为漆园吏,即此。"张守节在《史记正义》中也援引了这一记载,并说:"按:其地古属蒙县。"诗人李白居东鲁,在其《赠从弟冽》一诗中说:"自居漆园地,久别咸阳西。"这里说明唐代学者都把曹州漆园作为庄子作吏之地。这种观点一直影响到近代迄至今天。若把曹州与河南之"蒙"都看作"古属蒙县",尚还可说得过去,但两者是否能连在一起,就比较牵强了,至少无材料足以佐证。

宋代学者朱熹对庄子故里有比较系统的考证。《朱子语类》说:"李梦先问:'庄子孟子同时,何不一相遇?又不闻道及,如何?'曰:'庄子当时也无人宗之,他只在僻处自说,然亦止是杨朱之学。但杨氏说得大了,故孟子力排之'。""庄子去孟子不远,其说不及孟子者,亦是不相闻。今亳州明道宫乃老子所生之地。庄子生于蒙,在淮西间,孟子只往来齐、来、邹、鲁,以至于梁而止,不至于南。"在朱熹看来,庄子乃楚国蒙地人。"淮西"指皖北、豫东、淮河北岸一带,安徽蒙城属楚,也正处于这个位置。

明代学者李时芳,主张庄子故里安徽蒙城说,他的考证没有多少新意和见解,只是维护王安石、苏轼等考据而已,但他反对庄子是山东曹州人之说。

庄子究竟是哪里人?我们认为:《史记》载庄子为"蒙"人,《汉书》又列"蒙县"于"梁国",那么,今天的蒙城在汉代是否叫"蒙",是否又属于"梁国",弄清这个问题,庄子的故里纷争就容易解决了。

汉之"梁国",原本秦之"砀郡",即今河南商丘一带。其领属范围既包括商丘东北境的"小蒙",也包括商丘东南境的"大蒙",梁国曾是汉梁孝王的封地,"梁孝王好营造宫室苑囿之乐以通宾客",在商丘建造了"梁国"。小蒙近商,虽有"梁园",但无"漆园";大蒙偏远,却素有"漆园"之称,可见司马迁笔下的"蒙"当为"大蒙"而非"小蒙"。

"大蒙"疆域原来甚辽阔,西北边境达雉河集(今涡阳)以北数十里,直至今豫、皖接界处,距商丘仅百余里。随着历史变迁,又几经分合,建置沿革也有变迁,但无论怎样,大蒙与今之蒙城是联系在一起的。

所以,我们倾向于庄子为安徽蒙城说。

## (三) 庄子有弟子吗

翻开《论语》,随处可以看到孔子与众弟子的对话场景,相传孔子弟子3000,知名的就有72人。孟子、墨子存名姓的弟子也有不少,如万章、公孙丑、咸丘蒙诸人。庄子有无弟子呢? 若说没有,后人在考订《庄子》内、外、杂篇的作者时,又说杂篇是庄子的弟子所著,两相比较,似有矛盾。

唐代教育家韩愈在《师说》中曾说:"师者,所以传道授业解惑也。"就是说,如果某一教育家要想招收弟子,就应该对传道、授业、解惑等问题持肯定的态度,以其为目的教育学生。但是,庄子却一贯认为道是不可传播的。《知北游》中说:天道不可以学习获得,学习了也无用。他曾说过学业是无法传授的,道德高尚的人,行动飘飘然在尘世之外,自由地游历而不追求事业。他也说过疑惑是不能解破的,三人同行,一个人迷路了,要去的地方还可以到达,因为迷惑的人少,要是二个人迷惑,就会徒劳而达不到目的地,因为迷惑的人太多。现在却是天下人都迷惑,我虽然有解谜的愿望,却无助于众人。由此可见,按照一般的逻辑,庄子是不会招收学生,也不会传道授业解惑的。朱熹亦认为"庄子当时也无人宗之,他只在僻处自说……"(《朱子语类》)

然而,在《庄子·山木》篇中他说:"……弟子问于庄子曰:'昨日山中之木,不以材得终其天年,……悲乎,弟子志之。"《列御寇》又说:"庄子将死,弟子欲厚葬之。"这两段文字又说明历史上庄子是有弟子的。当然不否认《山木》《列御寇》有后人伪作之嫌,不过,考察其内容基本符合庄子思想,后人作伪也不大可能,可见庄子的言行是自相矛盾的。庄子对他所处的"道亏"时代,并无传道的兴趣。然而,战国时期,私人讲学风行一时,自然对庄子也很有影响,特别是为了与儒、墨各派论争抗衡,他也不得不出游传道,接受弟子,只要有人愿听,他也就心安理得,运用他"鬼谬"的学说、"荒唐"的言论、毫无根据的故事,向追随者宣扬自己的观点。不过,庄子毕竟很谨慎,他并没有完全背弃自己"无为"、"逍遥"的主张而广收门徒,他一般不轻易给他人说道。他认为无道的世俗小人若想得道,就得培养自己的虚心精神,加强内在修养。庄子认为,得道的人必须是一个先天素质很高的人,并非凡夫俗子都能得道。这也许是庄子弟子鲜为人知的一个原因吧。

庄子生前既然有弟子,其弟子究竟都有些什么人?《山木》中说:"庄子……三日不庭。且从而问之:'夫子何为顷间甚不庭乎。'"这段话是探究庄子弟子姓名的唯一可考资料,这里的"且"似乎是他的一个弟子,至于其他弟子的姓名,就无从查考了。出现这一现象也与庄子的道家思想有很大关系,庄子一生追求"无己"、"无功"、"无名"的人生境界,所以他的弟子也不求于功名富贵,隐姓埋名,了结一生而不为人所知,是很自然的。

我们认为,庄子同先秦诸子一样,都是有许多弟子的,他们彼此舌战争辩,才构成春秋战国时期"百家争鸣"的局面。庄子的弟子之所以不如孔孟、墨诸家弟子知名,原因固然很多,但主要在于道家学说的"虚无"精神和道家"无己"、"无功"、"无名"的人生追求。今天,我们不能以《庄子》书中没有反映多少弟子的姓名情况来断定庄子生前没有弟子。

## (四) 《庄子》一书是庄子本人撰写的吗

关于《庄子》一书的作者,学术界正像对《内篇》、《外篇》、《杂篇》的划分这个问题一样,争执不休。

张岱年先生认为《内篇》是庄子所作,《外篇》、《杂篇》是庄子弟子所写。这可以由内、外、杂篇的名义和内容深浅来推测。他补充说:肯定《内篇》是庄子本人的著作,并不是说内篇中没有庄子弟子附加的章节,也不能说外、杂篇中没有庄子自著的片断。在先秦时代,某一家的书,常常是某一学派著作的汇集,弟子在整理老师遗著时,附加几段,是常有的事。其中《胠箧》篇是战国末年作品;《天道》、《天运》篇是汉初著作;《秋水》、《庚桑楚》年代较早,应在荀韩以前。并总结说:《杂篇》的大部分、《外篇》的一部分应是战国时期的作品。

任继愈先生认为,考察《庄子》一书不应当怀疑司马迁所见到的《庄子》版本,而轻信郭象的《庄子》版本。从基本倾向看,外、杂篇代表庄子本人的思想,《内篇》代表庄子后学思想。任继愈认为在确定哪些篇章是庄子本人著作时,司马迁的记载应当引起重视,司马迁的为人为学比郭象值得信赖。在司马迁的《史记·老子韩非列传》中不仅指出庄子"明老子之术","底訾孔子之徒"这个基本的思想倾向,而且也点出了司马迁本人所读到《庄子》中的若干篇名,如列举了《渔父》、《盗跖》、《胠箧》等篇。司马迁有忠于史实的品质,有卓越的才识学问,其记载应是可信的。他补充说,在《庄子》一书中,凡是"剽剥儒墨"、"明老子之术"的一些文字,多数集中在《外篇》、《杂篇》里,可以说外、杂篇反映的基本上是庄子的思想。不过,消极的东西在庄子那里是两种倾向中的一种,而且是并非主要的一种,但到了后期庄学那里,消极思想则成了主要的倾向,因而出现了《内篇》那样的著作。所以《内篇》不是庄子的著作,它是后期庄学的作品。

以上两种观点在学术界基本上是相反的,又是有代表性的观点。

诚然,《庄子》一书是否是庄子本人写的,历来学者就有不同的看法。王夫之认为《内篇》思想一贯,风格一致,可视为庄子之作。焦竑也认为《内篇》是庄子所作,其理由是"《内篇》断非生生不能作,《外篇》、《杂篇》则后人窜入者多"(见《焦竑·笔乘》)。即《内篇》文章漂亮,风格思想深邃,除庄之外,别人无法做出。自魏晋南北朝以来,大凡学者都主张《内

心通庄子

篇》是庄子著作,《外篇》、《杂篇》疑为后学之作。

近年来,关于《庄子》一书的作者,大体形成了三种不同的看法:有的认为庄子的《内篇》、《外篇》、《杂篇》都是庄子一人所作或代表了庄子的思想,尽管少数地方有后学之笔掺入,但也基本上是庄子思想的发挥。有的认为《外篇》、《杂篇》不是庄子所作,《内篇》可视为研究庄子思想的依据,有后笔掺入,但不失庄子本人之笔的原貌。有的认为《外篇》、《杂篇》绝不是庄子所作,《内篇》七篇是庄子本人的作品。事实上,我们在阅读有关对庄子思想解剖、分析的许多文章中,在认为《内篇》是庄子本人作品,而外、杂篇是庄子后学思想的作品的同时,却反复、连缀地引用《外篇》、《杂篇》的语言来为庄子本人的思想立证,这样的例子太多了。我们不赞同刘建国认为《庄子》一书是由师徒合写后由庄子概括定稿的观点。我们的意见是:《庄子》的《内篇》为庄子本人所作,《外篇》和《杂篇》主要是庄子之笔,也有庄子弟于整理之笔,可以代表庄子的思想。研究庄子,应以《庄子》一书为准,不能仅取《内篇》。

# （五） 《庄子》一书究竟有多少篇

《庄子》一书,在汉代流行是五十二篇。此说见于《汉书·艺文志》。陆德明在《经典释文·序录》中说:"《汉书·艺文志》:《庄子》五十二篇,即司马彪、孟氏所注是也。"陆德明补充说,司马彪所注二十一卷,五十二篇,包括内篇七、外篇二十八、杂篇十四、解说三。

《庄子》一书到了晋朝,卷数和篇数就不同了。晋朝为《庄子》作注的人主要有向秀、郭象、李颐等。据陆德明记载:向秀的《庄子注》二十卷,二十六篇;郭象的《庄子注》三十三卷,三十三篇;李颐的《庄子集解》三十卷,三十篇。由此,就造成了《庄子》一书的卷、篇数真伪考辨问题。

有人认为晋崔譔删修五十二篇而为二十七篇,进而作注,流传下来。后来向秀依此二十七篇作注,即向秀所注属崔本。而郭象又因袭向秀本,不足篇章从司马彪本补上,这种看法来自于日人武内义雄。这显然是错误的。因为崔譔是东晋的议郎，而向秀、郭象是西晋的散骑常侍和太傅主簿，崔譔作注时，向秀，郭象皆已死去，故向秀之本所依崔譔所删本从何谈起呢？

那么，这些不同卷篇的本子又是怎么来的呢？

刘建国认为来自梁代。唐魏征等人编《隋书》，尽管《隋书·经籍志》质量不好，有错误，但是对《庄子》的著录还是可以参考的。据《隋书》著录的《庄子》有如下的记载：一是《庄子》二十卷。注曰："梁漆园吏庄周撰。晋散骑常侍向秀注。本二十卷，今阙。梁有《庄子》十卷，东晋议郎崔譔注，亡。"二是《庄子》十六卷。注曰："司马彪注，本二十一卷，今阙"三是《庄子》三十卷，目一卷。注曰："晋太傅主簿郭象注，梁《七录》著录的三十三卷"。四是《集注庄子》六卷。注曰："梁有《庄子》三十卷，晋丞相参军李颐注；《庄子》十八卷，孟氏注，录一卷，亡。"从以上四种著录情况看出，向秀本不知所宗，郭象本所宗的是梁《七录》著录的三十三卷本，崔撰所宗的是梁《庄子》十卷本，李颐所宗的是梁《庄子》三十卷本。这与陆德明在其《经典释文》中记载是一致的。

看来郭象的三十三篇不是从五十二篇中删得而成的，而是在作《庄子》注时认为这些篇的本子不可取，只有三十三篇本子可取。据古今学者考证，除三十三篇外，还有些逸篇，篇名均散见诸书，陆德明的《经典释文》引郭象的话进而说明这个问题："一曲之才，妄窜奇说，若《阅弈》、《意修之首》、《危言》、《游凫》、《子胥》之篇，凡诸巧杂，十分有三。"《史记》本传说："《畏累虚》、《亢桑子》之属，皆空语无事实。"《索隐》说《畏累虚》乃篇名，《亢桑子》即庚桑楚，今本《庄子》有《庚桑楚》篇说是老聃弟子所作。再《后汉书》、《文选注》、《艺文类聚》等书引庄子的语，也不见今本《庄子》一书中。这些可以说明三十三篇外还有逸篇流传，或是庄子的文句散见其他诸子书中。

《庄子》一书传到宋代，为之作注的更多了。

《唐志》、《宋志》皆著录《庄子》十卷，但篇数都是三十三篇，注者皆郭象。可见郭象注出来后影响很大，正如陆德明说的："唯子玄所注，特会庄生之旨,故为世所贵。徐仙民、李弘范作音,皆依郭本,今以郭为主"。于是,其他不同的卷本自然淘汰了,故现存唯郭象的《庄子注》三十三篇了。

郭象注《庄子》三十三篇篇目是:

内七篇:《逍遥游》、《齐物论》、《养生主》、《人间世》、《德充符》、《大宗师》、《应帝王》。

外十五篇;《骈拇》、《马蹄》、《胠箧》、《在宥》、《天地》、《天道》、《天运》、《刻意》、《缮性》、《秋水》、《至乐》、《达生》、《山木》、《田子方》、《知北游》。

杂十一篇:《庚桑楚》、《徐无鬼》、《则阳》、《外物》、《寓言》、《让王》、《盗跖》、《说剑》、《渔父》、《列御寇》、《天下》。

## (六) 《庄子》内、外、杂三篇是何时划分的

《庄子》的《内篇》、《外篇》、《杂篇》的划分出自于西汉刘向之手,后来为之作注者多有宗之,但也有不宗之的。

近年来,关于《庄子》一书开始区分三篇的年代有不同的说法。

有人认为《内篇》、《外篇》之分起于郭象,他们的看法是:按《汉书·艺文志》著录《庄子》五十二篇,没有提到内、外、杂三篇的分别,似乎郭象说可以成立。这种观点自然不能自圆其说,因为陆德明的《经典释文》在《齐物论》"夫道未始有封"句下注云:"崔云:齐物七章,此章连上章,而班固说在外篇。"可见班固时的《庄子》已有内、外篇的区分。又按《汉书·艺文志》著录《孟子》十一篇,也把内七篇和外四篇合在一起叙述,不加区别。可见班固所言一定是原书各自已经成书,像《淮南内篇》、《淮南外篇》等形式,才分别著录,所以内、外、杂三篇的划分起于郭象说是缺乏历史根据的。

有人认为这种划分起于梁周宏正,郎擎宵《庄子学案》中持此种意见,我们认为周宏正远在郭象之后,此说大有商榷。

张恒寿在其《庄子新探》中对《庄子》三篇的划分最早起于刘向之说提出了质疑。他的理由是刘向所校的书,如《管子》书中本有"内言"、"外

言"、"短言"、"枢言"、"杂篇"的分别,而刘向仅叙述篇目重复删定之数,更没有说到他为之区分类别的原因。因为刘向在《晏子叙录》中说前六篇为合于六经之义,对于末两篇,一则说:"文辞颇异";一则说:"不合经术,非晏子言,惟不敢造失故列为二篇"。可见刘向对于他曾经审定鉴别的篇目,在《叙录》中有说明的例证。所以说管、庄等书,一定有刘向、刘歆父子曾加厘定之处是说得过去的,但认为刘向加以分别定为三篇不近于事实。张恒寿认为:"如果在刘向以前文献中曾有关于整理《庄子》书的记载,就不能随便认为区分内、外、杂三篇的时代开始于刘向了。"他的意见是,淮南王刘安是整理编纂《庄子》书的始作俑者。

心通庄子

唐陆德明在其《经典释文》中指出,《庄子》一书后来注者作注"内篇众家并同,自余或有外而无杂"。说明《庄子》较早是无杂篇的。唐兰在他的《老聃的姓名和时代考》中说:"但是《内篇》和《外篇》、《杂篇》的分别是从哪里来的呢?我以为这分别是起于刘向删除重复的时候。我们且看《管子书录》中外书五百六十四篇,以校除重复四百八十四篇,定著八十六篇。《晏子叙录》中外书三十篇,为八百三十八章,除重复二十二篇、六百二十八章,定著八篇,二百一十五章","从这里可以看出来,凡著录于《别录》的古子书,都经过他的删除重复的手续,才成为《汉书·艺文志》所得的篇数。《庄子》当然是在这例内"。(见《古史辩》第 4 册)

我们基本上赞同唐兰的观点。


## (七) 《庄子》内、外、杂三篇的关系如何

《庄子》一书原本无内、外、杂三篇之分,到汉代《汉书·艺文志》著录的《庄子》五十二篇,就内容分篇来说即已有内、外、杂之分了。有了内、外、杂分类以后,于是就势必出现了内、外、杂篇的关系问题。据《南齐书·王僧虔传》记载:他曾作诫子书云:"汝开《庄子》卷头五尺许,未知辅嗣何所道,尹叔何所说。……《庄子》众篇何者内外……而终日欺人,亦不受汝欺也。"这里可以看出已涉及内、外篇的关系问题了,在郭象本流行以后,对

三篇关系问题历来众说纷纭。

有人从内外篇的内容入手,认为内外篇是互相发明的关系,也有人持内理外事说,还有人认为内篇明无,外篇明有,更有人主张内圣外王说,后者主要有林云铭的《庄子因》,周金然的《南华经传释》为代表。唐成玄英主张内理外事,唐荆溪在他的《止观辅行口诀》中认为《庄子》的"内篇明于理本,外篇语其事迹,杂篇明于理事"。近人王树枏则认为庄子"其书内篇即圣王之道,外篇即外王之道"。

方文通说:"《庄子》外、杂篇,皆宗老子之旨,发挥内七篇,而内七篇之要,括于《逍遥游》一篇;《逍遥游》篇形容大体大用,而括于至人无己一句。"王夫之认为:"外篇学庄者所引申,大抵难辑以成书;杂篇则广词博喻,中含精蕴,乃庄子所从入。虽非出于解悟之余,而语较微至,能发内篇所未发。"马其昶主张"《释文》称内篇众家并同,自余或有外无杂。余谓外杂二篇,皆以阐内七篇之文,其分篇次第,果出自庄子以否,殆不可考"。

内篇基本上是一个整体,内篇的年代早于外、杂篇。这一考证,最早由唐钺先生得出,尔后刘笑敢对此也有同样的看法。当然,内篇基本上是庄子所作,这并不否认内篇与外、杂篇的某些词句、段落会掺杂交错。王叔岷说"郭本内外杂篇的区别,盖随意升降","以私意去取",正是夸大了内、外、杂篇可能有错杂之处,但应该看到,内篇的整体性是明显的。

刘笑敢认为,《庄子》书中内篇与外篇杂篇的区分是历史遗留的分界,肯定内篇早于外、杂篇是有多方面的客观的根据。在内篇与外、杂篇之间,应该大体肯定内篇是在先的作品,外、杂篇是显然比内篇晚出迟出的作品,研究庄子的思想应以内篇为基本依据。

而刘建国在他的论述中认为《庄子》一书是外、杂篇早于内篇,他认为发展过程是从具体到抽象的过程,庄子与其徒讲学著书,总是从具体出发。他认为先秦的《论语》、《墨子》、《孟子》诸书皆无独立意义的标题,而战国末的荀韩书多是有意义的标题,庄子处于这一过渡时期,内篇是有独立意义的标题,外、杂篇多以头几字为标题,从而外杂篇是反映庄子的主要思想体系,内篇是晚期作品。他更提出,庄子时代著书还是多与弟子合作,并认为内、外、杂三篇的关系是外、杂篇不可能是对内篇的解释,而是外杂乃素材,内篇作概括,但承认《庄子》一书又有"交互"作用的地方。

学术界迄今没人否认内、外、杂三篇有错杂之处。但内篇和外篇、杂篇孰先孰后的问题仍存在着争议,彼此的观点有分歧,但比较一致的意见是内先于外、杂篇。我们认为:外、杂篇固不能认定全部篇章晚于内篇,但也不能一概否定之,外篇十五篇,虽缺乏内篇的哲学思想,但其基本思想与庄子的观点是一致的;杂篇有的篇章十分精彩,能发内篇未发之旨,有的篇章如《庚桑楚》、《徐无鬼》、《则阳》、《寓言》,其内容价值堪与内篇《逍遥游》、《齐物论》相提并论。

我们认为,《庄子》一书的内篇、外篇、杂篇的关系是由早期到晚期,从庄子的主要思想到庄子后学思想的发展关系。

## （八） 《庄子》内篇中各篇的中心思想是什么

《庄子》的内篇共有七篇。即:《逍遥游》、《齐物论》、《养生主》、《人间世》、《德充符》、《大宗师》、《应帝王》。

《逍遥游》主要讲的是,人生应该看透功名、势利、权位、荣贵,抛开一切束缚,从而使人的精神获得充分自由。庄子通过描写广大无穷的世界来说明"小知不及大知",希望达到与天地精神往来,进入至人无己的境界。

《齐物论》是庄子认识论的主要篇目。庄子从自然出发,提出反对"成心",打破是非的界限,认为事物具有相对性和流变性,从而归结到"道通为一"的思想。庄子提倡"天地与我并生,而万物与我为一"的观点。在《齐物论》中,他认为体道之人视死生如一的境界,在"庄周梦蝶"一段寓言中,写出了"物化"思想。

以上两篇为庄子思想的主要篇章,历来研究庄子的学者都十分重视这两篇。

《养生主》重在阐述养生之道,提出养生的方法莫过于顺其自然,外篇的《达生篇》可以说是发挥《养生主》这一篇而写的。在《养生主》中,庄子指出：人生有涯而知无涯的理论，进而发挥，提出应该顺应自然，不可逆理而行。庄子认为人生在世，当"安时处顺"，视生死为如一，不可为哀乐之情所困扰。在篇末庄子说："指穷于为薪，火传也。"这里说明了精神生命在人类历史中具有延续的意义和不断发展的价值。

《人间世》主要是描述人际关系的纠纷、缠绕，以及处人和自处之道。庄子在这里揭露了人间世的黑暗，对于统治者草菅人命、无恶不作的行径均进行了批判。庄子极力摆脱这种社会，消极地提出了"忘身"，由"人道之患"说到"乘物以游心"，提倡"养中"、"心斋"。通过颜回之口阐述"端虚勉一"、"内直外曲"、"成而上化"的三种方法，最后仍走向顺其自然的归宿。

《德克符》讲的是破除从残缺的外形上来判断其德行的观念，重视人的内在价值。庄子借许多残畸之人视作为德行高尚的人。他通过寓言阐述孔子蔽于形而不知德，见叔山遭刑致残就歧视他。在庄子眼里，奇形怪状之人是"德有所长，而形有所忘的人"。在该篇中，庄子提出万物是不可分割的整体，心灵要作整体来看待，不能拘泥于一隅。在篇末，庄子涉及人情问题，提出"不以好恶内伤其身"，竭力批判纵情肆欲、劳神焦思以至于伤害性命，应"因顺自然"、体悟天地之大美。

《大宗师》一篇主要写真人体道的境界，"大宗师"就是宗大道为师。在庄子看来，宇宙为一生生不息的大生命，宇宙整体就是道，道也就是宇宙大生命所散发的万物之生命。"天人合一"的自然观，"生死如一"的人生观，"安命"的生活态度，以及"相忘"的生活环境是本篇的主要思想。庄子认为，自然变化就是"命"，"安命"亦即安于自然的流行变化。

《应帝王》主要讲的是为政应该"无为而治"。庄子认为，为政之道，不要干涉，当顺自然本原之性，要以百姓意见为意见。他说，"君人者以己出于经式义度"是"欺德"的行为，不要以任何仁义的虚伪去欺骗人心。为政之要，"要"在"正而后行，确乎能其事者"，不以我强人，任人各尽所能就是了。在本篇中，庄子竭力谈论明王之治，不张扬表露，"化贷万物而民弗恃"，从而反对"有为"之政给人民带来深重灾难。这篇反映了庄子的政治哲学思想。

## （九）　怎样理解《庄子·齐物论》篇

　　《齐物论》见于《庄子》内篇第二,它是论述庄子哲学思想的重要一篇。学术界曾有人视为我国先秦唯心主义哲学代表作之一。

　　也有人认为《齐物论》反映了名家影响,是庄子早期作品的一个特征。他们认为,在庄子内篇中,以《齐物论》所反映出来的名家影响比较明显。持这种主张的认为《齐物论》全篇以反对是非辩论为中心,又多以惠施为辩论对手。像"天地一指也,万物一马也","以指喻指之非指,不若以非指喻指之非指也,以马喻马之非马,不若以非马喻马之非马也"以及"未成乎心而有是非,是今日适越而昔至也"等议论,充分说明在于对坚白、同异问题十分熟悉,所以可认为是反映名家思想。

　　无论怎样,《齐物论》的主要内容是阐述天道的观点,把万物看作是平等的,一切差别是相对的,只有破除是非、彼此、物我、寿夭等界限,人才能回到自然,与天道为一。

　　《齐物论》的各章,都用譬喻、象征的手法表现庄子哲学思想,比如"天籁"、"地籁"、"乐出虚"、"蒸成菌"、"狙公赋芧"、"昭文鼓琴"、"丽姬之泣"、"蝴蝶之梦",都是用非常形象的语言表现庄子非凡的想象。庄子从"道未始有封"出发,认为自然界或万事万物的运动变化是绝对的,无条件的,一切都在流变之中,没有什么界限。譬如小草茎和屋柱,丑人和美女,各种怪异、乖戾的现象都是同一的,事物因分化而生成,然而生成又同是毁灭,成与毁也是无差别的、同一的。

　　这种无差别的同一性,否定了物质的统一性,导致了相对主义。我们知道,庄子的相对主义甚至表现在对一切事物的认识上,"方生方死,方死方生","因是因非,因非因是",甚至寿夭、彼此、物我都是无差别的同一。在《齐物论》中,庄子把一切对立都看作是由于人们没有认识到它们原本是一体的,庄子提倡要追溯源头去认识,那就是:爱憎出于是非,是非出于界限,界限是由于物的形成,而物的形成则产生于未曾有物,世界原来是虚无的,浑然一体的,如果从道去看万物,又有什么不是相齐相同之理呢?

在庄子这里,万物都是"道"的体现,本是平等的,没有差别,如果有人认为万物存在差别,那就是人们的"成心",以"成心"作为标准看待世界上的万事万物,势必形成各人有各人的尺度。庄子断言:如果没有"成心"而有是非,那是不可能的事。庄子认为是非都是一偏之见;没有"成心",是非也自然不存在了。庄子说:"天下莫大于秋毫之末,而泰(王先谦《庄子集解》为"太")山为小;莫寿于殇子,而彭祖为夭,天地与我并生,而万物与我为一。"这"一"就是没有分别的混沌,也就是我。庄子在《齐物论》中认为贵贱的分别也不存在,都是因为"自贵而相残",因其贵而贵之,则万物莫不贵,因其贱而贱之,则万物莫不贱,因此万物都贵也都贱。庄子是站在相对主义的立场来认识事物,判断一切的。在《齐物论》里,他举出儒家、墨家互相是非,以证明所谓是非都是"自然而相非"。这两家互相是非,"如环无端"。庄子自己觉得站在超乎一切的立场与观点上,就好像站在一个环的中间,他认为这样就可以看出,既然事物都是互相是非,它们可以说是都是,也可以说是都非。

庄子在《齐物论》中,最后还否认了真理的客观性。特别是对于判断真理的标准,庄子持怀疑态度,他反对论辩,认为论辩是无益的。

## (十) 怎样理解《庄子·天下》篇

《庄子·天下》篇,是否属于庄子本人的作品,学术界争论不一。王闿运在其《庄子注》中认为"盖庄子自叙","通于道厚,非圣人不能言此"。马叙伦在他的《庄子天下篇述义》序中指出"可能也是庄子写的。我们如果说不是庄子写的,很难找出另外一个人有这样精通一个时代的学术,更有这样的大手笔。如果作为庄子写的自序,那是天衣无缝了"。但有的学者持完全否定的态度。我们认为,如果不是庄子本人所作,至少是庄学后人之笔,因为它毕竟反映了庄子的思想,也有可能是庄子之作又掺入了后人之笔。无论怎样,《天下》篇是《庄子》中最末的一篇,列在"杂篇"中,这不能成为否定庄子本人所做的理由,起码可视为代表着庄子思想的篇章。

《天下》篇为学者所重视,因为在该篇中,庄子一共提到了五个学派,这五个学派是:

1.墨翟、禽滑厘一派;

2.来钘、尹文一派;

3.彭蒙、田骈、慎到一派;

4.关尹、老聃一派;

5.惠施、公孙龙一派。

对墨翟、禽滑厘一派,庄子肯定他们"不侈于后世,不靡于万物,不晖于数度"的崇俭思想,以及"以绳墨自矫而备世之争"的积极救世精神。这一派最大的不足是做得太过分了,"自苦为极"以致违反了人之常情,动机好,效果差。

对于宋钘、尹文一派的"救世之战","愿天下之安宁以活民命"给予了赞扬,庄子肯定了他们"不为苛察",又"不以身假物"的克己思想,对这一派的评价是"浅",认为能够做到"举世而誉之而不加劝,举世而非之而不加沮"(《逍遥游》)是难能可贵了。但是,对于"至理内足,无时不适;忘怀应物,何往不通"的高深境界来说,再提倡"内"、"外"、"荣辱"就显得斤斤计较了。庄子的结论是,这一派没有发展,再也上不去了。

对于彭蒙、田钘、慎到一派,庄子的观点是持赞同的态度,并对他们的思想有不同程度的吸收。有人考证认为,《庄子》一书中,有许多观点与慎到一派有相似的思想,甚至使用了他们的语言,像慎到讲"弃知(智)",庄子则提倡"吾生也有涯,而知也无涯,以有涯随无涯,殆己";慎到"去己",庄子"无己"。这种分析有一定的道理。

对于关尹、老子一派,在《天下》篇中是赞颂的。对此,庄子一般是直接从正面称述,这在《庄子》一书中整个的思想可以体现出来。

对于惠施、公孙龙一派,庄子的态度主要倾向是批评和指责。庄子与惠施既是朋友,又是论敌,但对于这一派名家思想,庄子是非常不满的。他说:"以反人为实而欲以胜人为名","能胜人之口,不能服人之心。"庄子认为这一派片面夸大问题的矛盾,"适得怪焉"。庄子在《德充符》中曾批评惠施:"今子外乎子之神,劳乎子之精,倚树而吟,据槁梧而瞑,天选子之形,子以坚白鸣。"这些批评是击中要害的。

总之,《天下》篇产生于战国百家争鸣的时代,对当时的各家学说进行了分析,文章中还提到了儒、法等比较重要的学派,但没有展开分析。我们认为,该篇似可以看成研究先秦思想的重要资料,这就是《天下》篇之所以重要的原因。

## (十一) 历史上研究《庄子》的主要注本有哪些

关于《庄子》一书的注本,历代学者是旧注未停,新疏辈出,几乎无法统计,为了读者研究之便,现择历代主要的注疏本列举如下。

魏晋隋唐时主要的注解本:

《司马彪庄子注》一卷,清孙冯翼辑;《庄子郭象注》十卷,附《释文》,唐陆德明音义;《南华真经注疏》三十五卷,晋郭象注,唐成玄英疏。

宋代主要的注解本:

《庄子鬳斋口义》十卷,宋林希逸撰;《南华真经义海纂微》一六〇卷,宋褚伯秀撰;《南华真经音句音义》十四卷,《余事》一卷,《余事杂录》二卷,宋陈景元(碧虚子)撰;《南华真经新传》二十卷,《拾遗》一卷,宋王雱撰。

明代主要的注解本:

《庄子翼》八卷、《厥误》一卷、《附录》一卷,明焦竑撰;《南华真经旁注》五卷,明方虚名撰;《庄子通义》十卷,明朱得之撰;《庄子通》十卷,明沈一贯撰;《庄子榷》八卷,明金兆清撰;《庄子解》二卷,明李贽撰;《庄子要删》十卷,明孙应鳌辑;《南华真经评注》,明归有光评,文震孟订正;《庄子》二卷,明桂天祥精选,王良材注;《庄子内篇注》四卷,明释德清注;《南华文髓》八卷,明黄洪宪撰。

清代主要的注解本:

《庄子解》三十三卷,《庄子通》一卷,均为清王夫之撰;《南华经解》三十三卷,清宣颖撰;《庄子注》二卷,清王闿运撰;《庄子章义》五卷、《附录》一卷,清姚鼐撰;《南华经传释》,清周全然撰;《南华经解》,清徐廷槐撰;《庄子独见》三十三篇,清胡文英撰;《南华通》七卷,清孙嘉淦撰;.《庄子解》三卷,清吴世尚撰;《庄子正义》,附《识余》三种,清陈寿昌撰;《庄子释意》,清高秋月撰;《南华经解》,清方潜评述;《庄子旁注》二卷,清吴承渐辑注;《庄子故》八卷,马其昶撰;《庄子约节》四卷,清刘鸿典辑注。

近代主要的注解本:

《庄子较补》一卷,刘师培撰;《庄子集释》十卷,郭庆藩撰;《齐物论释》,章炳麟撰;《庄子集解》,王先谦撰;《庄子义证》三十三卷、《附录》二卷,马叙伦撰;《庄子补注》奚侗撰;《庄子集注》三卷,阮敏崧撰;《庄子诠诂》胡远濬撰;《庄子天下篇校释》一卷,谭戒甫撰;《庄子天下篇述义》马叙伦撰;《庄子补正》十卷,刘文典撰;《庄子新义》,朱之熊撰;《庄子校释》五卷,《补遗》、《续补遗》、《附录》一、《附录》二,均为王叔岷撰;(1950年上海商务印务馆排本改名为《郭象庄子注校记》,《附录》一卷,《庄子集解内篇补正》,刘武撰;《庄子内篇评解和批判》,关锋撰;《庄子今注今译》,陈鼓应撰。

《庄子》一书的注疏本甚多,上面列举的仅仅是历史上的一些主要注解本。一般讲来,时间越往后推,《庄子》一书的注本就越好,后人的成果总是总结前人的经验而得出的。目前学术界比较公认《庄子》的主要注本有:

晋郭象的《庄子注》十卷,这是十分著名的注本,它较好地发挥了《庄子》的思想。

明焦竑的《庄子翼》八卷,这个本子十分重要,影响较大。

近人王先谦《庄子集解》八卷,是比较引人注目的集解本。

郭庆藩的《庄子集释》既包括了郭象注、陆德明音义和成玄英疏,又吸收了清代卢文绍、王念孙、洪颐煊、郭嵩焘、愈樾、李桢各家的集注成果,堪称集注释之大成,是目前流行最广、注释最好、学术界最称道的注本。

## （十二） 怎样看待司马迁在《史记》中对《庄子》一书的论述

　　司马迁在《史记》中有关于《庄子》一书的论述,几乎成了学术界的公案,众说纷纭,不一而足。司马迁在论述中说庄子"其著书十余万言",并列举了《渔父》、《盗跖》、《胠箧》、《畏累虚》、《亢桑子》等具体篇目,其他一些篇目,尤其内篇中的许多篇目没有提到。由此,引起了长期以来学术界的猜疑和争论。

　　有人认为司马迁列举的这几篇庄子的代表作,都不属于《庄子》内篇,而属于《庄子》外篇。这些篇的主要思想和内篇有极大的不同,并认为这种不同王船山早已初步指出过了。他们的理由是,这些"离经叛道"的过激的言论,如果是庄子思想(司马迁看到的《庄子》就是这个样子),那么,内篇中所表现的相对主义、不可知论及神仙宗教思想,应不应记在庄子的名下,还是应当另有所属。

　　有人认为上述的见解是不够全面的。他们认为上述观点只看到了几句引语,却没有看见这几句话的前后还有文章,前有庄子"其学无所不窥,然其要本归于老子之言。故其著书十万余言,大抵率寓言也",后有"……用剽剥儒墨,虽当世宿学,不能自解免也。其言汪洋自恣以适己"。还有"庄子散道德放论,要亦归之自然"。他们认为,司马迁又为什么特别提起"作《渔父》、《盗跖》、《胠箧》以诋訾孔子之徒,以明老子之术"呢? 这绝不是因为司马迁认为这几篇是庄子的代表作才列举出来,而是司马迁的《史记》本身是结合现实说话的,也就是把当时各种学派之间的联结与斗争通过历史事实表露出来,从流上溯到源,从源下竟到流,使人对于它们因循演变之迹,一目了然。而且,《渔父》、《盗跖》、《胠箧》几篇,正是"学老子者则绌儒学"的实例,司马迁提出这几篇,显然是想在结合当时的现实,并不是以这几篇为庄子的代表作,更不能说明庄子只有这一类作品。

　　也有人认为,司马迁在《史记》中谈到《渔父》、《盗跖》、《胠箧》等篇,可《胠箧》又在外篇之中,《渔父》、《盗跖》则在杂篇之中,为什么? 可能是司马迁颠倒了"外"、"杂"篇的顺序，大概他见到的本子没有"内"、"外"、"杂"之分，并且，今本《庄子》的《渔父》、《胠箧》两篇都是孤立的两章，而《盗跖》一篇却附有"子张问于满苟得"、"无足问于知和"两章，在司马迁所见的本子中可能没有，因为这两章都没有"诋訾孔子之徒"的内容。从这些地方似乎可以看出，今本《庄子》的"内"、"外"、"杂"等篇目的区分以及每篇的章数，都已经失去了原来的面目。

我们认为，司马迁在《史记》中有关《庄子》一书的记载，恰恰证明他认为《庄子》一书全部都是庄子的作品。我们来看看司马迁的话：

"庄子者，蒙人也，名周。周尝为蒙漆园吏。与梁惠王、齐宣王同时。其学无所不窥，然其要本归于老子之言。故其著书十余万言，大抵率寓言也。作《渔父》、《盗跖》、《胠箧》，以诋訾孔子之徒，以明老子之术。《畏累虚》、《亢桑子》之属，皆空语无事实。然善属书离辞，指事类情，用剽剥儒、墨，虽当世宿学不能自解免也。"（《史记·老庄韩非列传》）

这一段话若砍头去尾，自然不能全面把握司马迁的旨意。从司马迁所谓的"十余万言"来推测，他仅仅是将《渔父》、《盗跖》、《胠箧》作为举例罢了，我们没有理由认为司马迁不相信《庄子》一书的作者是庄子本人，我们也不能认为司马迁只肯定这三篇的作品是庄子写的，而没有提到内篇，就推测内篇为庄子后学所作云云。

## （十三） 为什么说郭象的《庄子注》是较著名的注本

学术界一致认为郭象的《庄子注》是发挥庄子思想较好的本子，无论是谁，只要一提到《庄子》一书，自然要牵涉到郭象的《庄子注》。看来郭象的《庄子注》不失为重要的注本。

首先，郭象发挥了庄子的"逍遥"说，提出"齐物"在于自足其性，"养生"在于安命适性等观点。郭象认为不离"人间"，而无累于物在于无心而不自用；内外玄同者在于"德充"于内而应物于外；为天地之"宗师"者在于无心而顺有，"应为帝王"者在于无心而顺乎自然。《庄子》内七篇在郭象注中得到尽兴发挥,事物的大小、美丑等虽有不同,只要"各当其性",逍遥一也;郭象在这里说明一个问题,即"物各有性,性各有致",每个事物都各有各的自性,都是一个绝对独立自主的存在。郭象提出:只要"无心而顺有"就可以了,"无心"则可德合"自然";"顺有"则不可废"名教"。他认为,理想的社会并不需要在"超现实的世界"中去实现,可以而且在现实社会中实现。最高人格的圣人是能做到"无心以顺有",而不需要离开人间,是即世间而出世间,则可以是天地万物的宗师,这就是郭象发挥的"内圣外王之道"。

郭象在《庄子注》中广泛地借用"自生"、"自然"来阐述"自有"、"自尔"等概念,以此论证庄子的"无"上无"有"。但郭象所谓的"自生",发挥了庄子的观点,提出自然而然地产生,没有什么东西使它这样或者那样产生,甚至也不是它自己使之如此产生。郭象的"自生"在很大程度上带有"突然"、"欻然"、"块然"性。他说:"无则无矣,则不能生有,有之未生,又不能为生,然则生生者谁哉? 块然而自生耳。自生耳,非我生也。我既不能生物,物亦不能生我,则我自然矣。"郭象要建立一个"既明造物者无主,又明造物之不能自造"的现象,这说明他不仅坚持任何事物都是"自生"的,而且任何事物的"自生"都是"无待"的,是独立自足地存在着的。对此,他认为是"独化"的使然。独化者,不但说"有"不待"无","有"也不待"有"也。

郭象在《庄子注》中提出"万有"的存在无自身之外的根据,如果一定要找根据,那就是"自性",由此看出他将庄子思想发展到一个极端。认为万物由性决定,于是世界上每个事物实际上都只是一个个特殊的事物,即只有特殊性,而无统一性,每个事物实际上成了一个不可知的绝对的独立自主的存在,事物的这种状况就是"独化"。

郭象在《庄子注》中没有简单地复述庄子的"六合之外"、"无何有之乡"、"玄冥之境"等,而是发挥了这些观点。他认为"六合之外"不是"性分之内"的事,圣人不可去管,而是要在"八畛之内"去"自得"。至于"玄冥之境",郭象说"玄冥者,名无而非无",只要"无心而顺乎自化"来应付一切,不仅是"圣人",更是"神人"了。超现实即在现实之中,玄冥之境亦非在现实之外。而所谓圣人"独化"于"玄冥之境",不过是达到一种精神境界,即"常游外以弘内,无心而顺有","终日辉形而神气无变,俯仰万机而淡然自若"。郭象把这种境界描述为"忘己"、"无我",从而走向了冥而忘迹,依靠纯粹的神秘直觉,这样他比庄子走得更远了。

有人把郭象的哲学思想概括为"独化论",从"万物油化"的本体论,到"冥而忘迹"的神秘直觉论,再走向"自足其性"的形而上学观,这无疑是正确的。细一分析,这又恰恰反映了郭象对庄子哲学最好的发挥。庄子从"物物者非物"的思想,走向"逍遥",得出"知其无可奈何而安之若命"的结论,进而通过"齐是非"、"不谴是非,以与世俗处"的人生哲学走向了相对主义。这一切,郭象从右的方面加以了发展,提出了"独化"论观点,最后用"自足其性,大小俱足"的理论来抹杀一切事物之间的差别,否认现实间的质的区别。

## （十四） 严复的《庄子评点》有何意义

严复是我国近代著名的思想家,学贯中西,晚年又笃好道学,曾精心评点老子《道德经》。他的《庄子评点》更有许多独到见解。

严复运用中西比较的方法评注《庄子》,在世界文化的背景上,论述《庄子》的价值。严复在总评《马蹄》篇时说:"这篇文章的观点极似法国卢梭的思想,与卢梭的《民约》主张基本相同。他以远古初民的生活为最大快乐,逃离现实世界,这些观点说破了就是倡导自由平等思想。"在《胠箧》评证中又说:"此种说法与卢梭正相同。"他看出了庄子的许多言论与近代西方资产阶级思想有暗合之处。再如《在宥》评证中说:"法兰西革命之先,其中学说正是这样,与庄子的理论不谋而合。"《达生》评证也说"斯宾塞所说天地演进,千变万化,与其暗同","梭格拉蒂(苏格拉底)的理论与《达生》中的许多寓言故事几乎一样"。这类比较对照,还有很多。站在更广大的文化层次上评述《庄子》,发掘庄学的理论价值和哲学贡献,严复可称是第一人。

严复基本把《庄子》作为一个完整的体系来加以评论。他先是对内七篇作了总评，然后又分别圈点、训诂、评证，相比前代众多零散的译注就更有系统性和逻辑性。严复对《庄子》内篇领悟很深，且有独到见解。他说："我认为内七篇秩序井然有条，不可打乱。为何这样说呢？因为学者往往囿于尘事而不能获得虚静，又被各种律条束缚，未能得到看破红尘的境界，所以《庄子》开宗明义，写成《逍遥游》，告诫人们必须心游于广阔无垠的宇宙太空，洗涤尘世的烦恼。其次，就要讨论万事万物的本质，进而论述学者体悟'大道'的要领，写成《养生主》。养生主的意思，并非是简单的养生之道，其主旨是谈论如何顺任天然物理的。然而人间世事又不能一概抛弃，人是无法逃脱周围的一切，所以不可以不讲，故接着又写出《人间世》。以上基本是一个命题一个意思，如果确有相互包含的地方也是出于不得已。所以说《庄子》一书，并非是消极出世之作。"在这里，他论证了《庄子》内篇是一个逻辑性很强的有机整体，环环相扣，序列有致。逐步领会，方能理解庄子哲学的真谛。严复的这些观点是很有见地的。

但是，对于庄子哲学中最重要的范畴"道"，严复则持怀疑态度。针对《大宗师》里的一段解释"道"的语言，严复评说："从庄子谈道往下数百文字，都是称颂大道的神妙语句，然而是《庄子》一书中最无内在精神的部分，不必深加研究。"表现了他对庄子论"道"随意夸张的玄说不以为然，这也是很有见地的。的确，庄子本人也并不清楚"道"是什么东西。谈到"气"，《知北游》说过：人的生死是气的聚散，"人之生，气之要也，聚则为生，气散则为死"。对"气"到底是精神性的还是物质性的，严复认为："现在科学家所说的人和气，合而为一，同时共存，古代的所谓气，事实上是今天所说的力。"可见，他赞同古代"气"的本质是指物质性的观点。

此外，严复还认为《庄子》一书的内容多有唯物主义的色彩，亦颇为正确。如"秋毫之末"，严复评说："秋毫之毛是微乎其微的，不过几万几万分之一而已，比'微'这一单位还要少得多。"又如"视而不见"，严复说："这就是老子听说的希、微、类之意，光彩照人，来自日月星辰。所以说我们的能力来源于自然。如果有光照,眼睛就可以看到,也就是说,没有理解自然的能力,我们就会视而不见。"严复处处用实证科学来注解庄子唯物观的合理性,确实难能可贵,他也是较早揭示《庄子》书中某些符合近代自然科学原理的代表人物,这是其他庄学前辈所不能达到的高度,在《庄子》研究中开辟了一块新天地。

# 二　庄子的哲学思想

## （十五）　庄子学说的渊源在哪里

从司马迁的《老庄申韩列传》开始，人们都认为庄子是老子的嫡传者，庄子被推为道家文化的创始人之一。郭沫若曾经说："庄子是从颜氏之儒出来的，但他和墨子'学儒者之业，受孔子之业'，而卒于'背周道而用夏政'一样，也成立了一个宗派。他在黄老思想里找到了共鸣，于是与儒墨鼎足而三，成立了一个思想上的新的宗派。"（《十批判书》第194页）这里，郭提出庄子学说不是继承老子而来，却是从儒家颜氏之学而派生的。

张恒寿在其《庄子新探》中对上述意见持肯定的态度，认为"道家"一词，先秦时本来没有，汉朝人才将战国中期形成的列子、田骈、慎到、环渊、庄周等各小派综合起来，称之为道家，并认为司马谈大概是创立各家名称的开始者，但司马谈所言的道家，是汉初形成的"采阴阳、儒、墨之长"的道家，而不是先秦的道家，因为先秦时代，不论是《吕氏春秋》或《庄子·天下篇》的作者，对于列子、田骈等人还是分别评述，没有举出一个像儒、墨这样的总名，也没有举出像孔子、墨子那样为大家所共尊的祖师。在《吕氏春秋》中，大体上保留了老、庄区别对待的情况，到了汉代，在道家一名形成的同时或稍前，老子乃成为这一派始祖，而庄子之学不过是班固所谓的"放者为之"的道家中的一派而已。张恒寿还认为，老子道家与庄子道家无论在思想体系和文章风格上均有差异，更重要的是立场上的差距过大。他同意郭沫若的意见，认为庄子这派为纯粹的道家，庄子只是想折中各派的学说而成一家之言，结果成了事实上的道家创始人之一。

方文通说："《庄子》外、杂篇皆宗老子之旨，发挥内七篇。"近人江瑔亦云："自汉以前，皆称黄老，而不称老庄，以庄并老，实际起于魏晋以后。"郎擎宵在他的《庄子学案》中说："然太史公已合老庄申韩为一传，知老庄并称，在西汉已然，非起于东汉及魏晋以后也。庄子学说，当出自老子，而自立为一家"，"故《天下篇》中云，其列子之学术，显与老子离而为二，则其不专述老子也可知。其叙述老子止言虚静无为等等而已，而自叙曰：'与天地精神往来，而不敖倪于万物，不谴是非，与世俗处'；又曰：'上与造物者游，而下与外死生无终始者为友'，则其学较老子为博大，岂仅学老者而已哉？"这里，郎擎宵认为庄子之学渊于老子，但又有很大的发展。

侯外庐认为，庄子思想本源于老子或关尹，更把老子唯心主义推向了极端，在《庄子》一书中老、庄思想是有脉络可寻的。侯外庐同意司马迁《史记》所说"其学（庄）无所不窥，然其要本归于老子之言"，认为，如果说老子的"道"从发展到反发展，从相对到绝对，这理论到了庄子手里，便发展而为"似之而非"的相对主义。

目前，学术界一般都认为庄子的学说渊源于老子，并有所发展。庄子的本体论与老子的本体论大致相同，但庄子对其阐述又较老子精密清晰，庄子的哲学思想是继承了老子的哲学思想，又以丰富多彩的楚文化为背景孕育形成的。楚文化有着许多不同于中原文化的特点，正由于此，形成了庄子哲学思想瑰丽奇伟的独特风格。

# （十六） 庄子在哪些方面继承了老子

庄学"本归于老子之言"。那么,庄子又是怎样继承老子的哲学思想的呢?

首先,庄子对老子之学是推崇备至的。庄子称老子之学"古之博大",称老子为"大成之人"。他说:"昔吾闻之大成之人曰:'自伐者无功,功成者堕,名成者亏'。"这里庄子的说法与《老子》一书的说法是相似的。老子说:"功遂,身退,天之道"(九章),"不自伐,故有功。"(廿九章)不难看出,庄子在文中不断引用老子的思想以至于以原文来为自己的观点立论。

庄子说:"夫道,有情,有信;无为无形。"这一段是对老子关于"道之为物……其中有精,其精甚真,其中有信"(二十一章)的发挥;在《胠箧》篇中"世俗所谓知者,有不为大盗积者乎"与《老子》"智慧出,有大伪"思想相仿;在同篇中引注"民结绳而用之。甘其食,美其服,乐其俗,安其居,邻国相望,鸡狗之音相闻,民至老死而不相往来"一段,完全与《老子》在八十章中的"使人复结绳而用之;甘其食,美其服,安其居,乐其俗,邻国相望,鸡犬之声相闻,民至老死不相往来"相同。诸如此类相同的原文在《庄子》、《老子》中还有不少,但更多的是其思想体系相沿袭。

庄子引用老子之学,重在发挥其思想体系。"无为"由老子提出来,在庄子那里得到了发展。庄子洞察了现实,总结了社会历史与个人遭遇的经验教训,认为治理天下,与牧马是没有什么不同的,也就是要除去害人的马罢了。庄子仅反映了受害之马般的那些被压迫者的要求。他说:"王官殊职,君不私,故国治。"(《则阳》)"君不私"就是要君上不要总为自己着想,因为"私"是乱国之大害;只有"不私",任百姓自为,天下才能治理。庄子提出的"君不私,故国治"是对老子"为无为,则无不治"思想的发挥,只有"不私",才能做到无为。从一定的意义上讲,庄子的无为发展了老子的无为,而且理解得更深刻。

再看庄子关于天道本体的论述,这也是对老子"无名,天地之始","有

传记读库

物混成……吾不知其名,字之曰道,强为之名曰大"的发挥。对"道"的论述,庄子在总结老子论"道"的基础上,不仅继承了老子的天道有普遍、伟大、必然、万异、万同、均调、神秘等特点,进而提出了道"至精无形,至大不可围"的观点。老子把道称之为"惚恍",庄子则引申为"浑沌";老子提出"道纪",庄子发展为"道枢";老子认为"道"是"视之不见"、"听之不闻"、"博之不得",而庄子发展为"物物者非物"等。

蒋锡昌在其《庄子哲学》一书中,曾将庄子论"道"与老子论"道"的条目、语句、文字等加以对比,证实庄子是继承老子思想的。事实上,除了发现《庄子》与《老子》的不少语言相仿或基本一致外,更重要的是思想相袭,庄子通过对老子思想的发挥、对老子观点的阐述,从而建立起自己独特的思想体系,从无为走向超脱,将道家思想发扬光大,不仅为后来学者奉为道家思想的创始人之一,而且到魏晋南北朝道家思想走向顶峰,这个过程中主要的是庄子思想的影响。

# （十七） 庄子思想与老子思想有何异同

庄子继承老子的哲学思想,这是学术界所首肯的。庄子继承、发挥了老子的思想,与老子思想在体系上是一脉相承的,但是,他们又有哪些异同点呢?

老庄共同崇奉自然,提倡"无为而无不为"的思想。他们以"道"为根本,以虚静应物而顺自然。但庄子似乎更重视"道"的统一性、均衡性。庄子认为,上与造物者同游,下与忘生死无终始分别的人做朋友。而道的本根,宏大而开旷,深远而广阔;道的宗旨,可以说是和谐切适而上达最高点,适应万物的变化而解脱万物的束缚,道无穷无尽,任何事物都离不开它。这里关于"道"的描述要比《老子》中的"道"论深刻得多。

王夫之在《庄子解》中说:

"庄子之学,初亦沿于老子,而'朝彻'、'见独'以后,寂寞变化,皆通于一,而两行无疑;其妙可怀也,而不可与众论论是非也;毕罗万物,而无不可逍遥。故又自立一宗，而与老子有异焉。"

王夫之的见解不愧为深邃，他认为庄子之学在继承老子思想之后，又经过自己的"朝彻"、"见独"，从老子之学中分化出来，自成一宗了。这里的"朝彻"、"见独"是庄子参悟自然大化，把握"道"的枢机，进入了物、我两忘的境界，从而对老子的"道"作了扬弃；通过保持心灵高度宁静，人生中的生死、存亡、成毁等杂念统统排除掉，达到人与自然一体的境界。

另外，老庄都认为"以不知而知之"。但在具体思维方法上又有不同。老子主张"为学日益，为道日损，损之又损，以至无为"。而庄子则说："待其所不知而后知天之所谓也。"（《徐无鬼》）前者强调"知"是对"道"的破坏，强调不知而无为；后者指出不知是知。老子提出不知之说并主张塞说、闭门、挫锐、解纷、和光、同坐，"不出户，知天下；不窥牖，见天道，其出弥远，其知弥少"（四十七章）。提倡"圣人不行而知，不见而名，不为而成"。而庄子主张"物视其所一"（《德充符》），试图从"体道"上去把握。庄子说："吾生也有涯，而知也无涯，以有涯随无涯，殆已也。"（《养生主》）他强调，以有限的生命去追求无限的知识是必然要失败的。从这里可以看出，庄子以不知为知，其主要目的是，不要去追求知识，搞清是非，陷于烦恼之中，而应该从"道"的方面去认识，天与人、道与自然是一体的。这里，庄子和老子的思想之异同点是很明显的。

在对"知"的分类上，老子与庄子也有不同，老子把"知"分为两大类：一类是"为学"，一类是"为道"。而庄子则将"知"分成三大类。他在《庚桑楚》中说："知者，接也；知者，谟也；知者之所不知，犹睨也。"即知识的来源，或者说认识的来源首先靠感觉直接把握；其次通过大脑理性加工进行综合分析，也就是"谟"；最后是靠静的功夫，从"坐忘"中获得，这种"知"就是"睨"，是眼睛似睁非睁之状。从上述的分类来看，庄子要比老子详细。庄子的"接"、"谟"、"睨"的三种"知"，可以说是包含着较为合理的因素。"接"相当于感性认识，"谟"接近于理性认识，而"睨"一则指直觉认识。不难看出，庄子是站在老子的肩上的巨人。庄子师承老子，更有创造性的发展。

我们认为，老子开创了古代认识史上直觉体认与辩证思维的先河，庄子不仅继承、光大这些思想和方法论，更重要的是使之具体化、系统化了。所以，将庄子视为道家文化的创始人之一是不过分的。我们在研究老庄思想时，既要注意他们的相同点，又要把握彼此的不同点，只有这样，才能完整、全面、正确地了解庄子哲学思想。

## （十八）　为什么说庄子是道家思想创始人之一

庄子被奉为道家思想的创始人之一，其主要的贡献是完成了道家传统精神的建构，形成了一套崭新的思想，如果说老子创立了道家思想，那么庄子则建构了道家的精神传统。

道家的精神传统的实质是对人生的生命境界的追求，将生命境界看作是人生的最高目标，道家提倡"清虚以自守，卑弱以自恃"的原则，在庄子这里充分得到了展开。庄子以"无为"作基础，以"自然"为依据，强调人与自然的和谐和反归，更突出了人的生命与精神对自然的超越。庄子构建这一思想精神，在深层的意义上，不仅完成、展开了老子的哲学内涵，而且更重要的是作了极大的发展。

人和自然的关系，这是道家极为关注的问题，同时又是道家哲学的出发点。可以说这种观点的形成不仅成为道家文化的主线，也深深地影响了整个中国传统思想的发展。在老子那里，主张人类返璞归真，复还自然，但人类在自然界面前不能显示出力量，甚至是渺小的。老子的"无为"在一定程度上限制了人类的主观能动性，尽管老子提倡"无为"至"有为"、"无为而无不为"，但是他过多地强调了屈顺委全。庄子的思想在充分继承老子关于"道法自然"思想的基础上，反对自然界有任何外在的、超越绝对主宰的东西。庄子十分重视自由精神与生命超越的积极意义，提倡人们摆脱束缚，追求对自然的超越，希望达到一种理想的崇高境界。这样一种境界是自在逍遥的、无忧无虑的。

我们还看到，老子提倡"致虚极，守静笃"（十六章）、"涤除玄览"（十章)的修道思想不如庄子理解得深刻、透彻。庄子将得道之"神人"描写为"肌肤若冰雪,绰约若处子。不食五谷,吸风饮露、乘云气、御飞龙,而游乎四海之外。其神凝,使物不疵疬,而年谷熟"(《逍遥游》)。这样的"神人",其修道方法是"坐忘"、"心斋"。庄子从"坐忘"、"心斋"走向"涤除玄览"的"虚静"修道,其思想意境又与老子差别大了。老子的思想追求无执着、无欲求的境界,"沌沌兮,如婴之未孩"(二十章)。庄子则要求人的自然状态像婴儿一样。但不是最后的目标,提倡彻底摆脱自然天道的约束,超越混沌的自然状态,达到与天地同游,与自然合一的境界。至于婴孩状态仅仅是"冰解冻释"罢了,这种"冰解冻释",仍不是"至人"的最高追求和理想境界,只有无拘无束的自在才是最终的目标。

庄子继承了老子,又发展了老子。庄子的哲学表现为"天地与我并生,万物与我为一"的境界,这种思想的基础,首先突出在对"道"的认识上,"道"具有老子那种至上、超越与无限的特征,这是继承。但庄子又不满足于停留在老子这一认识上,进而作了相对化的处理,这个相对主义思想强烈地渗透在道家传统精神之中,从此出发,一种无约束境界、"乘天地之正,而御六气之辩,以游无穷者"开始形成,所谓"天与人不相胜",互不干涉的结论也应运而生了。庄子的相对主义思想又促使庄子认识到"古之所谓隐士者,非伏其身而弗见也,非闭其言而不出也,非藏其知而不发也,时命大谬也"。庄子将古之隐士的"伏身"、"闭言"、"藏知"这些原因看成是与"时命"是否相当。若相当,则"反一无迹";若不相当,则"大穷乎天下"(《缮性》)。可见,庄子这里产生了"厌恶",希望做"隐士",尽管与"时命大谬",也是"存身之道"。道家的"出世"主义思想在很大程度上是受了庄子相对主义思想渗透的。道家提倡修身、隐居,不与世官为伍的思想正是深受了庄子思想的影响。所以,历代学者将庄子与老子同奉为道家文化的创始人。

# （十九） 庄子哲学是唯物主义还是唯心主义

关于庄子哲学的性质,学术界存在分歧,有人认为庄子哲学是唯心主义的,有人认为是唯物主义的。

持前者意见的人认为:庄子主张世界的本源是神秘的精神实体"道"。在《知北游》中,庄子明确讲:"有先天地生者,物邪？ 物物者非物。"这是说,产生物质的东西是非物质的。庄子认为没有比"道"再根本的东西了;而"道"又在天地之前就独立存在,它产生天地,使鬼神和上帝显示作用,无始无终、无边无际、无时不有、无处不在,确实是可以体会得到的,但又是无形无为,看不见,摸不着的。它始终在传递着,可是又不能被具体接受。

他们认为庄子的观点是:如果把世界看成是物质的,那就必然要有所区别,这样就会产生是非,引起竞争、辩论不休。因此庄子说:"古之人其知有所至矣！ 恶乎知？ 有以为未始有物者,至矣,尽矣,不可以加矣。"(《齐物论》)意思是说,只有把世界看成从来没有物质的,才可以说是对世界最高、最完善的认识。庄子的"道"只能是精神性的东西,否则,相对主义理论的提出是不可思议的。因此,庄子是主观唯心主义的积极倡导者。

主张后者的人认为,庄子继承了老子天道无为的自然观,以原始混沌的"道"为最高范畴,老子是第一次把天从上帝拉到人间,庄子继承又发展老子的观点,把天看成是自然的。我们认为,这种看法比较接近对庄子"道"的性质的理解。

如果说老子第一个把"道"当作客观存在的物质性的东西,"道生一,一生二,二生三,三生万物"(四十二章),那么,庄子就进一步用气来说明道是物质性的东西,用气的变化来说明世界万物的产生和发展变化。《人间世》中,我们可以看到:"气也者,虚而待物者也。唯道集虚……"无形的道产生气,再由气产生有形的物,这是对老子"道生一,一生二,二生三,三生万物"观点的发挥。《大宗师》篇又说:"伏戏氏得之(道)以袭气母"。后来成玄英注疏说:"气母者,元气之母,为得至道也。"庄子的观点很明显：气充盈宇宙之中，天地万物都是一气："方且与造物者为人，而游乎天地之一气。"这里的"天地之一气"就是阴阳之气，而气是物质世界的元素，人就是由气的变化而来。在《知北游》中，我们更清楚地读到了"人之生，气之聚也。聚则为生，散则为死。若死生为徒，吾又何患！故万物一也。是其所美者为神奇，其所恶者为臭腐，臭腐复化为神奇，神奇复化为臭腐。故曰：通天下一气耳"。这里"通天下一气耳"的命题，表明万物的复苏、死亡、存在、发展皆统一于气的聚散变化。离开了气，就没有聚散变化，也就没有万物的生死。气是永远存在的，聚散变化不息。这里，庄子对客观物质世界的认识是很深刻的，有人认为包含了物质不灭的见解。

庄子不仅继承了老子的"道法自然"的观点，提出了道"生天生地"（《大宗师》）的唯物主义自然观，更重要的是坚持"道"是贯通于天地万物的普遍规律，"故通于天者，道也"（《天地》）。诚然，庄子关于"道"的唯物主义思想是十分朴素的，在对宇宙"究极原因"的推论中，导致对物质世界客观存在的怀疑。庄子割裂了有限与无限的辩证关系，把"道"置于时空之外，凌驾于万物之上，自然很容易滑向客观唯心主义。尽管如此，庄子关于"道"总的思想倾向应该是唯物主义的。

# （二十）　庄子关于"道"的实质是什么

关于庄子的道，学术界看法不一。有人认为是一种无意识的概念；有人认为"道"为天地万物所以生之总的原理；也有人认为庄子的"道"发挥了老子的思想，主张道是宇宙之究竟本根，与老子的道相同，等等。

中国哲学历来重视道，孔子说："朝闻道，夕死可矣。"（《论语·里仁》）在中国哲学中，所谓道，一般说，其实都是事物的根本道理。诚然，儒道两家对道的理解并不是一回事。庄子的道是什么？

在《庄子》一书中，有关道的论述很多，其中有些叙述不尽相同，有些叙述也不很明了。认真研读《庄子》，道大致可分为两个基本含义：一是指世界的本原、本根；一是指最高的认识。

庄子认为道"无为无形",并说:"夫虚静恬淡寂漠无为者,万物之本也。"(《天道》)在《应帝王》中有这么一个故事,儵与忽为浑沌凿七窍,一天凿一窍,七窍凿成了,浑沌也死了。这个故事告诉人们:道是真实存在的,但又不能具体有为地破坏,它贯穿于万物之中,只要自然淡漠,就是体现了道。

在庄子看来,道有两个作用,一个是产生万物,"生天生地","夫昭昭生于冥冥,有伦生于无形,精神生于道"(《知北游》)。他强调,可见之象(昭昭)生于不可见之道(冥冥),有形之物生于无形之道,人类精神之活动也起源于最根本的道。另一个作用是道作为天地万物存在和发展的决定者,"况万物之所系,而一化之所待乎"(《大宗师》)。"一化之所待"即万物的总根据,道是一切存在的最后的依据,亦即世界之根本。庄子认为道是世界的本根,产生天地万物,并决定天地万物的存在和发展,道"神鬼神帝",说明道比鬼神更根本;道"无为无形",说明道没有情感;道"自本自根",独立于不可见;道"自古以固存"是永恒的。总之,在庄子这里,道是一切万物的本根。

道的另一个含义具有认识论的特点。道在庄子这里是无穷的永恒性,不可见的决定性,在表现上又具有无差别性。道的无差别性来源于道的认识境界,"可传而不可受,可得而不可见"是对道的无差别性的解释。道不包括是非,没有爱憎,不存在任何分别或界限。庄子的理解是:"道不可闻,闻也非也;道不可见,见而非也;道不可言,言而非也。知形形之不形乎!道不当名。"(《齐物论》)

总而言之,"可传而不可受,可得而不可见",这正是庄子道的特点。道作为最高认识,即"以为未始有物",庄子从此出发,得出超物我、超是非、超情感的道。冯友兰先生曾说,庄子的这种道是"与道同体,是用'无己'的方法得到的;因为有这种意境的人,必须取消我和非我的区别。可是照庄子所说,这个同体还是以'我'为主"。事实上,庄子认为道的超物我、超是非、超情感,最终走向"彼亦一是非,此亦一是非",从而提倡消除彼此对立,消除物我以达到超脱是非之争的最高认识。

心通庄子

135

# （二十一） 庄子的天道观是什么

庄子和老子一样,认为天是由道产生的。

春秋时期的天道观念,是从殷、周时的天帝等观念逐渐变化而来的。这一概念的最初出现,多半与占天、星象、卜筮等半巫术、半科学的活动连在一起的,但也有些和这种巫术无关的实际看法。如伍子胥所说的"盈必毁,天之道也"(《左传》),就初步具有哲学的意义。子产所说的"天道远,人道迩"中的天道,同样包括上两种情况在内。

庄子在《大宗师》中说:"夫道,有情有信,无为无形,可传而不可受,可得而不可见;自本自根,未有天地,自古以固存,……生天生地;在太极之先而不为高,在六极之下而不为深;先天地生而不为久,长于上古而不为老。"这里"有情有信",说明道是实在的,而不是虚妄的;"无为无形",说明道是没有意志,没有形态的;"自本自根,未有天地,自古以固存",说明道是自然存在的,不是由别的东西派生的,在没有天地之前,从古以来就有了;"生天生地",说明天地万物起源于道,道是产生天地万物的本根;在"太极之先"、"六极之下",说明道无所不在;"先天地生而不为久,长于上古而不为老",说明道无始无终。

庄子认为"道"是化生万物的第一性的本性。在《知北游》中,庄子说,有先于天地而生、化生万物的"道"不是物象,万物的出现不得先于"道",有"道"才有万物。在庄子看来,任何有形的万物都不能摆脱具体的实物性,只有"道"才能先于物而存在,并成为万物本根。为此,庄子在《齐物论》中有一段近乎绕口令的表述,其意大致是:世界在时间上从什么时候开始是弄不清的,你说宇宙有它自己的开始,那么在开始之前必然存在没有开始的阶段。再推而远之,那就是没有开始的没有开始阶段。宇宙究竟从哪里来,那是永远也推不到头的。另外,宇宙是先有它的"有"呢?还是先有它的"无"?如果说有"有"、有"无",那么在此之前就是没有"有"和"无",再往前推,连没有"有"和"无"也还没有,现在突然说"有无",但不知"有无"谁是真有,谁是真无。庄子的结论是"道"无所依存,"自本自根",它存在于天地"剖判"、时间出现之先,上下四方的空间之外,"天不得不高,地不得不广,日月不得不行,万物不得不昌,此其道与"。这就是道的决定作用!

老子第一次把天从上帝的宝座上打落下来,认为天是由道产生的,但老子还没有把天抽象化为自然界,庄子继承和发展了老子的思想,把天看成是自然界。在庄子这里,天已是趋向抽象化了的概念,郭象注《庄子·齐物论》说:"故无者,万物之总名也。"这里是对庄子的"天"最好的解释。在庄子的"天道观"中,以物为有限,以道为无限,相生相易的万物都有成有毁,而道无成无毁,所以庄子眼里的"道"是绝对的"全",从"道"分出来的每一具体事物都是不全,即所谓"偏";而人的任何作为又都是"偏"。只有道无成无毁,而要达到无成无毁,就必然要做到无所作为,只有无所作为、无成无毁才能通向"道",这样,庄子的逻辑结论得出了"物物者非物"的天道观。

## (二十二) 庄子的自然观是什么

庄子认为:人是自然的一部分,是自然界的一种存在形式。因此,顺应自然是庄子思想的主体。庄子说:"君子不得已而临莅天下,莫若无为。"(《在宥》)"无为"就是顺从自然。

庄子以自然为基点,进而构建自己的人性自然观。他认为弃知绝欲,无间的、纯粹的自然环境,可以使人的本性得到发展,因为人性本来就是自然的。庄子反对人对大自然的干预,主张随顺自然之大化,与大自然融为一体。他在《大宗师》中说,不管人喜欢与否,天和人总是"合一"的。不管人认为合一或不合一,它们也都是"合一"的。认为天和人是"合一"的就是说天与人和自然同类。这里的"一"就是万物为一的"一"。庄子认为万物都是齐而为一,承认"为一"就是"与天为徒",否则,那就是"与人为徒"。而与天为一就要因顺自然,消融于自然,保持人的自然本性,与自然相和谐。

　　庄子在《马蹄》篇中说："民居不知所为,行不知所之,含哺而熙,鼓腹而游,民能以此矣。"又说："彼民有常性,织而衣,耕而食,是谓同德;一而不党,命曰天放。"这里讲的衣食之需是人的生理所要求的,也是人性的自然要求,破坏了这种自然性,也同时就破坏了人之本性。庄子这种人性自然说走向"与天为一",把自己完全融于自然之中,取消心智对人性的破坏,最后要求心智自觉地顺从自然。

　　庄子还提倡从人的形体上去认识自然。他认为人的形神按照各自的规则去活动叫作"自为",这种"自为",按庄子自己的解释是指自发的自然过程,而不是人的自觉能动。庄子在《天下》篇中强调这种形神"独与天地精神往来而不敖倪于万物……上与造物者游,而下与外死生无终始者为友"。他从自然观出发,提出与精神往来交流,与世界的创始者一起遨游,未始有物,未始有我,超脱于俗世,游心于无穷,不知有生,不知有死。在庄子看来,这种自然而然的脱俗,首要的前提是人之"心"不应当有所思,也不应当有所虑,要保持精神上的纯粹性,只有这样,才能进入自然的状态。庄子的办法是削现实之足适精神自然之履也。

　　庄子把人作为自然界的一种存在形式来看待,也就是彻底实现人自然化,他认为从此出发,修养淳朴的自然本性所产生的精神魅力是巨大而又神奇的,任何争名求利便是对淳朴之德的破坏,保持淳朴的自然之性是人的始终不渝的追求。睡时安闲舒缓,醒来悠悠自适,不辨为牛为马,不知有物有我,这种无知无识的淳朴状态就是最高自然性。在庄子的德行修养中,最高的境界就是"和",即和谐圆满,与天地合一。

　　我们认为,庄子的自然观有一定的合理因素,他是把人看成自然界的一部分,并且从人的自然性中去认识人性。但是,庄子所希望的,不是自然的人,而是从自然的人超脱出来,具有神仙意义的"真人"、"至人"。这里应该指出的是,庄子的这些神化了的"真人"、"至人",不是殷周以来传统的天帝观念的简单移植,也不是生硬的自我异化,而是用逻辑的方式引导出来的形象。这种逻辑方式的特点,是在把人还给自然过程中,让自然的

传记读库

单个的人与自然的总体合为一体来实现的,其积极意义是应该肯定的。

# (二十三) 什么是庄子的形神观

庄子的形神观,在某种意义上来说,是继承了稷下道家的精气说,但又作了改造。他说:"人之生,气之聚也。聚则为生,散则为死。"(《知北游》)并提出了一系列的新观点,特别在精神对形体的作用问题上,有关精神和形体的关系方面有独到的见解。

庄子认为,人的生死,只是气的聚散的结果,天下万物都是由气构成,"通天下一气耳"(《知北游》)。庄子的"气"充塞着天地之间,气聚气散构成人的生死,而"道"却直接产生人的精神。他说:"夫昭昭生于冥冥,有伦生于无形,精神生于道,形本生于精,而万物以形相生。"庄子认为精神直接生于道,形体则靠精神而存在的。在这里,庄子提出了他的形神观——"形本生于精"。

庄子在论述生命的形成过程中说:"察其始也而本无生,非徒无生也,而本无形,非徒无形也,而本无气。杂乎芒芴(恍惚)之间,变而有气。气变而有形,形变而有生,今又变血之儿,是相与春秋冬夏四时行也。"(《至乐》)庄子认为形体是粗糙的东西,而精神则是精细的东西,世界上总是粗糙的东西来自于精细的东西。精神和形体都来自于"杂乎芒芴(恍惚)之间",也就是来自于道、由道而变生出气来,由气而变生出形来,再由精神和形体变化出生命来。

在庄子的形神观中,庄子是比较重视精神的作用。他认为,尽管精神和形体都来自于道,但精神又高于并主宰形体。这种思想又与庄子追求精神超脱、提倡"逍遥",是分不开的。在《庄子》一书中,庄子所崇尚的"至人",我们从形神观上来分析,都是一些形体肢缺足残又是奇形怪状、容貌丑陋的人,但在精神上却具有"至人"、"神人"、"真人"的超脱,如跀鼻的匠人、承蜩的佝偻、操舟的津人及解牛的庖丁等无一不是如此。庄子割离了精神和形体关系,夸大了精神的作用,无形中就贬低了形体感官的作用。

诚然,要掌握高超的技术,获得一门精湛的本领,必须要有精神上的高度集中,在理性上达到深刻认识,但这些最终是不能脱离形体感官而发挥作用的。

庄子在《德充符》中讲了这样一个故事:"丘也尝使于楚矣,适见豚子食于其死母者,少焉眴若,皆弃之而走。不见己焉尔,不得类焉尔。所爱其母者,非爱其形也,爱使其形者也。"这里"使其形者",按成玄英的解释是"精神"之意,庄子说,小猪崽不愿再吃死了的母猪的乳,不是因为形体犹在,而是因为精神已去,因为它们已不再承认这是自己的母亲了。在庄子看来,决定猪的"类"的是精神,而不是形体。

值得一提的是,庄子的这种精神决定形体的形神观很有特色,庄子曾经在《达生》篇中提出了"彼得全于酒"的理论。庄子举出了两个人,在同样的情况下从飞速的行车上摔下来,而其中喝醉了酒的那个人反而没有死,另一个人则死了。同样的形体筋骨、受到损害也一样,为什么有不同呢?庄子认为喝醉了酒的那个人精神没有受到损伤,"其神全也"的原因,主要是"死生惊惧不入乎其中"。庄子的这种分析,从现代生理学的角度上来看很有道理。因为精神正常、头脑清醒的人,在遇到突如其来的意外事故,除肉体受到伤害外,更由于神经极其紧张而引起内肾上腺素激增,这对有些心脏衰弱的人往往马上造成休克,或停止肺部呼吸;像有些迷信鬼神的人在突然惊吓之下,会休克和死亡的道理一样。庄子的"醉者坠车",与其说是他模糊地认识到了高级神经活动对形体的作用,倒不如说庄子认为精神活动对形体作用的积极意义。无论怎样,庄子的形神观强调精神,而忽视了形体,他最后的结论是"圣人藏于天,故莫之能伤也"(《逍遥游》)。

## (二十四) 怎样理解庄子的无神论思想

庄子继承了老子的无神论思想,把老子的"道"作为他反对宗教神学世界观的武器。我们知道,老子的"道"尽管带有某些神秘色彩,但就其实质来说,它却以批判宗教神学的鲜明姿态出现在中国古代思想史上。老子以"道"作为最高的宇宙本体,对殷周以来一切传统的帝、天、鬼、神等观念作了批判。庄子在充分继承老子的"道",批判宗教神学观念时,特别是对宗教神学观的上帝说作了较为深入的批判。

庄子认为:"夫道……咱本自根,未有天地,自古以固存。神鬼神帝,生天生地;在太极之先而不为高,在六极之下而不为深;先天地生而不为久,长于上古而不为老。"以及"道不当名"等命题,无非是通过强调"道"的地位和夸大"道"的作用来否定神创世界的说法。它的基本倾向是排斥一切宗教神学观念。这里我们可以看出庄子"道"的理论完全占据了神学上帝说的位置,显然建立起一个反宗教神学的理论。在 2000 年前的庄子,他不可能提出完整的否定神创世界的理论,而且,他提出的"道"又带着种种神秘的残痕,但我们以为,这不能影响庄子无神论者的地位。

我们更看到,庄子反对神创世界的思想,没有停留在老子"道"的思想上原地踏步。庄子在自然观上,特别是在具体的自然现象是否接受某种超自然神的力量支配这类问题上,在很大程度上否定了神的作用,他提出了天地自运、万物自化的思想。比如在《天运》篇中有下列一段设问:"天在运转吗? 地在定处吗? 日月往复照临吗? 有谁主宰着? 有谁维持着? 有谁安居无事而推动着? 或者有机关发动而出于不得已? 要不是它自行运转而不能停止? 云是为了降雨吗? 降雨是为了云吗? 有谁兴云降雨? 有谁无事找事地去帮助它? 风从北方起,忽西忽东,在天空回转,有谁呼吸着? ……"

这一系列深刻又令人思索的问题,是对宗教神学目的论的大胆质疑。在深层意义上表现出庄子不承认在现实世界之外还存有什么超自然力、超感觉的神秘力量。这一切是什么造成的呢? 庄子从自然界的规律和发展中去寻找。他说:"天不得不高,地不得不广,日月不得不行,万物不得不昌,此其道与?"(《知北游》)这里庄子已认识到自然界的运行发展是"道"的规律在起作用,而这个"道"又在事物自身之中,"天地固有常矣,日月固有明矣,星辰固有列矣,禽兽固有群矣,树木固有立矣"(《天道》)。在庄子的眼里,一切不是神创的,都是万物"固有"的,自然界万事万物"若骤若驰,无动而不变,无时而不移"的现象都是事物"自生"的,他提出"物园自生"(《在宥》),"咸其自取"理论(《齐物论》)。这里非常鲜明地表现了庄子否定了现实世界之外还有任何超自然的神秘力量存在。我们认为,庄子的"道"表现出反对神创论思想是不容否认的。

# （二十五） 庄子是不可知论者吗

关于庄子是不是不可知论者,学术界有分歧,大多数学者认为庄子是不可知论者。他们认为庄子主张认识对象没有质的区别,一切都是相对的,相对之中没有绝对,庄子片面地夸大了人们认识的局限性,走向了不可知论。

有人认为,庄子的不可知论还在于把认识主体的局限性和认识对象的无限性对立起来。庄子说:"吾生也有涯,而知也无涯,以有涯随无涯,殆已。已而为知者,殆而已矣。"(《养生主》)从有限的个体说,其认识当然是有限的,如果哪一个人想穷尽万事万物之理,当然是做不到的,因为事物是发展的,是无限的。庄子抓住了这一点,对那些认为自己已经穷尽了万事万物之理的哲学家,自然是击中要害,但是他从这一点否认认识真理的可能性,走向了形而上学,把认识的主体和客体对立起来了。从本体论上说,庄子的"道"与"物"之间有一道不可逾越的鸿沟,因此绝对的"道"并不是由相对的"物"构成的,而是由另外一种与"物"根本没有联系的实体构成的。庄子哲学有时就是这样自相矛盾的。

有人认为庄子不属于不可知论,而是怀疑论者,并指出将庄子视为不可知论是混淆了怀疑论者和不可知论者的区别。他们认为怀疑主义与不可知论既有联系,又有区别,庄子的怀疑主义不同于不可知主义。不可知主义是以确信现实为基础,相信感觉经验,认为个人的感觉是认识的来源,而庄子则是以怀疑现实著称于世的,他不相信感觉经验,主张放弃一切感官,"忘其肝胆,遗其耳目"。他也不相信理性认识,主张无思无虑。庄子对现实一切都是怀疑的,对于一切以感知为基础的认识和知识都是否定的。庄子认为至人可以通过精神修养和直觉体验去把握道,而耳目感官不能认识道,因此,庄子不是不可知论者。

我们认为仅仅将庄子看作怀疑主义者,这是不够的。事实上,不可知论与怀疑论是紧紧联系在一起的,而庄子这种思想的形成完全是从他的相对主义理论出发的。

庄子从相对主义出发,看到了"彼亦一是非,此亦一是非",认为不能辨是非,于是放弃对真理的寻求。庄子对于时间的无穷和人的生命短促有深深的感受,但他又不相信"知"可以把握实在,只能发出"吾生也有涯,而知也无涯。以有涯随无涯,殆已"的叹息,这里庄子其实还并没有否认客观世界的存在。正如张恒寿先生所说:"没有确说外物之绝不可知,而只是说知识无穷,人生有限,在不可以言说,意味之外,还有一部分不能想象无法知道的东西。绝对真理也永远不能穷尽。所以庄子的错误,并没有一般所想象的严重。"

庄子的相对主义认识论中还有直觉主义的一面,他注重直感的知觉,而轻视概念的辩论,所以他竭力反对惠子,反对辩论可以定是非。对于宇宙全体、世界本体的认识,庄子认为属于"言议之所止"的范围,可用"堕肢体,黜聪明"等泯除物我的"坐忘"方法,"心斋"修养去认知,于是就走向一种神秘的认识论,这与将庄子一切划为不可知论的简单界说,应该是有区别的。

当然,庄子从相对主义走下去,其逻辑的结论势必走向不可知论,但是我们更应该看到,庄子在《秋水篇》中说:"可以言论者,物之粗也;可以意致者,物之精也;言之所不能论,意之所不能察致者,不期精粗焉。"一切有形的事物,千差万别,可以用语言说明其粗者,用思想理解其细者,可是还有言之所不能说明,思想所不能察致的事物和道理,就不在精粗的范围之中了。这里表明:有些较精细的东西仍可意味。由此看来,庄子应该是不可知论怀疑主义者。

心通庄子

# （二十六） 庄子认识论的归宿是神秘主义吗

庄子的认识论是以"道"作为基础的。在庄子的哲学中，"道"与物是对立的。他把人们对物的认识称为普通知识，即"小知"，而对"道"的认识则认为是真知。真知是庄子认识的极限，在这个"真知"中，包含有神秘主义思想。

庄子认为，只有"真知"才是具有绝对真理性的知识，人们一旦获得真知，客观世界纷然杂陈的矛盾现象便可迎刃而解，人们便可获得自由。在庄子的"真知"中，表现为脱离了相对的绝对，脱离了个别的一般，有相当的神秘主义成分。但庄子的认识论最后并没有走向神秘主义。

主张神秘主义是庄子认识论的归宿的人认为，庄子通过对"真知"的把握来体认道，为了达到道的最高境界，他提出了三种方法：其一守宗，就是"守之七日"，乃至"守之九日"，这是神秘的直觉能力的养成过程；其二心斋，这是一种得道的方法，在摒弃认识的过程中的神秘直觉；其三坐忘，即排斥大致相当于理性认识的东西，采取一种"无思无虑始知道，无处无服始安道，无从无道始得道"（《知北游》）的直觉顿悟法。

我们认为，认识中包含着神秘主义思想与认识的归宿走向神秘主义，这是不同的，况且庄子在认识中主要的方法论是真知论和齐物论，"真知"论是庄子以体道为方法的直觉主义认识论。

直觉主义是排斥感知和理性的，庄子以不知为真知来排斥一切常规的认识方式，而不知为真知首先就表现出庄子的怀疑主义思想。《齐物论》有这样一个寓言，啮缺问王倪说："你知道万物有共同的标准吗？"王倪答曰："我怎么知道呢！"啮缺追问："你知道你所不明白的东西吗？"王倪仍说："我怎么知道！"这里庄子认为，不仅不知道啮缺所问的问题，而且不知道自己是不是不知道。正如《知北游》所说："不知深矣，知之浅矣。"这里庄子坚持不知是深刻而透彻，自以为知则乃十分浅薄和疏陋的。由此不难看出，庄子以不知为真知的怀疑主义态度了。

庄子的怀疑主义又是基于他的相对主义思想。从这里出发,他揭示了认识能力的局限性,人们对客观认识标准判断的不正确性和是非标准的不确切性,以及世界上万事万物都处于流变、迁易的过程,"方生方死。方死方生",等等。庄子的怀疑主义把变化运动任意夸大了,甚至把自己的一些合理认识引向了怪诞的极端。这表现为庄子认识论的一个特点,我们不能就此做出神秘主义的结论。

再看庄子在体道的方法上的"心斋"、"见独"、"坐忘"等思想。在"坐忘"中,庄子提倡"堕肢体,黜聪明,离形去知,同于大道"(《大宗师》)。提倡与道为一,抛弃感觉和思虑;在"见独"中表现为身心俱忘,物我不分;而"心斋"的实质就是虚静,要达到心灵的虚,必须"无听之以耳而听之以心,无听之以心而听之以气"(《人间世》)。以上可以看出庄子在体认"真知"的方法上包含有神秘主义成分。

庄子力图通过上述修持来达到道我为一的"真人"之境,实现"无己",从而"不谴是非,以与世俗处"(《天下》)。在庄子的认识论中,他坚持"知其无可奈何而安之若命"的态度,认为只有这样,才是"德之至也"(《人间世》)。庄子在认识论中提倡顺应自然,顺应命运,主张安然自处的不辨是非思想,最终是走向宿命论,而不是神秘主义。

# (二十七) 怎样理解庄子的"知"论

"知"就是思维的能力、方式;思维器官"心"对感性的东西加以验证和辨别。按庄子本人的话来说,那就是"知也者,争之器也".(《人间世》)。

庄子认为"德荡乎名,知出乎争","知"是从"争"中得来的,而庄子对"争"是持否定的立场。他从齐是非出发,反对一切辨是非的"争",因此,对"知"也自然是反对的。庄子认为,"知"以非此即彼的方式分割对象,所以一切知性的、形式逻辑的归类只是脱离特殊性的一种抽象的共同性,是不可能把握整体和矛盾转化。庄子认为:人们运用"知"去思维,不是溺于此,便是溺于彼。这样势必导致思想上的对立,特别是人们在真理的把握上,产生了"争",都是由于"知"所引起的。

关于"知"如何产生,庄子在《齐物论》中说:"非彼无我,非我无所取。"人各有所取,有取便有舍。庄子的"知"完全建立在一种"悟"上。在《秋水》篇中,我们读到庄子与惠子关于"知"的一段对话:庄子和惠子在濠水桥上游玩,庄子说:"鱼儿悠悠地游,这是鱼的快乐。"惠子道:"你不是鱼,怎么知道鱼的快乐?"庄子反驳:"你不是我,怎么知道我不晓得鱼的快乐?"惠子接着说:"我不是你,固然不知道你,你不是鱼,那么自然也就不知道鱼的快乐了。"庄子说:"你最开始讲'你怎么知道鱼的快乐'这句话的本身就说明了:你已经知道了我知道鱼的快乐才来问我的。我告诉你,我是在濠水桥上知道的。"

这一段对话,表现了庄子对知的那种"悟"性,最后几句话的意思是:你既知道我不知道鱼之乐,那就是对我有所知了。那么,你问我是怎样知道的,我就是在濠梁上看鱼时知道的。庄子反对那种由于"争"而得来的"知",于是干脆说:"我知之濠上也。"他反对惠子,更反对辩论可以定是非。庄子轻视概念的作用,认为"人可以知鱼之乐"。这种"知"属于"言议之所止"的范围,要排除一切名相概念,乃至当下直感也无所作用,而必须用"堕肢体,黜聪明",根除物我的"坐忘"方法才能体会,这种"知",就走向了神秘主义。

让我们再回过头来看庄子的"鱼之乐"。对于"鱼之乐",庄子是否有"真知"? 我们不得而知,但是庄子从鱼的自在状态发现了"乐",那么,这种"乐"是否就是"真"呢? 庄子不去追究,因为这里"鱼之乐"已被庄子"感知"为真的了,这样,"真"就成为对"道"的悟,庄子从悟中忘却了自我,他认为只有"悟",才能提供与道相一致的超经验的"真"。所以庄子提倡"去知",破除知性遮蔽,他认为"知"的方式不仅妨碍人们认识真理,也影响人们对自我的认识,唯一可取的就是"坐忘",彻底忘掉一切,达到精神上完全自由,恢复人所谓的"天然"本性,从而走向摆脱各种主观条件,达到"无己"。

# （二十八） 何谓真人、至人、神人、圣人

《庄子》一书中，多次提到真人、至人、神人、圣人，这是什么意思呢？

老子只讲圣人，庄子不仅讲圣人，又提出了另外三种人，其实这都是庄子理想化的人物，所谓真人、至人、神人、圣人皆同为一人，只是程度不同，并非本质的差异。如果从庄子对老子思想发展的角度而言之，真人、至人、神人似乎较圣人要玄妙、神秘和高远一些。在圣人身上，人的影子、社会的影子还是可以看到，但在真人、至人、神人那里几乎就成了道的化身、神仙的形象了。

所谓真人，《大宗师》里记载：

"古之真人，不逆寡，不雄成，不谟士。若然者，过而弗悔，当而不自得也。"

"其寝不梦，其觉无忧，其食不甘，其息深深。真人之息以踵。"

"不知说生，不知恶死；其出不䜣，其入不距；翛然而往，翛然而来而已矣。不忘其所始，不求其所终。"

"受而喜之，忘而复之，是之谓不以心捐道，不以人助天。是之谓之真人。"

"古之真人，其状义而不朋，若不足而不承；与乎其觚而不坚也，张乎其虚而不华也。"

所谓至人，庄子强调其思想道德某方面的至高境界，他说：

"古之至人，先存诸己而后存诸人。"（《人间世》）

"故曰，至人无己，神人无功，圣人无名。"（《逍遥游》）

"至人用心若镜，不将不迎，应而不藏，故能胜物而不伤。"（《应帝王》）

"子独不闻夫至人之自行邪？忘其肝胆，遗其耳目，芒然彷徨乎尘垢之外，逍遥乎无事之业，是谓为而不恃，长而不宰。"（《达生》）

"夫至人者，相与交食乎地，而交乐乎天，不以人物利害相撄，不相与为怪，不相与为谋，不相与为事，翛然而往，侗然而来。是谓卫生之经已。"

（《庚桑楚》）

所谓"神人"，出现在《逍遥游》、《天地》篇中。庄子说，神人是用智照物，然即照而亡，是故与形俱灭：如用烛光照物，光熄物也不见了，"上神乘光，与形灭亡，此谓照旷"（《天地》）。庄子认为神人行动神速，逍遥于天地之间，无比快乐，能看到万物复还，四生复命，"致命尽情，天地乐而万事销亡，万物复情，此之谓混冥"（《天地》）。

至于圣人，庄子在《大宗师》、《齐物论》中有许多论述，如圣人之道，能外天下，外物，外生；能朝彻，能见独，能无古今，能入于不死不生。

在《则阳》篇中，也涉及圣人，"故圣人，其穷也使家人忘其贫；其达也，使王公忘爵禄而化卑。其于物也，与之为娱矣；其于人也，乐物之通，而保己焉"。

从以上看出，庄子所谓的真人、至人、神人、圣人实为一人，其举止动作超然脱俗，睡觉不做梦，醒来不忧愁，饮食随便，不求精美，甚至"不食五谷，吸风饮露"（《逍遥游》）。庄子将他们描绘为呼吸十分深沉，不用咽喉，而用脚后跟呼吸；在失望中不以为委屈，于成功中不觉得得意，听任自然；从不筹划商量，"居无思，行无虑，不藏是非善恶"。任世人去褒贬誉非都无动于衷；"至德者，火弗能热，水弗能溺，寒暑弗能寒，禽兽弗能贼"。总之，庄子塑造的"真人"、"至人"、"神人"、"圣人"，其目的是提倡"物我同一"的境界说。

## （二十九） 庄子的"有待"和"无待"如何理解

《庄子》一书讲到"有待"（"此虽免乎行，犹有所待者也"）和"无待"（"若夫乘天地之正，而御六气之辩，以游无穷者，彼且恶乎待哉"）。学术界将"有待"和"无待"看作庄子哲学的一对范畴。

有人认为《庄子》原文中根本没有"无待"一词，虽有"有待"二字也并非哲学范畴，并认为把庄子的"有待"、"无待"当作哲学范畴的不是庄子本人，而是《庄子注》作者郭象。郭象提出"有待"、"无待"的地方很多，比如说:"非风则不得行,斯必有待也,唯无所不乘者无待耳"(《逍遥游注》),"故有待无待,吾所不能齐也……夫无待犹不足以殊有待,况有待者之巨细乎","卒至于无待,而独化之理明矣"(《齐物论注》),"推而极之,则今之有待者卒于无待,而独化之理彰"(《寓言注》)。应该承认,郭象对庄子哲学作了较好的注释和发挥,但是,我们无法否认"有待"和"无待"的概念完全可以从庄子原文中找到,那种认为"有待"、"无待"之说出自郭象注,或认为郭象对庄子思想的理解云云都是站不住脚的。

庄子认为,游气、飞扬的尘埃,都是被风吹着在空中游来游去,高飞九万里的大鹏也同它们一样依赖于风;站在地上的人们看不到天的深处,不能知道天的真正颜色,而高飞的大鹏对地面的东西也是由于限制而看不清。水不深,浮载大船没有力量;风不厚,负载巨大的翅膀就会下落。大鹏高飞九万里,是因为有巨大的风力。庄子说,"大鹏、野马、尘埃"尽管"逍遥游",但都有"所待",即"有待"。因而这种"有待"是受到了限制或借助于别的力量。那么怎样才能"无待"呢?

庄子认为"大鹏"、"野马"、"尘埃"仍算不上"逍遥"。而"真人"、"至人"、"神人"则可以达到"绝对"、"无所待"、"绝对自由"的境界。"无待"就是无所凭借,无所依靠而成为"绝对",庄子所追求的"无所待"的"逍遥游",自然就是绝对自由了。然而,在实际上,他是追求不到什么绝对自由的,于是庄子就去"无何有之乡"寻找归宿了。

庄子幻想的"无待"神人是什么呢? 按他自己的解释就是"若夫乘天地之正,而御六气之辩,以游无穷者,彼且恶乎待哉"。庄子将"御六气之辩,以游无穷"当作主观上追求"无待"的标准,庄子希望驾御六气之上,超于变化之外,"游乎于四海之外",又"游乎尘垢之外"(《齐物论》),这样的无穷就不受空间和时间限制。但事实上,大鹏并不是"自由"的,而且尚须天空界限的"有待"。庄子看到了"有待"的限制,又苦于"无待"的实现困难(因为万事万物都"有所待"),于是,庄子提出忘名、忘功、忘天下,不为世俗所累而逍遥自在;追求无知,认为无知便是知;提倡无欲,忘形骸,"忘其肝胆,遗其耳目,芒然彷徨乎尘垢之外,逍遥乎无事之业"(《达生》);最后是其生死,"物不能伤"、"遗物离人而主于独也"(《田子方》)。这样,"无待"就会自然实现了。

从此出发,庄子势必要将世界看成是虚幻的了。他幻想中达到"无待",也只能最终走向"无己"和"无物",这与佛家的禅宗理论很相近,"菩提本无树,明镜亦非台,本来无一物,何处惹尘埃"(《坛经大正藏》卷四十八)。至此,我们不难理解庄子"无待"理论的实质了。

## （三十） 什么是庄子的"三言"

庄子的"三言"是指:"卮言"、"重言"、"寓言"。

什么叫"卮言",简单地说,"卮言"就是"支言",也就是支离而又诡诞、既不顾真理又强违世俗,完全是耸人听闻的语言。而"重言"则是指重复之意,即援引或摘录或重复前贤和古人的谈话以及言论的语言。"寓言"都是出于虚构、别有寄托的语言,或是禽言兽语,或是离奇的故事,更包括一些素不相及的历史人物那些脱离现实生活的对话等方面的语言。在庄子的书中,上述之言是浑然一体的,有时很难截然分开。

我们认为,"寓言"是《庄子》一书的文章基本形式;"卮言"是其思想学说的具体内容,而"重言"则是借以申明其思想学说的一些往古的佐证。《天下》篇说:"以卮言为曼衍,以重言为真,以寓言为广"。把"卮言"放在第一位,主要是从《庄子》文章的思想内容说起的,但"卮言"、"重言"、"寓言"三者有时又同时并存。例如:《逍遥游》中"北冥有鱼"一章,从整体上来看是属于寓言形式,但其中所援引《齐谐》之言和棘回答殷汤的话,又属于"重言",同时又是"寓言",而"至人无己,神人无功,圣人无名"的这个结论,便是"卮言"了。

《寓言》云:"寓言十九,重言十七,卮言日出,和以天倪"。说明庄子的"三言"又是统一的。庄子主要通过"寓言"的文章形式来表达"卮言"的思想内容,而"重言"又是统一在"寓言"和"卮言"之中。在《庄子》书中,有人做过统计,认为《庄子》全书里,《寓言》的文章形式占着绝大部分比重,用来表达它的"卮言"式的思想内容;而借助于别人的话来佐证自己的见解的"重言",占的比重是比较少的。

"卮言"集中出现较多的是在《内篇》中的《逍遥游》和《齐物论》中,这两篇又可以说是庄子思想的代表作。《逍遥游》是表达庄子的人生哲学思想的主题;《齐物论》是体现庄子的天道观和认识论思想,历来学者研究庄子,都十分重视这两篇。

《逍遥游》中,庄子的"乘天地之正,而御六气之辩,以游无穷"的思想,表现了其"将磅礴万物以为一,世蕲乎乱,孰弊弊焉以天下为事"的理想人生。正是通过"卮言"的形式来表现这一主题,庄子的主要思想、学说内容体现在"卮言"中。并且通过"树之于无何有之乡,广莫之野,彷徨乎无为其侧,逍遥乎寝卧其下"来表现自己那种超脱的理想追求。在《齐物论》中,庄子提出"天钧"或"天倪",表明万物终始相续,轮转不已,人是无法摸索出规律的。人只要停止在"天钧",或"天倪"的境界,把这些彼此、是非等对立现象,都看成浑然一体即"和";或者模棱两可即"两行",一生即可受用不尽。"天倪"或"天均"在庄子这里就成了"循环的天道"了。从这里出发,相对主义理论的一些抹杀真理、不分彼此、不辨是非等思想自然就形成了。从这里也可以看出,庄子在《逍遥游》和《齐物论》两篇中的"卮言"就是其本人的思想。

有人甚至提出应该打破从前所谓内、外、杂等篇目的界限,依据庄子的"三言"的表现形式,来具体分析《庄子》一书,我们姑且不议这种提法是否正确,但这里已经告诉我们,《庄子》的"三言"是我们研究庄子思想所不可忽视的。是否可以这样说,庄子的三言——"寓言"、"重言"、"卮言"表现了《庄子》一书语言特征,同时也将《庄子》一书的哲学思想的基本内容包含在内了。我们以为,答案应该是肯定的。

## （三十一） 如何理解庄子的"至德之世"

庄子继承发展了老子的社会理想观。在老子的小国寡民社会中,老子

心通庄子

151

主张:"小国寡民,使有什伯之器而不用,使民重死而不远徙。虽有舟舆,无所乘之。虽有甲兵,无所陈之。使人复结绳而用之。甘其食,美其服,安其居,乐其俗,邻国相望,鸡犬之声相闻,民至老死不相往来。"(八十章)庄子在这个基础上,进而提出根本不存在任何文明的理想社会,幻想一个无差别、无是非、无贵贱、无界限、无荣辱的世界。这是什么社会呢? 庄子叫它为"至德之世"、"至治之世",也叫作"无何有之乡"。

要实现这个"至德之世",庄子认为必须具备两个条件,第一是一个社会生活的人与鸟兽同居的世界,第二是老子的小国寡民的隐者世界。庄子在阐述"至德之世"的社会时这样认为:"至德之世,真行填填,其视颠颠。当是时也,山无蹊隧,泽无舟梁;万物群生,连属其乡;禽兽成群,草木遂长。是故禽兽可系羁而游,乌鹊之巢可攀援而阚。"(《庄子。马蹄》)这里的"山无蹊隧,泽无舟梁"比老子的"虽有舟舆,无所乘之"更蒙昧,庄子希望在这样一个没有文明的社会里人们过着无忧无虑的生活。

在这样的生活中,庄子提倡不分君子与小人,反对人们参与社会活动。他说:"夫至德之世,同与禽兽居,族与万物并,恶乎知君子小人哉! 同乎无知,其德不离;同乎无欲,是谓素朴;素朴而民性得矣。"在庄子看来,这个社会,应毁弃一切贤能之人,塞住师旷的耳朵,粘住高朱的眼睛,折断工倕的手指,制止曾参、史鱼的行为,封住杨朱、墨翟之口,把一切能工巧匠、贤人智士尽行铲除,人心才能不被扰乱,天下才能进入"至德之世",达到"民愚而朴,少私寡欲"(《庄子。山木》),"端正而不知以为义,相爱而不知以为仁,实而不知以为忠,当而不知以为信,蠢动而相使不以为赐"(《庄子·天地》)。"夫赫肯氏之时,居民不知所为,行不知所之,含哺而熙,鼓腹而游,民能以此矣"(《庄子·马蹄》)。人们无知无欲,与禽兽同居,"含哺而熙,鼓腹而游"。这是庄子希望的境界。

庄子提倡的"至德之世"要摒弃一切代表文明的东西,无论是物质的,或是精神的。他说:抛弃聪明智巧,大盗才能休止;毁弃珠玉,小盗就没有了;焚烧符印,人民就纯朴了;击破斗秤,人民就不争了;毁尽圣智法制,人民才可参与议论。搅乱六律,销毁竽琴,抛弃规矩……隐匿技巧……摈弃仁义,天下人的德行才能达到玄妙齐同的境地。人们都藏明慧,天下就不会迷乱;人们都收聪敏,天下就没有忧患;人们都无智巧,天下就不会眩惑了;人们都聚德行,天下就不会邪僻了。(《庄子·胠箧》)

可以看出,庄子对原始社会加以美化了,远古的史前社会在庄子看来就是一种崭新的理想构图。那里一切物质文明、道德规范、科学思想、生产工具、交通设施都不复存在,没有社会活动,没有生产劳动,没有商品流通,没有道德约束,以至于文化、圣人等一切都不存在。庄子把人类的自然性同社会物质文明对立起来,这样"人含其明,则天下不铄矣;人含其聪,则天下不累矣;人含其知,则天下不惑矣,人含其德,则天下不避矣"(《庄子·胠箧》),从而走向老子的"小国寡民"社会。这个"小国寡民"的社会也就是盛德的时代。庄子说,从前容成氏、大庭氏、伯皇氏、中央氏、栗陆氏、骊畜氏、轩辕氏、赫胥氏、尊卢氏、祝融氏、伏羲氏、神农氏,在他们那个时代,人民结绳来记事,有甜美的饮食,美丽的衣服,欢乐的习俗,安适的住所,邻国之间可以互相看得见,鸡鸣狗吠的声音也互相听得见,可人民从生到死终不往来,像这样的时代,就是真正的太平之世,也就是"至德之世"了。庄子的结论是:"若此之时,则至治已"。这里不难看出庄子"至德之世"的社会实质了。

## (三十二) 怎样理解庄子的"逍遥"

《逍遥游》是《庄子》一书重要的篇章,它重点论述了人与自然的关系,阐明庄子对人类与自然关系的普遍看法,是世界观,实质讲的是认识论。《逍遥游》集中反映了庄子的人生观思想。

《逍遥游》是一篇艺术趣味浓厚、寓意深刻的哲理文章,庄子以其饱满的激情,浓墨重彩,反复描写大鹏,"鹏之背,不知其几千里也;怒而飞,其翼若垂天之云","鹏之徙于南冥也,水击三千里,抟扶摇而上者九万里"。这大鹏飞往南海,"南冥(海)者,天池也",而它"海运则将徙于南冥",形体硕大无比,振奋双翼,同自然搏斗,激起浪花三千里。大鹏那"其远而无所至极"的高远境界,何等气魄。这样的形象体现了庄子力图摆脱精神桎梏,追求自由和对未来的向往,而这种志向又是蜩和学鸠所不能理解的。庄子轻蔑地点出"小知不及大知"也,燕雀安知鸿鹄之志。大鹏是庄子理想的化身,他的逍遥是借大鹏来映衬自己对最高最美智慧的探求。

庄子以《逍遥》为篇名,这"逍遥"一词,并非出自庄子,《诗·郑风·清人》有"河上乎翱翔"、"河上乎逍遥";在《楚辞》中也屡屡可见,如《离骚》"聊逍遥以相羊",《九辩》"超逍遥兮今焉薄"。《庄子》中的"逍遥"之意与上述没有什么区别,只是庄子《逍遥游》借此同义,首先得出了一个理论问题:在自然界和人类社会生活中,有没有一种独立的,无须任何凭借的,不受条件限制的"逍遥"呢? 庄子的回答是否定的,他用生动形象的比喻,论证了任何"逍遥"(大至鹏鸟,小到飞尘)都是有所凭借的。从而庄子论证了一切逍遥都是"有待"的,这是具有普遍意义的理论之证,也是他以理论形式对现实世界的普遍联系的认识和掌握。庄子提出的这个认识,是具有相当深刻性的思想的。人的认识固然受客观环境的影响,但更为主要的限制却来自主观世界,它妨碍人们去获得"大知"、"真知",影响人们得到完善的智慧、真理性的知识,提倡摆脱主观的自我束缚,这是庄子的奋斗目标。

诚然,庄子也提到"无待"的"逍遥",但《逍遥游》中这种"无待"是想象力在努力达到最伟大的东西追迹着理性,是"有待"的"逍遥"的一种幻想。而庄子既然在理论上论证了一切"逍遥"都是"有待"的,从野马、尘埃、斑鸠、鷇雀到扶摇万里的大鹏,从"智效一官"之士到"御风而行"的列子皆"有所待",而没有绝对的自由,这就意味着他承认那种"无待"的"逍遥",只是他驰骋的一种幻想,而不是实体;是理想境界,而不是现实的人生。

应该承认,"无待"就是无所对待,无所依赖,摆脱客观条件的束缚,这表现了庄子对超现实人生自由的追求。但是,这种"无待"是一种理想境界,任何事物最终仍然"有待",受客观条件的制约,这里反映了庄子对现实世界人与物、物与物相互联系的认识。《逍遥游》的主题思想就是通过

传记读库

"有待"和"无待"来表达的。

庄子生活在战国时代,社会经济、政治结构都在发生重大的变化,封建地主土地所有制已经取代了领主制的形态;封建专制的政治结构正在孕育和形成中,这种正在形成中的封建专制主义制度,是历史发展的产物。但是,作为一种剥削制度,它还在雏形期:君主的专权独任,赋税徭役的繁重,严刑酷法的实施,兼并战争的剧烈等社会现象是与它的历史进步性俱来共生的。庄子的《逍遥游》,正是在理性认识的基础上,提出的一种关于自由人生的浪漫主义的理想和幻想。

## （三十三） 什么是庄子的"莫为"和"或使"说

"莫为"说和"或使"说是相互对立的。最早的记载见于《庄子·则阳》篇:"少知曰:季真之莫为,接子之或使,二家之议,孰正于其情,孰偏于其理? 大公调曰:……或使之,莫之为,未免于物,而终以为过。或使则实,莫为则虚。有名有实,是物之居;无名无实,在物之虚。……或之使,莫之为,疑之所假。……或使莫为,言之本也,与物终始,道不可有,有不可无。道之为名,所假而行。或使莫为,在物一曲,夫胡为于大方?"

季真的"莫为"说,接子的"或使"说,庄子都不同意。接子的"或使"说,近似于老子和稷下道家提倡的以道为生天生地的说法、神鬼神帝的主张及《管子·白心》篇中"天或维之,地或载之……夫或维而载之也夫"的提法。王船山认为"或使"说非常"陋",因为和上帝创世说有些相近。季真的"莫为"说有人认为与郭象的"独化"说相近,并提出郭象的"独化"说是一种典型的"莫为"说,这种看法失之偏颇。其实,"或使"说主张天地万物及阴阳四时的变化都有主宰者;"莫为"说则与上述相反,认为天地万物及阴阳四时的变化都无主宰者。

庄子在《则阳》篇中讨论"莫为"、"或使"的问题,他通过少知提出问题:季真主张"莫为",认为没有一个主宰者决定事物的状态;接子主张"或使",认为可能有一个主宰者决定事物的状态,两者究竟谁对? 大公调回答一句说"或使则实，莫为则虚"，庄子借大公调之笔抒己之意："或之使，莫之为，未免于物而终以为过。"即认为"或使"和"莫为"这两个提法本身就不对，因为它们还是把道当作拟人化的最高的主宰者来理解。物要么是感性存在，要么是不存在，于是道也要么是感性存在，要么不存在，这就是"道不可有，有不可无。道之为名，所假而行"。任继愈先生认为：庄子在这里已经朦胧地看到了道是共相，是一般。它不像具体事物那样的可感触地存在着，但它也不是等于零的虚无，在这个意义上可以说它不可有，又不可无，而"道"是借用来说明这个共相或一般。庄子上述的一段话是老老实实在探讨作为天地万物的共相、一般、本质、规律的"道"的特点。

庄子提出"莫为"和"或使"这两种观点，对后世的大道观影响很大。

汉儒董仲舒讲天人感应，把天意看作是最终动力，以为自然界的万事万物都是大有意识安排的结果，这显然是一种"或使"说，万物的变化"其实非自然，有使之然者矣"（《春秋繁露·同类动物》）。董仲舒的"或使"说实际上是一种神学目的论的"或使"说。

《淮南子》也讲"或使"说，因而可以说《淮南子》与《管子》很相似，它也把变化的原因归结为外部力量，即"化生于外，非生于内也"（《泰族训》）。但《淮南子》这种"或使"说是反对神学目的论的。

王充用唯物主义的"莫为"说反对神学目的论的"或使"说，"自然之道，非或为之也"（《论衡·自然》）。又认为"夫天道自然也，无为；如遣告人，是有为，非自然也"（《论衡·遣告》）。这些话都否认了在自然之外还有一个推动力，特别是否认了天意能够造成自然界的变化。在王充看来；天无非就是"气也"，是"恬淡无欲。无为无事者也"（《论衡·自然》）。王充还据此对神学目的论的"或使"说作了尖锐的批驳："儒者论曰：天地故生人，此妄言也。"王充指出，人的产生，不过是天地合气的自然结果（《论衡·物势》），表现出他十分鲜明的"莫为"说的唯物主义观点。

以上我们可以看出，"或使"说是主张外力说，但其中又有有神论与无神论之分，"莫为"说则反对外力说，具有唯物主义的倾向。

传记读库

# （三十四） 庄子关于"无名"、"无功"、"无己"的含义是什么

"至人无己,神人无功,圣人无名",这是庄子一再强调的人生理想和追求无待逍遥的途径。

那么"无己"、"无功"、"无名"的含义怎样呢?

所谓"无己",简单而言就是没有自己。庄子认为,要摆脱客观对主观的束缚,达到无待,必须要无己。有人用《齐物论》的"丧我"、《大宗师》的"坐忘"来解释"无己",比较切合原意。在庄子看来,人和万物都是待道而生,"道与之貌,天与之形";形体只是道的寓所或者说只具有偶像的意义。

人如果拘于形骸,必然就会受外物的束缚。这就是"堕肢体"、"高形"的道理。所谓"离形",不是不要形体,庄子主要是提倡忘掉形体,这就叫作既于形又离于形。他提出来要"黜聪明"、"去知",无非是希望丧失自我意识,一个人只有忘掉外界事物时才表明他已忘掉了自己。尧之"丧其天下",标志着他进入到忘掉自己的"无己"境界。所以,《天地》篇说:"忘乎物,忘乎天,其名为忘己,忘己之人是之谓入于无。"

所谓"无功",也就是庄子所讲的"神人无功",即神人不求功利。他说:"孰敝敝焉以天下为事","孰肯以物为事?"这里蕴含着"神人无功"的思想。但庄子更强调的是神人不是绝对"无功",不是与世无涉、无功,而是神人的作用在助成万物生长,使万物在道的运行中发展。这种无功又表现为有功,但有功又蕴藏在无功中,《则阳》说:"道不私,故无名,无名故无为,无为而无不为。""无为",是说道对万物的作用没有任何具体表现方式;"无不为"是说道的作用是普遍的、真实的。"无不为"是通过"无为"来体现的,引申而推之,我们看到了庄子所提倡的"无功",也就是神人作用的非具体性,这种非具体性又在实施中走向了"有功"的真实性。神人的作用是"无功"而无不功。

所谓"无名",即不求虚名,但庄子的"无名"之意远不在此。庄子认为:无名就是本不可名,因为"名者,实之宾也","名"与"实"是相对的概

念,是人、事、物、理的称谓,"圣人无名"是至德之人不可给以任何具体的称谓,这里不能理解为圣人不讲求虚名。这种"无名"与老子提倡的"名可名,非常名"的思想是一致的。"尧让天下于许由"是通过"圣人无名"的思想阐发的。许由拒绝了尧让天下,并说:"吾将为名乎?"这句话表面上来看是不求虚名,这里其实不是庄子思想的本意,庄子认为,许由并不是求平治天下的实绩,也不是求虚名,既不求名,也不求实,表明圣人无所求之。我们再看许由的补充:"予无所用天下为"! 这样就很清楚"吾将为名乎"的原意了。

《知北游》有一段说:"道不可闻,闻而非也;道不可见,见而非也;道不可言,言而非也;知形形之不形乎? 道不当名。"这里我们可以进一步理解"圣人无名"思想,从而全面把握庄子的"无名"之含义。庄子认为,道是无形的,不可认识,因而"道不当名"。同样,体道的圣人也不可给予具体的称谓和说明,因为任何"名"都不足以表现"圣人"的伟大,故"圣人无名"。在庄子看来,圣人是"名","无名"也是"名","无名"本不可名,所以"圣人无名",有圣人之"名",是勉强名之。庄子认为,既无名又有名,这两者是统一的。

总之,"圣人无名"、"神人无功"、"至人无己",这些都是庄子所希望要达到的主观境界。如就方法论而言之,"无名"是有名而不自以为有名;"无功"是有功而不自以为有功;"无己"是有己而不自以为"有己",这三者又统一于"忘",最后是物我两忘,走向无待逍遥了。

# (三十五) 何谓"心斋"

在庄子哲学中,"道"无疑是一个核心范畴。然而,"道"到底是什么,庄子也没有说,并且认为,"道"不可言,不可名,不可学,"不可致"(《知北游》)。按照庄子的看法,"道"是超经验的,是只可意会不可言传的神秘主宰。那么怎样才能获得道的真谛呢? 庄子认为只能靠之心灵体悟,即通过"心斋"、"坐忘"的方法"知"体道的本质。其中"心斋"是体会道的门径。

《庄子·人间世》云:"回曰:'敢问心斋?'仲尼曰:'一若志。无听之以耳,而听之以心;无听之以心,而听之以气。听止于耳,心止于符。气也者,虚而待物者也。唯道集虚。虚也者,心斋也。'颜回曰:'回之未始得使,实有回也;得使之也,未始有回也。可谓虚乎?'夫子曰:'尽矣'。"这一段文字,非常明确地论述了"心斋"的实质以及具体的修炼方法。所谓"心斋"是主体内省的功夫,是一种摒除情欲、保持虚静的精神状态。实质是突出一个"虚"字,虚即"徇耳目内通,而外于心知"(《人间世》)。虚静是万物之本和道德之至,是识道的必由之路。具体就要求心态专一,不是用耳朵去听而用心去体会;由此进步到不用心去体会而用气去感应。耳的作用止于聆听外物,心的作用止于感应现象。气乃是空明而能容纳外物的。只要能达到空明的心境,就领悟到了心斋的意义。

"心斋"法也是实现庄子人生哲学、人格理想的重要途径。庄子追求物我同一、物我两忘、物我和谐,主张"天地与我并生,而万物与我为一"(《齐物论》),反对儒家"人贵物贱"之说。纵观《庄子》,可以看出,庄子是通过两条紧密关联的途径展开对物我同一论的分析的,其一就是以心斋和坐忘为手段的路径,"心斋"是实现泯灭主、客体之间差异性的准备阶段。庄子把实现个体人格独立与精神绝对自由作为人生的最高理想,《逍遥游》中众多纯洁超脱的形象,正是庄子追求的人格理想的象征。要实现"无待"逍遥的人生理想,必然要有个循序渐进的修养方法,这就是"心斋"和"坐忘",而且首先是从"心斋"做起。

由此可见,"心斋"之法在庄子哲学中具有重要地位,是我们理解庄子哲学乃至道家文化的一把钥匙。当然,由于不懂,或由于神秘性,这种心斋法被埋没了二千多年,几乎灭绝。今天的学者挖掘得还很不够,何为"听之以心"、"无听之以心,而听之以气"等,还无法正确解释,有待进一步探讨研究。

# （三十六） 何谓"坐忘"

如果说"心斋"是修养心性的开始，那么"坐忘"则是"心养"的继续和发展，它既是一种方法，也是修养过程中的最高境界。

关于"坐忘"的含义，《大宗师》中这么说："颜回曰。'回益矣。'仲尼曰：'何谓也?'曰：'回忘仁义矣。'曰：'可矣，犹未也。'他日复见，曰'回益矣。'曰：'何谓也?'曰：'回忘礼乐矣。'曰：'可矣，犹未也。'他日复见，曰：'回益矣。"曰：'何谓也'。曰：'回坐忘矣。'仲尼蹴然曰：'何谓坐忘?'颜回曰：'堕肢体，黜聪明，离形去知，同于大通，此谓坐忘。'仲尼曰：'同则无好也，化则无常也。而果其贤乎？丘也请从而后也。'""坐忘"是一种彻底忘却一切，包括自己的肉体和生命，身心完全与道合一的精神境界。庄子通过颜回向孔子讲述自己的故事，说明了这一境界。据此可见，坐忘的修养过程是一个由外而内，层层深入，层层递进的过程，如颜回先是忘了仁义，接着又忘了礼乐，最终达到"坐忘"的高度。它大略可分为三个互为关联的环节：一是忘物。庄子并没有彻底抛弃"物"，否定"外物"，他承认事物各有所用，肯定人的生命需要一定量的物质作保证，但他也知道，非分的物质欲望，淫逸的感官享受，会诱导人们无节制地追求，终于为物所伤。所以，他要求人们以空灵的心态审视万物，淡泊物质世界，以致忘却物的存在，这样才可以"不以物挫志"（《天地》），"不以物害己"（《秋水》）。二是"无己"。忘物还不能做到心灵澄澈，必须"无己"。"无己"是坐忘的深化和发展，即"堕肢体，黜聪明，离形去知"。这里的"堕肢体，黜聪明，离形去知"，当然不能机械理解为毁坏人的形体，消灭人的知觉，而是要求人们在精神上超越现实中的物质欲望。"离形"就是忘形忘利，"言人之不以好恶内伤其身，常因自然而不益生也"（《德充符》）。"去知"即是忘心忘知，超脱世俗是非善恶的困扰，等同万物，保持虚静。《齐物论》中的"吾丧我"就是一种"忘己"、"无己"的精神追求，"我"是指现实中物质存在的自己，带有自然本性被扭曲的偏狭，是假我。而"丧我"便是抛弃现实中的假我，唤醒复归本我,真我。三是物我两忘,天人合一。忘己、无己已经是很高境界,但仍然要进一步修炼发展,达到坐忘的最高层次——物我两忘。庄子《大宗师》云:"参(三)日而后能外天下"、"七日而后能外物"、"九日而后能外生"、"而后能朝彻"、"而后能见独"、"而后能无古今"、"而后能入于不死不生"。这就清楚地表达了体察道的基本程序和步骤。"三日"、"七日"能"外天下"、"外物"相当于前面的"忘物",是修行的开始;"外生"、"朝彻",就相当于"无己""忘己",是修行的中期;"见独"、"无古今"、"不生不死"就相当于物我两忘、天人合一,这是坐忘的最高境界。当然,对于体道的阶段性规定和描述,或许是庄子为了方便人们学习掌握。其实,忘物、忘己、物我两忘是前后相连、浑然统一、不可分割的。

坐忘不仅是庄子体悟道的必然方法,也是其实现人生理想的重要手段。身的解脱和心的寄托;对世俗社会的精神超越;追求绝对的人格独立;返归原始状态的"至德之世",齐万物等是非的哲学理想的实现,都是通过"坐忘"的方法而取得的。

总之,"心斋"、"坐忘"是庄子悟道的唯一途径,也是我们揭示庄子哲学乃至道家文化本质的关键所在,又为我们尊奉道教,修炼道家功法,提供了方法论的指导作用。

# (三十七) 什么是庄子的相对主义

庄子的相对主义思想集中表现在他的《齐物论》一篇中。他的相对主义是从事物的绝对运动揭示其相对性、不稳定性的。他认为,任何事物都包括有无、大小、然否、美丑、善恶等种种矛盾,人们在发现一方的同时,又可以发现与之对立的另一方,这样,每个事物既可说有,也可说无;既可说大,也可说小。他提出了一个"齐是非"的观点,来否定人类认识的正确性。庄子的相对主义观点几乎成了《庄子》一书的特点,他从此出发,来追求精神自由。因此,把握庄子的相对主义思想也是理解庄子思想的关键。下面我们主要分几个方面阐述:

第一,否认判断认识的标准。

《齐物论》中有这段文字,"且吾尝试问乎女:民湿寝则腰疾偏死,鳅然乎哉? 木处则惴慄恂惧,猨猴然乎哉? 三者孰知正处? 民食刍豢,麋鹿食荐,蝍且甘带,鸱鸦耆鼠,四者熟知正味? ……毛嫱丽姬,人之所美也,鱼见之深入,鸟见之高飞,麋鹿见之决骤。四者熟知天下之正色哉?"这里庄子通过人与动物各自在居处、饮食、审美几个方面不同,进而否定判别认识正确与否的客观标准,提出每一个认识者都有自己的标准,正因为这样,谁也无法知道真正的标准在哪里,"自我观之,仁义之端,是非之涂,樊然淆乱,吾恶能知其辨"。从这里出发,庄子主张无是非,他说:"然"和"不然"是没有差别的,是非仅仅是人发出的一个声音,声音不同并不意味着本质不同。庄子通过这样的观点来达到泯除是非,忘却生死,游于无穷。

第二,否认真理的标准。

对于真理的标准,庄子认为是不存在,这是庄子相对主义的基本特征。他从一切对象的自身及其关系中来揭示矛盾,指出这些对象是相对的,不稳定的,从而在思想上否定、瓦解这些对象,通过感性认识对象中的矛盾来否定它们的实在性,以致否定真理的存在。

庄子通过彼此矛盾加以引申,指出认识主体之间的差距不能对真理的标准做出仲裁:"即使我与若辩矣,若胜我,我不若胜,若果是也,我果非也邪? 我胜若,若不吾胜,我果是也,而果非也邪? 其或是也,其或非也邪? 其俱是也,其俱非也邪? 我与若不能相知也,则人固受其黮暗。吾谁使正之? 使同乎若者正之? 既与若同矣,恶能正之? 使同乎我者正之? 既同乎我矣,恶能正之? 使异乎我与若者正之? 既异乎我与若矣,恶能正之!"(《齐物论》)庄子通过人们在争辩中显示出矛盾来否定真理,两个人争辩不能决定是非,第三者的观点或是同于一方,或是异于双方,也不能决定是非,做出仲裁。从而真理的标准是无法把握的,任何偏见都把握不了真理的标准。这样,庄子必然要陷入一个理论上的困难,一定要说"无是非"的观点正确,"有是非"的观点错误,那就要以"无是非"为"是",以"有是非"为非,这样就必然与"无是非"的观点自相矛盾。为此,庄子提出"两行"的观点，"两行"是"不遣是非，以与世俗处"，"圣人和之以是非，而体乎天钧，是之谓两行"（《齐物论》）。于是庄子就提倡超然物外、无所不适的人生标准了。

第三，夸大认识的主观性。

庄子对认识中的矛盾任意夸大，他说："物固有所然，物固有所可。无物不然，无物不可。故为是举莛与楹，厉与西施，恢诡谲怪，道通为一。其分也，成也，其成也，毁也。凡物无成与毁，复通为一。"（《齐物论》）庄子认为从事物发展说来，分化中包含着完成，完成中包含着毁灭，因此成毁一样。"以道观之，物无贵贱；以物观之，自贵而相贱"，事物的贵贱是不存在的，只是人们看问题的角度不一样。从小的矛盾去看，万物皆小，从大的角度去看，万物皆大。泰山与秋毫比，自然是大的，长寿的彭祖比夭折的孩子无疑是长寿，但与千年古树比又是短寿的了，"天下莫大于秋毫之末，而泰山为小；莫寿于殇子，而彭祖为夭"（《齐物论》）。这里庄子将认识中主观性过分夸大，从而走向了相对主义。

# （三十八） 庄子相对主义的积极意义是什么

庄子的相对主义历来受到学者的批判，近年来，学术界开始认真评价庄子的相对主义思想，贬褒不一，但这一评价的本身无疑是给庄子的相对主义思想作了重新定位。

有人认为庄子的相对主义的失误，并不是像一般论者所言的那般贫乏，其包含的深刻思想往往被人忽视了。庄子的错误，在于没有发展的观点，没有看到相对真理与绝对真理的关系。不知道在时间的进展上，后一阶段的相对真理，要比前一阶段的相对真理，更接近于绝对真理。庄子的相对主义在哲学上是个很大的进步，因为常人的真理观总是绝对的，越是僻居一隅的人，越认为自己和周围的一切名物标准是普遍的、绝对的。人们接触到相当大的范围后，就能逐渐接受相对的看法。所以，在人类认识史上，相对主义的提出，是发现辩证法的一个关键，是一大进步，而庄子正是这前进途中的第一个号手。

我们认为，庄子的相对主义认识论，不仅有力地抨击了当时维护封建宗法制度的儒、墨独断论，而且，在秦汉以后漫长的中国封建专制社会中，始终不失为进步的思想家反对形形色色的独断论和批判传统思想的有力武器。嵇康在认识是非的标准上反对"立六经以为准"（《嵇康集·难自然好学论》），李贽主张"不以孔丘是非为是非"（《藏书·世纪列传总目录论》），在一定的意义上，都是庄子相对主义思想的引申。另外，庄子在反对独断论真理观时，虽然没有对认识的标准做出正确的回答。但是，庄子关于认识自身不能证明自身正确与否的思想；却在中国古代认识史上留下了一个令人深思的问号。那么，怎样去检验认识的标准呢？庄子没有正面回答，事实上，我们也不能苛求庄子这位二千年前的思想家做出科学的回答。但庄子否定了认识本身去检验认识的可靠性、正确性，这一思想无疑是闪烁着智慧的光芒。应该承认，庄子的相对主义这一思想对后来的"知行之辩"的关系之说开了先河。

我们还应该看到，庄子在运用相对主义的理论揭露独断论的错误时，对于认识的复杂性阐述是老子以及庄子同时代的思想家所不能比的。王夫之说："庄子之说皆可因此通君子之道。"（《庄子通·序》）王夫之认为庄子的相对主义指出了独断论的弊端在于"师心"的认识，在认识上进一步地提出了"师心不如师古，师古不如师天，师天不如师物"（《庄子通·人间世》）。王夫之还提出了庄子的"虚心"可以扩大、纠正为"以中裁外，外乃不淫；虚中受外，外乃不窒"（《庄子通·天运》）的主客体不能相离的辩证关系。我们这里姑且不谈王夫之的扩大、纠正之正确与否，但庄子的相对主义思想诚然包含着主客体之间的关系，庄子看到这个问题，这一点应该值得今人肯定。


## （三十九）　怎样理解庄子的无为思想


无为是道家思想的特点。老子的无为是从天道自然的角度来认识的，强调自然无为,从而达到无为而无不为。庄子的无为则基本上是逃脱现实、追求自由的无所作为。

庄子反对"藏仁以要人"的礼治,在《应帝王》中,他反对"君人者以己出经式法度"的法治,提倡"于世无与亲,雕琢复朴,块然独以其形立","游心于淡,合气于漠,顺物自然,而无容私焉,而天下治矣"的思想。庄子认为:"无为名尸,无为谋府,无为事任,无为知主。体尽无穷,而游无朕,尽其所受于天,而无见得,亦虚而已。至人之用心若镜:不将不迎,应而不藏,故能胜物而不伤。"这里,庄子对"无为"作了很透切地分析,"无为"承担所有的名声,它是智谋的蕴藏地,是一切工作的担任者,又是任何智慧的主宰者,与无穷的事物完全浑然一体。不难看出,庄子的无为思想是对老子"为者败之,执者失之"无为思想的进一步发挥。

当然,庄子的无为是一种消极的思想,他所谓的无为包含有逍遥无为、无为无情的自我陶醉心态。无为,在庄子看来,也并不是每一个人都能轻而易举地做到,老子强调的无为是圣人的无为,而庄子讲的主要是至人的无为,一般人是无法做到无为的。如果普天下人都真的实行起无为,那么人类就回到穴居野处的时代,天下就没有治的必要。所以,实现无为,这又成了至人(或真人、神人)的责任了。

对于无为思想,庄子认为:"古之畜天下者,无欲而天下足,无为而万物化,渊静而百姓定。"(《天地》)治天下,以无为治之,则万物无不化,百姓无不定。"无为也,则天下而有余;有为也,则为天下用而不足。故古之人贵夫无为也"(《天道》)。这里,庄子将无为视为最理想的治天下之原则。

这种"无为"怎样才能做到呢? 庄子在《逍遥游》"尧让天下于许由"一节中说得很清楚:"鹪鹩巢于深林,不过一枝;偃鼠饮河,不过满腹。归休乎君,予无所用天下为。庖人虽不治庖,尸祝不越樽俎而代之矣。"

庄子在这里强调的是,人生在世追求一种自足,我们姑且撇开庄子那种自满自得情绪不谈,仅就那种"无名"、"无己"、"无功"的无为思想来看,庄子的"无为"仍不乏消极的成分。许由不愿接受尧所让的天子之位,是因为如"鹪鹩巢于深林,不过一枝;偃鼠饮河,不过满腹"。按庄子的解释是,只有听任处之,安然自处的无为才最理想。

庄子的无为思想固然消极,但是,庄子提倡无为的本身并不仅仅是在自我超脱,尽管他事实上提倡的是一种逃避现实,追求自由的无所作为。还应该看到庄子实质上在奉劝君主少做一点坏事,是以消极的态度与统治者对抗的,我们从庄子一系列与统治者不合作的政治态度可以看到这一点。

最后还要补充一点,那就是老、庄无为思想的重要区别,即:老子的无为是入世的,而庄子的无为是出世的。

## (四十) 怎样理解庄子的无君论思想

庄子的无君论思想,大致表现在对君主暴行的抨击与揭露,对儒家仁义说教的嘲弄,不满世俗的隐居思想,对"至德之世"理想蓝图的构思,追求精神自由的超脱意识等。他的无君论思想在中国思想史上写下了崭新的一页。

庄子的无君论思想表现了人民性,充满了强烈的要求平等、自由,恢复人的自然本性的精神。庄子的无君论思想突出表现为以下几个特征:

第一,对君主贪婪的本质进行揭露。

庄子在这方面论述较多,比如在《人间世》中,借颜回之口描绘卫庄公"其年壮,其行独,轻用其国,而不见其过;轻用其民死,死者以国量泽若蕉,民其无如矣"。这里不仅表现了卫君的凶残,也勾画出了一幅人间悲惨画卷。在对卫庄公的评价中,他提出:"有人于此,其德天杀,与之为无方,则危吾国;为之为有方,则危吾身。其知适足以知人之过,而不知其所以过。"(《人间世》)这里又暗示了一切天性杀人暴君的共同本质。庄子认为:小民的作伪、欺诈、盗窃都是由统治者逼出来的,"盗窃之行,于谁责可乎"(《则阳》)?真正的窃国者是君主、诸侯。而对于君主的暴行给人们带给的惨景,庄子进行了无情的揭露,认为君主从来就是贪得无厌,欲壑难填,只要利益所在,杀鸡取卵,敲骨取髓也是司空见惯。这些都是庄子从心灵深处发出的控诉。

第二，庄子的清高、超脱的追求。

庄子对于楚威王重金聘相一事，表示出极大的轻蔑："宁游戏于污渎之中以自快，无为有国者所羁，终身不仕。"他提倡不与统治者合作，视王侯卿相如粪土，"君人者以己出经式义度……是欺德也。其于治天下，犹涉海凿河，而使蚊负山也"。并且对于佞媚君主、图取富贵荣华的鄙俗之士加以无情鞭挞。庄子不追求世俗的一切，坚持遗世独行、高尚其志的态度，他看到了现世的浊恶，追求精神上的超脱，这种态度的本身就是对现实的一种揭露。诚然，庄子这种清高难免带有回避、逃遁生活之嫌，但正是由于他看到了黑暗的现实才感到个人力量的渺小，无力摆脱，于是走向了精神上的超脱，这种对现实的批判是消极的。

第三，"至德之世"的康乐蓝图的构想。

庄子对现实不满，希望人民回到"至德之世"的社会中，男耕女织，自由自在，不偏不党，无知无欲，生活简朴，自得其乐。在这个世界中，没有君子和小人之分，更无君臣上下之别，这些观点散见于《马蹄》、《胠箧》、《盗跖》等篇中。庄子认为：只有无君的社会才是理想的社会。由于在庄子所处的社会现实中，无穷的灾难伴随着连年的战争接踵而至，因而，在现实条件下，如何全生免害就成了一个迫切需要解决的问题，也就是设想一个躲避君主迫害的方法，"至德之世"的社会是庄子设想的一个没有压迫、没有暴君、更没有贫穷的世界。我们认为，庄子提出这个"至德之世"，诚然又带有复古的思想旧痕。但是，庄子是一个饱经仕途坎坷，历尽人生患难，对社会有深刻观察，对统治者的凶残本质有清醒认识的思想家，他在当时的社会、对无君论的这种异端思想，除了用寓言的形式表述，别无良策。而对于君主社会的残暴，庄子希望提醒人们透过"至德之世"的构图来认清现实，不失为一种无君论思想的深刻表现。

从以上几点，我们可以看出庄子是我国古代反对君主专制的思想先驱。

# （四十一） 庄子的人学思想是什么

人是生存于一定自然与社会条件下的特殊生物,人在宇宙中的地位问题是一切人生哲学必须讨论的首要问题。庄子认为:"吾生于天地之间,犹小石小木之在大山也。"(《秋水》)生,为"天地之委和";身,为"天地之委形";性命,为"天地之委顺";子孙,为"天地之委蜕";死,为"气散"(《知北游》)。作为类的存在物,人不过是宇宙万物中的一种,犹如马体之一毫末,不论是作为个体的人,还是作为群体的类,人都是大自然的有机组成部分,因此,都不能不受自然普遍性的外在或内在条件的制约。自然普遍性的这些制约,不仅使人显得十分地渺小,而且"人之生也,与忧俱生"(《至乐》)。庄子认为,人生旅程充满了痛苦,人一旦禀受形体,不参与变化而等待形体耗尽,和外物接触便互相摩擦,驰骋追逐之中而不能止步,这不是很可悲的吗? 终日劳作不见什么成效,疲惫不堪又不为了什么,这不是很可哀吗? 这样的人生虽然不死,又有什么意思呢?

然而,对于现实的人来说,更为沉重且无法摆脱的痛苦还是来自社会本身。社会生活之中的纷争与倾轧,弱肉强食,更成为人陷入苦痛境地的现实基础。庄子生动地揭示了人们陷溺于现实斗争而不能自拔的状况:"大知闲闲,小知间间,大言炎炎,小言詹詹,其寐也魂交,其觉也形开,与接为构,日以心斗……其溺之所为之,不可使复之也。"(《齐物论》)人人的希望与目的,都会被社会的争斗所淹没,碾碎。"终身役役而不见其成功,苶然疲役而不知其所归,可不哀邪"(《齐物论》)!

在庄子看来,命是来自道与天的决定作用,道与天决定着人生的一切。"受命于地,唯松柏独也正,在冬夏青青;受命于天,唯尧舜独也正,在万物之首。幸能正生,以正众生"(《德充符》)。大自然的一切对人类来说都是无可奈何的,故称之为命。人在这种命的支配下,谈不上能动的作用,就连孔子求学好名,也被庄子认作是天地对孔子的惩罚,无法予以解脱。庄子的看法是:必然性之网实难以逃脱。人的形体也受必然性之制约,"道与之貌,天与之形"(《德充符》)。自然的必然性还决定了人之贫贱:"父母岂欲吾贫贱,天无私覆,地无私载,天地岂私贫我哉? 求其为之者而不得也。然而至此极者,命也夫!"(《大宗师》)命成为庄子表达必然性思想的主要概念,一切不知原因之必然性,都只好归结为命。

庄子对于社会的一方面是财富、享受、欲望的高度膨胀;另一方面是暴力、欺诈、阴险的急剧增长,均有深刻的认识和透彻的理解。他看到了礼教仁义面纱背后的丑恶,看到了社会纷争中的种种虚伪与残暴。睹此现象,庄子凭着知识分子的敏感与天良,深刻地意识到:人被物吞噬了,真被假践踏了,自然与人生之本的天道被颠倒黑白的仁义取代了。他认为:人性的迷茫,正在于人生囿于痛苦忧患之中,"常性"之所以被扭曲,是由于名实相悖的"机心"、"仁义"在作祟变怪。庄子无力于现实世界中武器的批判,便从反对先王开始,举起了观念世界中批判的武器:"大乱之本,必生于尧舜之间,其未存乎千世之后,千世之后,其必有人与人相食者也。"(《庚桑楚》)"世俗之所谓知者,有不为大盗积者乎? 所谓圣者,有不为大盗守者乎?""圣人不死,大盗不止。""绝圣弃智,大盗乃止。"(《胠箧》)

庄子反对人为物役的社会现象,于是他提出了身的解脱与心的希冀,而达至"夫形全精复,与天为一"(《达生》)的境界。在庄子看来,天与人本来是一体的,人不能离开自然而生存,只有在自然的生化变迁中,才能有人的生息繁衍;而人只要顺应自然与要求,便能在自然中求得自由,"不以心捐道,不以人助天,是之谓真人"(《大宗师》)。"无以人灭天,无以故灭命"(《秋水》),放弃了人为,顺应自然,按自然的原则去生活,便会有自由的精神。

庄子基于现实的社会环境而反思历史,透过人生的幻象而执着本根,对人生苦难、现实的忧息超越的追求与精神的自由做出了独具的探究,形成了一整套依托于天道本体而悠游于社会现实的人生哲学。诚然,庄子在很大程度上对现实社会处以消极的态度,他将人对必然性的认识视为不可能的,在必然性的制约面前显得束手无策,对社会的黑暗面的揭示又恰恰增添了他的生命苦痛和对人的忧患意识。

# （四十二） 庄子是如何看待生命的

庄子认为："性"就是生命的质地，也就是人的自然。它与生命系在一起，认为只要保全自然的"性"，也就是获得了生命。

下面我们先看庄子对生命的阐述：

"夫天下至重也，而不以害其生，又况他物乎！"

"能尊生者，虽贵富，不以养伤身；虽贫贱，不以利累形。"

"帝王之功，圣人之余事也，非所以完身养生也。"

"瞻子曰：重生。重生则利轻……不能自胜而强不从（纵欲）者，此之谓重伤，重伤之人无寿类矣！"

以上都是庄子在《让王》篇中关于生命的论述，从上述几段话大体来看与杨朱学说有相同之处。庄子之学出于老子，而老子又受到杨朱思想的影响，在庄子的思想中，杨朱学派的人生哲学渗透力很深，庄子以其"重生"、"贵己"为生命哲学的一个部分，这是很自然的。下面我们再看庄子在《盗跖》篇中一段文字："今吾告子以人之情，目欲视色，耳欲听声，口欲察味，志气欲盈；人上寿百岁，中寿八十，下寿六十，除病瘦死丧忧患，其中开口而笑者，一月之中，不过四五日而已矣；天与地无穷，人死者有时；操有时之具，而托于无穷之间，忽然无异骐骥之驰过隙也，不能说其志意，养其寿命者皆非通道者也！"

这里与杨朱的"重生"、"贵己"思想有几分近似，但更多的是表现出一种超然的态度。在庄子看来，人的一生有无限的忧患，年纪大的人怕死想长寿，这是自寻烦恼，生命毕竟是重要的，死去的人做了许多好事，还是死去了，只有"至乐"才是"活身"，只有"无为"才能"至乐"。庄子认为，人的出生和忧愁是同生的。长命的人昏昏沉沉，久忧不死，怎么这般痛苦呀！这样利于保全自己的形体吗？烈士被天下所称颂，可无法保全形体，庄子说他不知道这是否可称之为完善。如果说完善，却保不住自己性命，如果说不完善，却又救活了别人。庄子的这种人生态度表现为极端地消极，但又表现出对生命"漠不关心",任其处之的态度。对于生命,他提倡的是"复归于自然","不以好恶内伤其身"。

应该看到,庄子对生命的超然态度在理论上较老子进步,他从人的心理上彻底消除生死忧患之情感,提倡一切因循自然。他说:"且夫得者时也,失者顺也,安时而处顺,哀乐不能入也;此古之所谓县解也。而不能自解者。物有结之。且夫物不胜天久矣;吾又何恶焉!"(《大宗师》)这里庄子提出"安时而处顺",他认为生命是一个自然的状态,逃避也罢,正视也罢,还不如听任自然更能得到"自由"和"超脱"。庄子的因循自然的生命哲学中有一个很著名的"逍遥"态度,那就是庄子妻死,他不但不忧伤,反而"鼓盆而歌"。惠子问他何故,他说了一大通人生本来没有生命,连形体和气都没有的话,最后说:"我噭噭然随而哭之,自以为不通乎命,故止也。"(《至乐》)由此可见,庄子是极力摆脱生命对形体的束缚,提倡自然的"性",这个自然的"性"就是庄子的"全生"、"尽年"。他提倡的生命的意义是"随俗浮沉,与世俯仰",一切自然,消除物我,最后的归宿是"天地与我并生,而万物与我为一"。

## (四十三) 如何看待庄子的名辩观

"名",有时指称谓,有时也指概念,也有时指名誉,这三种意义上的"名",皆在庄子反对之中。庄子认为:"名"正是造成思想上种种对立的工具。公孙龙"离坚白",惠施"合同异",这两位正名的专家,用"名"造出一堆古怪的辩题,争论不休。在庄子看来,都不过是"朝三暮四"或"暮四朝三"而已,公孙龙和惠施都是无智慧的猴子,看起来学富五车,好像很有成就,其实他们的争论越激烈便越离真理远。庄子不相信通过辩名就能认识真理。庄子认为认识的对象有两个不同的层次:一是有名的相对世界,一是无名的绝对世界。有名的世界方生方死,是非无穷,毫无真理可言。所以,要进入绝对世界,头一件事便是要破名。

名既破,建立在名的材料上的"言"也难逃厄运。"言"就是语言,他在

《齐物论》中说："夫言非吹也,言者有言,其所言者特未定也。果有言邪？其未尝有言邪？其以为异于鷇音,亦有辩乎？其无辩乎？"语言当然不同于吹风,言有意义,有指谓功能,但又有"特未定"（不确定性）的一面,这主要是从对道的陈述而言的,语言不能表达绝对事物,此即庄子后学说的"意之所随者,不可以言传也"（《天道》）。不仅如此,庄子更认为语言甚至妨碍人们去体道,所谓"道隐与小成,言隐于荣华"（《齐物论》）,所谓"知而言之,所以之人也。古之人,天而不人"（《列御寇》）,这都说明道不能用语言去体知的。

语言既是人类不中用的工具,那么在庄子看来,用语言争辩问题必无胜负可言。于是庄子提出"大辩不言"、"不言之辩"的理论。庄子认为:由言组成的辩,自然也会"相轧",相轧则无胜,因为胜负不能由论辩的双方判定,因为双方既有争,便带着自己的"成见",以各自的是非定胜负,无疑重复了一遍刚结束的争辩;如求助于第三者,他也带着"成见"来断案,于是又多了一层风波。所以,"言辩"缺少客观的判定标准和仲裁人,你、我、他各自一是非,以是非相是非,永远辩明不了是非。在庄子看来,善辩之人终不过是屈人之口,而不能最后服人之心。

庄子认为:名、言、辩只能确定相对事物,用来把握哲学真理,则必蔽于一端,所以庄子说:"辩也者,有不见也。"（《齐物论》）名、言、辩的特点是一样的,即见此不见彼,故皆为"争之器"。

这种非此即彼的思维方式即是"成见"的认识根源,以争之器去争辩,无论站在哪一方,既代表了符合真理的"是"的一面,也代表了不符合真理的"非"的一面。以其"是"非人之"是",则双方仅是,故无争;以其"非"非人之"非",则双方俱非,亦无争。如公孙龙"离坚白",看到个性的一面,惠施的"合同异",看到了共性的一面,这两家即是"辩无胜"。即是说,双方俱是俱非,双方的统一才接近真理。显然,庄子破名、言、辩,主要是反对用逻辑的思维方式去把握真理,反对用逻辑的语言去陈述真理。

庄子针对盛行于当世的辩风,极力主张去名、去言、去辩。惠施常笑庄子的话大而不当。而庄子则运用以明法、卮言语式,以是亦一无穷,非亦一无穷,径直对着惠施的名、言、辩而发难。

所谓"卮言式"的语式即是不是、然不然的矛盾语式,也可以说是以明法的语言表达式,这种语式往往由两个疑问句构成,"果有言邪? 其末尝有言邪"便是一典型的卮言语式。庄子的"不言之言"正是采用这种悖论消解法来阐述自己的"名辩观"的。

## （四十四） 庄子关于"大"的内涵是什么

在庄子的笔下,鲲鹏、"真人"、"道",都体现了"大"的内涵。"大",是对自然界现象的一种比喻,但这种比喻,在《庄子》一书中,我们可发现其在表现形式上产生了强烈的美感效应。

对"大"的追求和颂扬,这是庄子意境之一,也是庄子的美学思想一个重要的侧面。庄子曾多次描述过"大",比如对鲲鹏的描写:

"鲲之大,不知其几千里也。化而为鸟,其名为鹏。鹏之背,不知其几千里也,怒而飞,其翼若垂天之云。"(《逍遥游》)

再看对栎社树的描写:

"其大蔽数千牛,絜之百围。其高临山,十仞而后有枝,其可以为舟者分十数。"(《人间世》)

在对东海的描述中,庄子写道:

"夫千里之远。不足以举其大;千仞之高,不足以极其深。禹之时,十年九潦,而水弗为加溢;汤之时,八年九旱,而崖不为加损。"(《秋水》)

以上关于"大",含有数量上之多,质量上之最,从而形成了一种无穷无限,包容整个宇宙的无比广漠的一切。"上窥青天,下潜黄泉,挥斥八极,神气不变"(《田子方》),这种"大"是一种无穷的化身。

"大"诚然是崇高的,也是美的,在庄子这里,美与大的关系是"大"高于"美","美则美矣,而未大也"(《天道》)。美是令人钦佩的,舜认为尧虽能尽人力之功,治绩之美,然毕竟是有限的,在"大"的包容性之下,"美"就变得渺小而不堪了。庄子这里不是贬"美",而是扬"大",因为只有"大",

才能体现"美",这就是庄子"大中见美"的艺术表现手法。

再说"道"的本身就是一种大,"道"是无限性,"美"也就在无限性之中。庄子从此出发,提倡一种"大美",他认为,无限之美也就是"大美"。"天地有大美而不言,四时有明法而不议,万物有成理而不说"(《无道》),对于这种"大美",庄子从人间的一切天地万事万物现象来描绘,如鲲鹏之大、东海之美;神人之大,万物之美。而这种"大美"又是通过"道"体现出来的。

庄子的"大"深刻内涵首先表现在审美的主客体关系上,"大美"是审美主体的人与客观对象"无限"彼此融合的结果。我们看到庄子的笔下:"水击三千里"的大鹏;"以八千岁为春,八千岁为秋"的椿树;汪洋无际的东海,无不在"大"美的审视中,至于"真人"、"至人",则更体现了包容宇宙而吞八荒的胸怀。

庄子的"大"所产生的"美"是与激昂、奋发、喜悦等肯定性的情感相联系的,"大"的本身就是一种令人奋发、不断受到扩展的"美",无论是"大漠孤烟直,长河落日圆"的景色,或是"忽如一夜春风来,千树万树梨花开"的情怀,都可以从庄子这里找到审美的共识。在这种大的威慑下,人的力量自然就微小了,在庄子对自然的"大"的讴歌的同时,却又是对人的自我否定的开始。在这种否定中,庄子突出了高山、大海、深谷,美化了大鹏、东海。在这种"大"的庇护下,人的力量,需要一种安详、静寂的环境来养息,变得渺小和脆弱了,甚至完全折服于大自然之下。庄子忽视人的力量,这是他的局限性,但我们透过这种局限性看到了庄子将"大"赋予自然,又将自然同于"道",最后走向"天地与我为一"的意境,这样,脆弱和渺小的人同化在无限自然界的"大"之中了。正是由于人与"道"的同化,人本身也不可避免地具有了伟大的性质。诚然,庄子主观上并没有认识到这一点,但客观上的积极贡献是不容抹杀的。

# （四十五） 庄子有哪些辩证法思想

庄子的思想中充满了相对主义的观点，又夹杂着不少关于辩证法思想的论述，有的论述，甚至相当精彩。庄子的辩证法思想主要表现在以下三个方面：

首先是变化的观点。表现相对主义观点最集中的《齐物论》，关于现实事物矛盾斗争、变化发展的表述，并不少见，其中阐述人生的一段文字，虽然表现了鲜明的厌世之情，但也明确地认识到人生过程的变化和斗争。他说，人一旦禀受成形体，就参与等待自己的形体耗尽，在生活中挣扎，不是太可悲了？而人的形体逐渐衰老，精神又慢慢困缚，这实在是悲哀。痛苦不堪的现实无穷无尽，无源无头，一切都在相互摩擦中减退。庄子肯定人生是处在不可阻挡的迅速变化之中，认为人生如骏马奔驰，永不停止；认为人生的发展过程又始终处于和自然界进行尖锐复杂斗争之中，"与物相刃相靡"，"终身役役"。撇开庄子的消极心理，应该承认庄子看到人生过程的复杂变化以及包含着尖锐的矛盾斗争，这是十分可贵的。

在对"变"的认识上，庄子不但肯定事物在"变"在"动"，而且认定这个"变"、"动"具有绝对性质。虽然，庄子在所谓"万物死生"之上，还有一个"道无终始"的命题，但是，那个虚幻的"道无终始"，只是庄子在探究客观世界之奥妙的最后行程中所走向的归宿。然而，"万物死生"对"变"的认识这是不容抹杀的，在庄子对"变"的阐述中，有十分深刻的思想。《秋水》篇中说：年岁不能久留，时光不能挽住；消灭，生长，充实，空虚终结了再开始，这就是讲大道的方向，谈万物的道理。庄子认为，万物生长，没有一个过程不是处于变化之中，时间无时不在移动，这里对"变"的阐述是值得我们思考的。

其次是关于对立面的统一的论述。在《田子方》篇，庄子写道："至阴肃肃，至阳赫赫。肃肃出乎天，赫赫发乎地，两者交通成和，而物生焉。"这里庄子已明确地肯定了阴阳二气之交和，化生出万物。

在《至乐》篇,庄子还提出了化生万物的"几"的概念。庄子所描绘的由"几"到"人"的演化过程,固然相当幼稚,但比起上帝造人的神学观要清醒得多。在庄子这里,"几"是阴阳二气交和之"机","万物皆出于机,皆入于机",这种理解和阴阳二气交和而生万物的观点是一致的。

庄子通过这种观察与比较,在具体分析客观世界的过程中,对于对立面的转化与统一,他表现出高度的灵活性,阐述了生与死、成与毁、小与大、寿与夭、是与非、然与不然等辩证关系。在《秋水篇》中,他说:"以道观之,物无贵贱,以物观之,自贵而相贱。以俗观之,贵贱不在己,以差观之,因其所大而大之,则万物莫不大……知东西之相反,而不可以相无,则功分定矣。"庄子从"以道观之"、"以物观之"、"以俗观之"、"以差观之",表明在不同的条件下来观察问题,角度变了,认识的结论也会随之改变。庄子的"知东西之相反,而不可以相无"表现了对立统一的观点。

最后是空间与时间无限性的观点。在庄子的哲学中,他十分明确地认识到时空的无限性,"物,量无穷,时无止",因此,短暂的人生是无法认识无穷的世界,"计人之所知,不若其所不知,其生之时,不若未生之时;以其至小,求穷其至大之域,是故迷乱而不能自得也"。庄子对个体的人无法"穷尽"客观世界的怀疑却是促使人的认识向纵深发展的天才预测。在时空的无限性上,庄子明确指出:"日夜相代乎前,而知不能规乎其始者。"(《秋水》)庄子的"无古无今,无终始"的时空不停地运动观在积极的意义上是非常深刻的。特别是庄子关于时空运动连续性和间断性问题的阐述,比如"年不可举,时不可止","物,量无穷,时无止,分无常"(《秋水》),"日夜无却"(《德充符》)等,这些都是对辩证法思想很好的表述。

## (四十六) 庄子关于时间和空间概念有哪些论述

从广义上来讲,时间和空间在中国古代最早是通过天人关系来体现出来的。庄子独树一帜的时空观是值得我们今人认真研究的。在《庚桑楚》篇中,我们可以读到"有实而无乎处者,宇也;有长而无本剽者,宙也"。这里的"宇"指的就是空间,"宙"指的就是时间,全句意思是有实在而没有处所的,便是宇,有成长而没有始终的,便是宙。在庄子看来,空间是"有实而无乎处",而时间却是"有长而无本剽"。即"宇"有实在而无限的广延性质,"宙"乃有生长而无始终首尾的性质,庄子已把时间和空间看成是一个无始无终、永无休止的过程。

庄子的时空观的产生是从天道运动中总结出来的。庄子认为天道运动是时空运动的自然背景和客观基础,他说:"天地虽大,其化均也。"(《天地》)这是说,时空的整个活动领域必然是在同一性质同一背景中进行,也就是说,时空运动是一个整体运动。后来王夫之在其《庄子解》中评论庄子的时空观时,说庄子是"从天均而视之"。这里充分地肯定了庄子已看到了时空运动的同步性,也反映了古代哲人对时空运动一种深层的认识。

庄子认为时空运动是天道运动的产物,是客观而非主观的,"天道运而无所积,故万物成"(《天道》),四时运行乃至太阳、月亮等天体空间运动都是天道运动的结果。道作本根,与时间、空间运动同在,但道又是超然于空间、时间之外的,这样,就形成了庄子一种超时空境界。

庄子认为,不能"拘于虚",即拘泥于空间的井蛙,也不能"笃于时",即局限于时间的秋虫。因为从道的方面来看,任何观念都是相对的,齐一的,"四方之无,穷其无所畛域"(《秋水》)。道的境界是超时空的,于是人们只有到大化流行中去遨游,去飞翔,忘掉自我,冥合自然,才能与"日月参光",与"天地为常",形成超时空观,走向"与天地精神独往独来"的真人、至人、神人之境。这里庄子对超时空观的认识,无疑是错误的。

我们掀开庄子的超时空观,再来看看庄子有关时空有否开端的问题。庄子说:"有始也者,有未始有始也者,有未始有夫未始有始也者。"(《齐物论》)庄子的意思是:若有开始,那么有开始前应当有未有开始,进而未有开始前则无疑有未有未有开始,以此类推,无穷无尽,是不能有开端的。毫无疑问,庄子对宇宙、空间、时间的这种无限性的认识是非常精彩的。从这种无限性出发,庄子提出:"四时迭起,万物循生"(《天运》),"其始无首,其卒无尾。"(《天运》)时空运动是反复不已、循环往复的,"终始无故"

（《秋水》）。

除此之外，庄子还对时空的连续性有过较为明确的论述。"年不可举，时不可止"，"物，量无穷，时无止，分无常"（《秋水》），"物之生也，若骤若驰，无动而不变，无时而不移"。这里时空运动的连续性表述得非常清楚。但庄子对于时空的间断性缺乏认识，也就是说对事物在运动中保持某种相对静止的状态认识不足，在庄子的眼里是"知终始之不可故"（《秋水》），"日夜相代乎前，而知不能规乎其始者"。庄子用绝对运动的观点来代替相对静止的观点，由这种绝对运动的观点出发，而建立了其永无间断的大化流行的时空观。

# （四十七） 怎样理解庄子的"自然之道"

庄子的知识论、政治论、人生境界以及社会理想等都出自于"自然"之道。庄子是一位完全的自然主义者。

首先，道是自然的。关于道，在庄子的笔下包括有抽象性，它无形，不可见，具有"自本自根未有天地"的自因性，无为无待性，无限性，"先天地生而不为久，长于上古而不为老"等特点。在庄子看来，"道"是无处不在，无时不有的，道通过其无限性又普遍地存在于万物之中，从这个意义上来说，道就是物，物就是道，道物合一。

庄子的道物合一思想体现在：物是有形象可见的实体，而道的自然无待的种种作用只有接触到物才能体现出来，这就是触物而真，体道而神。庄子认为万物的身形性命都禀于自然，受之于道。万物的形貌，或美或丑，或全或亏，皆随道造化而形成，道为内性，而形为其自然之表。庄子提倡得道之人，都不拘于形貌，都是一些修行自然无为，以疏外形体，而至于大道之中的人，是至人、真人、或神人。这样"道通为一"，万物的对立与差别的界限也就消除了，实现了道物冥合，天地浑然一体，形成了庄子自然主义思想的主要部分。

庄子继承老子的"人法地，地法天，天法道，道法自然"的思想，提出了万物因道而生,因道自化,又因道回归的自然循环流程。认为天道自然与人道自然合二为一。司马迁在《史记》中说"庄子故道德放论,要亦归之自然",这是对庄子思想较为客观的解释。庄子认为,人事的自然是无为自化,不借意施行人力,放任而行,依循事物自己本来的自然性进行,也就是庄子本人提倡的"莫之为而常自然"(《缮性》)、"无为而才自然"(《田子方》)。庄子的"无为"是继承老子的"无为"思想又有所发展,庄子重在自然而然促其自化,不要用"成心"去干预,即"无以人灭天"。

庄子从自然主义出发,认为要实现不失去自然本性的愿望,必须达到"忘己之人,是之谓入于天"(《天地》)的境界。忘我而人于自然,这样,自然与我为一,物我两忘,进而就是"天地与我并生,万物与我为一"的莫不自然之境了。庄子从这里出发,提倡人们应该体认大道,通达自然,也就是虚心感应,体验大道。

庄子的自然主义思想有两个显著的特征,首先是形态自然,这种形态自然表现出道的自然性、人生自然、社会理想自然上,庄子从此出发构建了一个庞大的思想体系,表现了丰富的想象力和哲学思辨性,庄子唯物主义思想的特征也就是基于自然主义思想之上的。其次就是精神自然,庄子的超现实的想象以及理想人格的设计都从其自然主义出发的,相对主义理论的产生以及真人、至人、神人在庄子笔下的描述,都是在自然的状态中出现的,我们不能离开庄子的自然主义这一基石去设想庄子的思想大厦。

## （四十八） 什么是庄子的人性修养

何谓庄子的人性修养,一言以蔽之;"逍遥游",也就是绝对自由。而庄子关于人性修养的观点则是其人生观的具体表现。

他提倡达生知命。在《人间世》篇中,庄子说:"知其无可奈何而安之若命,德之至也。"这就告诉人们:人生不过是假借于一定条件才出现的一种非真实存在,从道的高度看,是齐生死,所以人们在修养上,就应该做到"不知悦生,不知恶死",甚至要以生为"桎梏",以死为"至乐"。他认为,

"死无君于上，无臣于下，亦无四时之事，从然以天地为春秋。虽南面王，乐不能过也"（《至乐》）。庄子在这里的用心，是企图通过抹杀生死的差别性，以消除人的创造性和对生活追求的愿望。庄子提倡修养性情，要"安以待命"，纵然鱼跃鸟飞也不能超出一定的范围。

从这里出发，庄子的人性修养逐渐发展到各个方面。他说："吾与之虚而委蛇，不知其谁何？因以为弟靡，因以为波流。"（《应帝王》）这里郭象注为"无心而随物化"，"汛然无所系也"，"变化颓靡世事波流，无往而不因也"。大意是做到了人性修养便能够任意屈伸，一无定形，二无定见。庄子的看法是，人们只要进入了这一境界，就可以"一以己为马，一以己为牛"。即无论别人认为自己是什么都可以，这样随波逐流，一无用心，便可以走向绝对自由。当然这种委蛇逐流的修养必须是以达生知命修养为前提的。否则，人们不以死为"至乐"，那么就去附和或依附别人。庄子说："彼且为婴儿，亦与之为婴儿；彼且为无町畦，亦与之为无町畦；彼且为无崖，亦与之为无崖。"（《人间世》）很显然，庄子这里提倡人性修养注重的是"顺"。诚然，这种不去追求，而进行毫无原则的附和所表现出消极的思想是不可取的。

庄子认为，知道了"安以待命"，"安之若命"，又懂得了"彼且为婴儿，亦与之为婴儿"的顺从，那么就是达到"无己"、"无待"，这种修养是人生最高的修养，"夫列子御风而行……此虽免乎行，犹有所待者也。若夫乘天地之正，而御六气之辩，以游无穷者，彼且恶乎待哉。故曰：至人无己，神人无功，圣人无名"（《逍遥游》）。这里的"无功"、"无名"、"无己"都是取消自己的社会属性，取消自己的活动痕迹，取消人的一切认识。这样，人们不会因为纠纷而发生摩擦，经常受到自我的忏悔和喜怒感情的约束。无己无待的人性修养是无所依赖，无所对待，从矛盾中超脱出来。如果说"达生安命"是让人们懂得自得其乐地对待生活，委蛇逐流是告诉大家脱离现实而去顺应生活的消极主张，那么"无己无待"则无疑最终走向取消万事万物的质的规定性，取消对立和差别，超脱一切。庄子的人性修养要达到追求精神上的绝对自由，我们认为这种追求是不现实的。首先，庄子离开现实

传记读库

的纷争和复杂斗争,提倡远离尘世的人性修养,表明他已无力改变现实,找不到出路,在日趋消沉的不满中又表现出对现实一种微弱无力的反抗。而这种反抗在庄子看来,必须通过所谓"精神"上的人性修养才能得以实现,未免过于天真了。

## （四十九） 什么是庄子的自我形象

在庄子的哲学中,他第一次把自由与人的本质结合起来,把自然与人性结合起来,塑造了一个崭新的自我形象。

逍遥游是庄子自我形象的集中体现,在《逍遥游》中,庄子以其汪洋恣肆的诗化语言,描写了大鹏的扶摇高飞,宋荣子傲世独处,列御寇的"御风而行",这一切都是"逍遥"的意境。庄子力图通过这些思想的表达,揭示出超然物外的心境,提倡人们不但要忘记功名,而且努力忘记自我,与道融为一体,这样就能遨游于无穷的领域,达到自我完善的境界。

庄子所要塑造的自我形象就是要达到超然万物,独立无待精神这一标准。这种标准的特征在庄子这里又化为"道"的自然无为来表现。"道"在老子那里是"人法地,地法天,天法道,道法自然"(《老子·二十五章》),庄子继承并发挥了这一思想,提出"道"是"有值有信",无为无形,自本自根,未有天地,自古以固存,神鬼神帝,生天生地。这样,只有"道一才能使万物各得其理,它超然独立,体现在人身上就是自然之性,即自然无为之性。庄子认为,理想的形象是建立在这种自然之性上。他把实现个体的人格独立与精神的绝对自由作为人生的最高理想,如何实现这个理想来达到完整的自我形象,在庄子看来也就是如何实现自然之性,突出自然的本性罢了。

庄子认为,人们的追求应该是效法"道"的精神,应该是随应自然而化,"呼我牛也谓之牛,呼我马也而谓之马"(《天道》),"不乐寿,不哀夭,不荣通,不丑穷"(《天地》),安命无为,不为生死、名利、哀乐等外界条件所乱,保持内心宁静,获得精神上的解脱,"安时而顺处,哀乐不能人也"(《养生主》)。这是实现自我形象的第一步。

接着，那就是提倡"忘己之人，是谓之于天"，提出"忘己"而"同于天"。庄子认为"无己"就是摆脱一切现实的"物役"，达到"心斋"、"坐忘"修养效果。在这里，庄子提倡的"心斋"也就是一种摒除了情欲，保持虚静的精神状态，"一若志，无听之以耳，而听之以心。无听之以心，而听之以气。听止于耳，心止于符。气也者，虚而待物者也。惟道集虚，虚者，心斋也"（《人间世》）。心志专一的虚静就能达到"坐忘"，这是修养的最高境界。庄子把达到独立无待，绝对自由的"逍遥游"作为理想人格的最高境界，把追求"天与人不相胜也"的物我为一的修养作为自我形象实现的最重要的一步，认为只有达到这种境地，才是实现自己的绝对精神上的自由，这个自由又是庄子所直接论述的自然性；只有实现了这种自然与人的和谐，才能使人获得绝对的自由和幸福。

庄子的自我形象是一个统一体，它包括了对理想人格的追求和精神自由的超然。这种追求和超然就是顺任万物的自然之性，不悦生，不哀死，没有感情的痛苦，永远获得精神上的超脱与自由，摆脱一切现实的约束，从而实现"独与天地精神往来"。

# （五十）　庄子眼中的孔子形象是什么

据《大宗师》的记载，孔子曾经对道家的信徒说："彼游方之外者也，而丘游方之内者也。""游方之外"就是游心于天地之外，"游方之内"就是心向现实世界。俗称前者为"出世"，后者为"入世"。因此，庄子的人生态度，可以概括之为"出世"二字。正如鲁迅所说："中国出世之说，至此乃始圆备。"（《汉文学史纲要》）而孔子，表现为入世，这"入世"的孔子，庄子又是怎么看的呢？

《渔父》篇中说：孔子一日坐于林中杏坛，一白眉披发渔父问子路："孔子是干什么的？"子路说："鲁国的君子。"渔父再问："孔子研习什么？"子贡答道："孔子这人，性守忠信，实行仁义，修饰礼乐，序列人伦，对上效忠世主，对下敦化万民，作利于天下，这就是孔子所研习的。"渔父听后不屑地边走边说:"说仁算是仁,恐怕不能免于自身的祸患;劳苦心形以危害生命的本真。唉!他离道实在太远了。"庄子借渔父之言说,纵然是"仁",但如果不明辩同异的分际,不观察动静的变化,又使均衡取舍失重,无法调和喜怒的节度,最终是"祸莫大焉"!渔父的一番话,使孔子体悟到真谛,孔子伏轼而叹:"今渔父之于道,可谓有矣,吾敢不敬乎!"这里不难看出,庄子对孔子是持指责态度的。

庄子作为一个出世者,对孔子"知其不可而为之"的入世思想是完全不赞同的。他认为,"孔子行年六十而六十化,始时所是,卒而非之"(《寓言》)。显然,庄子借孔子之言来非孔子之行,他说孔子对自己的行为开始产生了怀疑,以致"卒而非之"。我们读到孔子对颜回"堕肢体,黜聪明,离形去知,同于大道"的"坐忘"情景也十分欣赏,表示"丘也请从而后也",应该说,这里暗示了孔子思想的最后归宿。

但有人认为,孔子"性服忠信,身行仁义,饰礼乐,选人伦,上以忠于世主,下以化于齐民",这种一生积极入世精神,又何来如此"坐忘"之念?

我们同意曹础基的看法。他认为:《庄子》所记并非"荒唐之言",曹础基举出了《论语》作证:"贤哉回也!一箪食,一瓢饮,在陋巷,人不堪其忧,回也不改其乐。"(《雍也》)子谓颜渊曰:"用之则行,舍之则藏,唯我与尔有是夫!"(《述而》)曹础基认为这里显然透露了孔子晚年的精神状态。虽然未必真有"坐忘"之事,但孔子从政失败以后,确实是消极了,产生了"出世"的倾向。颜回是孔子的穷弟子,生活上十分潦倒,但又安贫乐道,俨然像个道家信徒,所以,《庄子》中往往写他师徒俩潜心学道,这是有一定的现实依据的。

《庄子》里写孔子的转化,无非是向读者揭示一条规律:"出世"思想往往出现在失败或不得志的时候,庄子本人也是如此。

他只当过小小的漆园吏,而且后来"处穷闾厄巷,困窘织屦,槁项黄馘"(《列御寇》),穷到"衣大布而补之"(《山木》),要"货粟于监河侯"(《外物》)。但楚王聘他为相,他却拒绝了,可见他的穷不仅仅是生活问题,而且主要是个政治态度问题,是他不愿意为当时的"昏上乱相"服务。

出世和入世,尽管是相互对立的,但也是彼此转化的。孔子周游列国,"入世"治民,游说各国君主,到头来事与愿违,他改革的宏图大志"行年六十而六十化",使他的"入世"到处碰壁,"卒而非之"的可能性不是没有,《论语》中也有记载。而庄子通过孔子晚年对颜回"堕肢体,黜聪明,离形去知,同于大道"的"坐忘"一事的首肯,非孔之意十分清楚,这也与庄子的始终信仰是一致的。

# (五十一) 庄子是怎样批判"仁义"的

老子对仁义等礼法进行了批判,他说:"夫礼者,忠信之薄而乱之首"(三十八章),"法令滋涨,盗贼多有"(五十七章),"不尚贤,使民无争"(三章)。这些思想被庄子继承了。庄子认为仁义是凿额之黔刑,批判了仁义、礼法等虚伪的说教,提倡忘仁义,忘礼乐。

庄子在《骈拇》篇中对仁义作了深刻的揭露,他说:"骈拇枝指,出乎性哉,而侈于德。附赘县疣,出乎形哉,而侈于性。多方乎仁义而用之者,列于五藏哉,而非道德之正也。"庄子认为,"骈拇枝指"(即:脚趾长在一起和手上长出无用之指)好像出于人之性,但是不应该出现的,而长出一些肉瘤("县疣")也是如此;同样,我们现在的道德仁义更不是人的本然,都是多余无用的东西,应该去掉。庄子认为,所谓仁义实际上是道德沦丧的结果,一切圣人,从古到今,标榜仁义,其结果不但无功,反而有过,"夫残朴以为器,工匠之罪也;毁道德以为仁义,圣人之过也"(《马蹄》)。庄子对仁义说教是深恶痛绝的,他说:"道德不废,安取仁义!"他提倡还人的自然本来之性,还性命之本然。

庄子从人的自然之性出发来反对仁义礼法,他说:"彼民有常性,织而衣,耕而食","同乎无欲,是谓素朴;素朴而民性得矣"。庄子重视人的自然性,提倡一切要顺应自然而行,反对那些毫无价值、没有意义的仁义道德。他认为古代的"至德之世"值得推崇,而今天之所以乱,是因为"圣人生而大盗起"(《胠箧》)。"仁义"是保护任何残暴、昏庸统治者的面纱,它

传记读库

本身就是一种社会动乱,是人民痛苦的根源,是虚伪的东西。不难看出,庄子对"仁义"的批判,主要是批判仁义思想、礼法制度所带给社会的纷争、混乱的局面。

庄子同时希望除去玉、珠、符、玺、斗、衡所造成的人间不平现象和一切不合理的社会现象。他认为:"窃国者为诸侯,诸侯之门而仁义存焉。"(《胠箧》)一切诸侯都是窃国大盗,而满口仁义的又正是这些人,天下岂有不乱之理!在《盗跖》中,庄子将"盗跖从卒九千人,横行天下,侵暴诸侯"作了勾画,接着对孔子予以揭露,认为孔子是"巧伪人",指责孔子是"不耕而食,不织而衣,摇唇鼓舌,擅生是非,以迷天下之主,使天下学士不反其本,妄作孝弟而侥幸于封侯富贵者也"。庄子说"圣人不死,大盗不止",一切混乱的现象和社会上虚假的东西皆出自于圣人的仁义,要消除这种现象,唯一的方法是"圣人死"。庄子提倡要摒弃一切仁义、礼法说教,取消任何知识,根除任何私欲,最终走向"绝圣弃智"的社会。

庄子对仁义道德的批判是深刻的,他看到了其虚伪性,指出统治者借以作为欺骗人民和愚弄人民的工具,在积极的意义上是对统治者的批判,对社会不平等的控诉。但是庄子由此而排斥一切文化知识,反对社会的进步,提出"□掊玉毁珠"、"焚符破玺"、"掊斗折衡"、"殚残天下之圣法"、"擢乱六律,铄绝竽瑟,塞瞽旷之耳"、"灭文章,散五采,胶离朱之目"、"毁绝钩绳而弃规矩,攦工倕之指"(《胠箧》)等,都是起了负面的作用,这是我们在理解庄子批判仁义、礼法思想时要注意区分的。

## (五十二) 庄子是怎样对儒墨进行批判的

春秋以来形成了许多学派,其中对政治影响较大的有儒、墨、法三家。这三家都从不同的侧面,在不同的程度上把自己的学派绝对化了,在相互争辩中,都认为自己代表了绝对真理。随着社会的发展,新制度逐渐代替旧的制度,作为绝对主义的体系并不完全适应新的社会需要。庄子针对日益夸大了的绝对主义,提出了一个夸大了的相对主义。

庄子通过许多寓言,使用犀利的笔锋,辛辣地讽刺了儒墨的绝对主义观点,庄子在其文章中杜撰并颂扬比儒墨的老祖宗尧、舜、禹、汤、文、武要古得多的帝王。在《胠箧》中,庄子提出了"容成氏、大庭氏、伯皇氏、中央氏、栗陆氏、骊畜氏、轩辕氏、赫胥氏、尊卢氏、祝融氏、伏羲氏、神农氏"等,许多人物在历史上不见于经典文献之中,庄子的目的在于以此抑压儒墨的圣人地位,使得他们的地位在这些人之下。除此之外,庄子还把后世一切动乱之根源统统归咎于儒墨之说,他认为,小小的迷惑会错乱方向,大的迷惑会错乱本性。虞舜标榜仁义来扰天下,天下没有不奔于仁义的。小人牺牲自己来求利,士人牺牲自己来求名,大夫牺牲自己来为家,而圣人牺牲自己来为天下。自三代以后,天下没有不用外物来错乱本性的。庄子认为,上面提到那些人,虽然各有不同的事业和追求,但是从伤害本性,牺牲自己的意义上来讲都是一样的。在庄子看来,尧、舜、禹、汤、文、武几乎是天下大乱的罪魁祸首。至于仁义,都是由错乱本性所致。孔丘与桀跖没有区别,庄子借盗跖之口骂孔丘:

"今子修文武之道,掌天下之辩,以教后世;缝衣浅带,矫言伪行,以迷惑天下之主,而欲求富贵焉,盗莫大于子。天下何故不谓子为盗丘,而乃谓我为盗跖?"(《盗跖》)这里可以看出,庄子对儒墨思想的批判是严厉的。

庄子还从认识论上针对儒墨的真理绝对化进行了质疑。他在《天道》篇中,曾假托桓公与轮扁的对话,通过轮扁的大胆言词来进行批判。大意是这样的:桓公在堂上读书,轮扁在堂下斫车轮,轮扁问桓公:"请问,您读的是什么书?"桓公说:"是圣人之言。"又问:"圣人在吗?"桓公说:"已经死了。"轮扁说:"如此看来,您所读的书是古人的糟粕了。"桓公说:"寡人读的书,你不能随便议论,说得出理由来还可以,说不出理由就要处死你。"这时,轮扁说:"我用我所做的事来观察。斫车轮,慢了就松滑而不坚固,快了就很难装进去。不慢不快,得心应手,这里的道理不能言传,只可意会呀!其中有奥妙的技术存在。我不能告诉我的儿子,而我的儿子也不能继承我。所以七十岁了还在斫轮。古人和他们所不能传授的,都已经消失了,所以您所读的书,只是古人的糟粕了。"庄子在这里提出,离开具体的操作,手艺不能传承;同样,离开实际变化的、僵死的教条也不过是古人的糟粕,先王的陈迹而已,一点用处也没有。庄子实际上已经触及一个认识论核心问题。怎样才能确定认识的标准,孔子的真理观显然受到了庄子的批判,而墨子的出发点仍然是"古者圣王之事"。在庄子看来,儒墨两家都是凝固了的教条,于是庄子提出相对主义,极力反对把儒墨的一家之言当作衡量是非的标准。

庄子从相对主义、从认识论的角度对儒墨的绝对真理作了批判,他反对儒墨仁义教义的教条,强调认识的相对性,提出"礼义法度者,应时而变者也"(《天运》),对儒墨披着复古外衣的绝对主义予以了贬斥。我们从历史发展的角度来考察庄子思想,不能否认庄子的相对主义对儒墨的绝对真理观批判的积极意义。

# (五十三)  荀子是怎样看待庄子的

荀子对庄子的评价是"庄子蔽于天而不知人"。这个评判是公正的,也切中了庄子思想的要害。

庄子认为,客观世界及其规律不依赖于人的意识,存在于人类意识之外,因此,他沿着"观于天而不助"的思路走下去,否认人的能动作用,断言人类在客观世界及其规律面前只能顺应,只能屈从于客观世界及其规律的摆布,听之任之。顾自然而生,顺自然而死,顺自然而富,顺自然而贫,局促于现状,任何"作为"都是自寻烦恼。"知其不可得也而强之,又一惑也,故莫若释之而不推。不推,谁其比"(《天地》),最好的办法是乐天安命,"知其无可奈何而安之若命,德之至也"(《庄子·人间世》)。在庄子身上,表现出悲观、失望、颓废的情绪,这是"蔽于天而不知人"的必然结果。

荀子则提出了"制天命"的积极思想,批判了庄子"蔽于天而不知人"的观点。他说:"大天而思之,孰与物畜而制之。从天而颂之,孰与制天命而用之。望时而待之,孰与应时而使之。而物而多之,孰与骋能而化之。思物而物之,孰与理物而勿失之也。愿于物之所以生,孰与有物之所以成。

故错人而思天,则失万物之情。"(《荀子·天伦》)这是战斗的檄文,是对庄子自然主义的有力批判,庄子的"蔽于天而不知人"就是荀子反对的那种"错人而思天"的思想。

荀子眼中的庄子,正误参半。庄子主张天人相分,知天之所为;知人之所为,他认为万物源于气,这就否定了天的人格神意义,恢复了天的自然面貌。他强调天道无为,自然规律具有客观性,这些荀子在肯定其正确的同时并加以汲取、消化,成为其思想的有机组成部分。"蔽于天"是否定意义下的肯定。承认天人对立,自然界与人类社会的对立,这是他们的共同点。然而在天人统一方面,荀子摒弃了庄子过分强调客观规律的作用,以致抹杀人类的主动创造精神和改造世界的能力的顺因思想,重新恢复人的地位和作用,突出人类有能力支配自己命运的观点,催人奋发上进,激励人们奋斗不息。"不知人"是对庄子静因观念的彻底否定,在否定这一观念的同时,荀子弘扬了人类的能动作用。

距离庄子年代不远的荀子能一分为二地对待庄子,吸收其精华,剔除其糟粕,把天人关系发展到一个新阶段,提高到一个新水平,这是很可贵的。荀子对庄子的批判继承,对庄子天人相分加以扬弃,即否定绝对对立的关系。经过这样的否定过程,关于天人关系的看法在荀子这里渐渐接近于真理。

应该承认,庄子的天人关系,在先秦诸子天道观演变过程中有着十分重要的作用,是由人格神的天过渡到人定胜天思想的至关重要的中间环节。庄子"蔽于一曲",否定人的作用,是荀子形成"制天命而用之"理论的思想史的基础。我们认为,荀子对庄子的评价"蔽于天而不知人"与其说是批评,毋宁说是否定中的肯定。

特别是荀子所说的"明于天人之分,则可谓至人矣"一语,显然是针对着《大宗师》开篇的"知天之所为,知人之所为者,至矣"数语而发的。我们知道"至人"一词,是庄子对理想人物的称谓,而荀子的理想人物是圣人、君王,不是什么"至人"。荀子这里用庄子之语来反击庄子,好像说你以为明于天人之分是"至人",我明于天人之分才是"至人"。荀子这里的批评不只是对先秦哲学的总结,更多的是积极意义上的发挥。

## （五十四） 怎样理解庄子的特殊宗教理论

庄子哲学包含着一种特殊的宗教理论。

庄子哲学不崇拜超自然的力量,他从道的自然观出发,也就是从唯物主义无神论思想出发,将若干相对真理加以绝对化,用这种绝对化的相对主义思想来解释社会,最终必将会走向否定人,否定人生的一种宗教理论。下面我们分两个方面介绍一下这种特殊的宗教理论。

第一,庄子从道出发,走向"同于大道"。

庄子认为"道"是人所不能离开的,人一旦离开了道,那么"是非"、"荣辱"、"生死"的对立就会出现,"大小"、"寿夭"、"物我"的差别就会存在,从此,人就会陷入是非、荣辱、生死、寿夭的苦难深渊之中,"终身役役而不见其功,荥然疲役而不知其所归"(《齐物论》)。人要消除这些痛苦,不必去现实世界中寻找是非,不去人为地消除人生的种种烦恼,而只要复归于道就可以了,以道观之,"凡物无成与毁",甚至连"周之梦为蝴蝶,蝴蝶之梦为周"也分不清楚了,观念上的一切都不存在。庄子说,人的痛苦、忧愁、困惑不是由于现实造实的,而是人有了是非这些观念而引起的。所以,庄子提出要"破是非",借以来泯灭客观世界中的天地万物差别。有人认为,这与基督教中所讲的人吃了智慧果就有了原罪近于几分相同。

第二,庄子主张"独与天地精神往来"的超脱理论。

在中国古代,神与人根本对立。而庄子不承认有任何超自然的力量,反对有意志的主宰者,这是其自然观中较为鲜明的无神论思想,也是其朴素唯物主义思想的出发点。庄子从自然观出发,以"道"否定神的存在。这是十分可贵的。

我们知道,人对神的肯定,也就是对人自身的否定;而对神的否定,同时更是对人自身的肯定。否定神,打倒神,最后的逻辑结论应该是肯定人。而庄子却不然,他并没有因此而肯定人、强调人的主观能动性,却以追求另一种精神上的自由和超脱——"逍遥"来逃避现实。

庄子是对现实不满的哲学家,但他又无力摆脱现实,在积极的意义上提出了"道"的自然属性来对付神的至高无上性,而又在消极中,将道的"无为无形,可传而不可受,可得而不可见"(《大宗师》)的属性作为自己追求精神超脱的理论基础。从这里出发,庄子提倡以"无为"的思想来取消人类苦难的根源;以"齐万物"思想来反对人间的一切等级、是非的差别;表现出处世的人生哲学上"不遣是非,以与世俗处"的观点,强调主观要绝对服从于客观,泯灭人的一切主观有为的积极能动性,把人消融于道之中,将一切差别消融于"物我同一"的统一之中,用一种精神提升的方法来摆脱精神上的痛苦。这种哲学,从某种意义上来理解是消极的出世;有人由此而认为,庄子的哲学实质上是一种宗教哲学,我们以为这个评判不正确。但是,庄子提倡一种"不出世的出世"哲学,他追求一种精神超脱,肯定"真人"、"神人"、"至人"的存在,不能不说其哲学中包含着一种特殊的宗教理论。

# （五十五） 庄、禅有何异同

庄即《庄子》,禅即禅宗。前者是庄子及其后学的哲学思想的总称,后者是佛教传入中国历经种种变化,终于在六祖慧能手上创下的南宗顿教,形成了独具特色的中国佛学——禅宗。人们常把庄与禅联系起来,称为庄禅,或者认为庄即禅,这种说法有无根据呢? 我们认为庄禅虽二,确有许多相通、相似之处。

有人认为:庄禅在破对待、空物我、泯主客、齐死生、反认识、重解悟、亲自然、寻超脱等方面是浑然一体,难以区分的。这种观点,直接点破了庄禅的相通或相同的地方,是很有见地的。庄、禅基本上不是社会政治哲学,它们只是某种人格——心灵哲学,在给人们消极虚无、被动的精神安慰方面具有相似的作用。庄子要人们弃仁绝智,顺乎自然,"同于大通",通过"坐忘"、"心斋"之法,"保身全生",安贫乐道,超脱人生世相世中的一切"物役”，达到无己、无功、无名的“无待”境界，获得绝对的精神自由，忘却现实人生的苦难。禅宗也有类似的内容，他们讲究面壁禅坐，苦修经书，心有佛祖，普度众生，仙化得道，解脱人世间的一切痛苦。这些主张无疑有消极的一面。例如，历史上士大夫们在逃避现实的“超脱”中失去了奋争的勇气和意志，“庄禅”成了他们独善其身的归宿。他们对人生采取超脱的审美态度，对恶劣环境、残酷现实采取不合作态度，从而保留了个体的精神品格。从这一意义上说，庄禅又教人们忘却得失，摆脱利害，超越种种庸俗无聊的社会现实，怡然自得地返归古朴的山水田园村庄，获得生活的力量和生命的情趣。这也是中国古代士大夫在被排挤被打击后并没有因此绝望毁灭遁入空门，而是循着庄禅之路保全生命，维护节操，洁身自好，隐居山林的重要原因。

　　但是，尽管庄禅有很多相同之处，但两者的区别也是明显的。庄子的齐死生等观点，主要是在理性基础上，通过相对主义的思辨论证的。而禅却完全是以一种直觉形式，直观领悟，强调从日常生活的风景、花、鸟、虫、鱼、山、水、云、霓观照中顿悟出某种意象，因而没有庄子哲学的形而上学的色彩。庄子所张扬的理想人格，是能作“逍遥游”的“至人”、“真人”、“神人”，而禅所强调的是神秘的心灵体验，只可意会，不可言传。就是对待“死生”的问题，庄子形式上是生死都归自然，似乎是悲观主义，而实质上还是重生的，并不是虚幻地对待世界；禅则对生死无所关心，视世界人生物我均为虚幻，对世界万物绝对无所谓，所以也根本不必去寻求超脱，因为超越本身也是荒谬的、无意义的。禅所追求的不是什么理想人格，而只是某种彻悟心境。

　　由上可知，庄禅同为中国的“特产”，它们对人生的态度，对自然和社会的理解，对精神境界的追求，都有许多相同的内容，两者最终与儒学合流，奠定了中华民族文化心理结构的基础。但是，庄禅的根本差别也不容忽视：庄子哲学的精神内涵不是悲观主义，而是乐观旷达的，禅宗的本质则是神秘、荒诞的天堂世界的玄思冥想，两者又不可等量齐观。

心通庄子

# （五十六） 怎样理解鲁迅对《庄子》的批判和继承

庄子思想是非常复杂的。无论是他的人生哲学、政治理想，还是文艺美学观点，都有其不可磨灭的积极因素。但是他的全部哲学的错误倾向又是十分突出、不容忽视的：他的出世精神、无为思想，在几千年的中华思想史上产生了广泛的消极影响。针对这种消极的哲学思想，历代都有人加以批判，其中最有代表性的就是鲁迅。鲁迅先生站在时代的高度对庄子思想的负面作了鞭辟入里的批判，而不是对《庄子》进行全盘否定。相反，对其哲学中辩证的思维方式以及艺术和语言中的优秀成果又都加以充分吸收和合理运用。

鲁迅全面科学地分析了《庄子》的思想内容，批判了庄子哲学中的消极因素。纵观鲁迅全部著作，他对庄子哲学并没有作过长篇大论式的学术批判，而是在评论时事、解剖社会时，联系实际，随时评述，看上去似乎零散，就整体看则系统而科学，从理论到艺术，从哲学思想到历史观、认识论和处世态度，无所不包。鲁迅集中抨击了庄子哲学中的相对主义思想，认为这是庄子"劝人安贫乐道"，"是统治阶级治国平天下的大经略"（《鲁迅全集》第5卷第539页），揭示出庄子哲学有让人民形如槁木，心如死灰，甘心受奴役受欺压的麻醉作用。鲁迅还说：庄子的处世哲学，全身养生思想，会滋长不分是非曲直、明哲保身的生活态度，"彼亦是非，此亦是非"成了伪君子们自我保护的"护身符"（《鲁迅全集》）第6卷第298页）。

鲁迅在批判的同时，也继承了《庄子》哲学中独特的思维方式，尤其是朴素的辩证法思想。鲁迅对生死、祸福、荣辱、成败、贵贱、大小、好坏、上下、是非的论述显然受到庄子思维的影响。他说："上等与下等，好与坏、雅与俗，小气与大度之类。没有别人，即无以显出这一面之优，所谓'相反而实相成'者。"又说："巨细高低，相依为命。"（《鲁迅全集》第4卷第131页）这些论述都与庄子观点相近。此外，庄子的"至乐无乐"、"至誉无誉"（《至乐》），"大仁不仁"、"大道不辩、大辩不言"（《齐物论》）的思维方法又影响了鲁迅"正言若反"的思维模式。庄子"穷则反"、"终则始"的论述渗透着"物极必反"的辩证思想,也给鲁迅的思维以有益的启示。鲁迅善于把事物放在动态中剖析,"人们有泪,比动物进化,但即此有泪,也就是不进化。正如已经只有盲肠,比鸟类进化,而究竟还有盲肠,终不能很算进化样"(《鲁迅全集》第3卷,第48页)。这种论点也得之于庄子"亦彼亦此"、"非此即彼"的理论。

鲁迅对《庄子》的继承还表现在对其艺术价值的充分肯定上。鲁迅平生酷爱《庄子》,他在《汉文学史纲要》中赞美《庄子》一书"汪洋捭阖,仪态万方",已成为评价庄子散文风格特点的经典论断。《庄子》全书三十三篇,鲁迅著作中引用到的就有三十二篇之多,有些篇目还直接渊源于《庄子》的寓言故事,如新编历史小说《铸剑》等。《庄子》中的词汇也为鲁迅先生广泛运用,如"灵台"、"言荃"、"涸辙之鲋"、"邯郸学步"等。以上诸点足见鲁迅对《庄子》研究的深厚功力。所以我们不能因鲁迅对庄子思想的某些批判而误解为他全盘否定了《庄子》的真正价值。鲁迅的贡献就在于他剔除了《庄子》中的糟粕,吸取了其中的精华,为后学研读《庄子》一书提供了珍贵的思想资料。

## （五十七） 庄子提倡的是阿 Q 精神吗

关于这个问题,早在 20 世纪 60 年代就有人提出过,关锋在他的《庄子内篇评解和批判》中认为,在半殖民地半封建的旧中国,"庄子精神"似乎又交过一次"好运"。买办地主阶级要用"庄子精神"麻痹人民的斗志;另一方面,也用庄子的"精神胜利法"作为他们媚外的理论基础。看来关锋是认为庄子与阿 Q 主义有联系。关锋将鲁迅与现代"庄子精神"斗争作了比较,认为鲁迅早期的作品《阿 Q 正传》,固然还不能说是有意识地扫除"庄子精神",但阿 Q 的"精神胜利法"却正是庄子精神的一个特征,并认为"精神胜利法"起源于庄子。在关锋的书中,庄子是提倡阿 Q 精神的。近年来,有人撰文认为鲁迅以阿 Q 的形象批判了庄子,认为庄子与阿 Q 精神有雷同之处，即两者都颠倒了是非，达到了忘我、忘己的境界。

刘笑敢认为，将庄子与阿Q精神并提，不利于深入剖析庄子思想。

阿Q精神的特点是"精神胜利法"，即把失败当作胜利来自我安慰。也由于此，常常出现"健忘"，刚刚挨了"假洋鬼子"的打，却又"健忘"发生过的一切；这种"健忘"表现出自轻自贱、欺弱怕强的心理病态。而庄子却不会设想自己比别人阔气而自我安慰，庄子的眼里，富贵不值得羡慕追求，任何具体事物都不值得留恋吹嘘，只有完全逃脱于现实才能避免在斗争中遭到倾轧。庄子没有将胜利当成荣誉，更不会用失败来自我安慰。

在现实生活中，庄子主张忘怀一切是由于黑暗的现实太复杂了，正是因为庄子不忘现实的教训，才主张根本脱离现实。庄子不像阿Q那样迅速地"健忘"挨打的现实。他能记取现实的不幸，去追求根本脱离不幸的自由理想。至于自轻自贱、欺弱怕强的心态，这更不是庄子所提倡的，有人曾请庄子为相，庄子讥笑说快走开，别玷污我。对于现实世界，庄子不但遗弃，而且十分超然，他不要功名，不逐利益，追求一种真正的、绝对的自由——精神自由。在《逍遥游》中，庄子说："若夫乘天地之正，而御六气之辩（变）以游无穷者，彼且恶乎待哉！故曰：至人无己，神人无功，圣人无名。"

从这里看出庄子提倡的是一种把名、功、己都遗忘，以达到与道合一的境界，驾驭天地间的正气遨游于"无穷"的领域。这种自由毫无半点自轻自贱的意识，相反倒充满着对理想的追求。庄子的精神自由与阿Q的"精神胜利法"完全不可并提。

从动机上看，阿Q在自贱、自慰、自欺中得以暂时摆脱现实，而庄子追求的却是永远去摆脱不幸的现实；从效果上看，阿Q的"精神胜利法"不但没有摆脱现实的打击，反而招致更多的欺凌与嘲笑，而庄子的精神自由虽不能使自己得到真正的幸福，却又在一定程度上获得精神上的安宁。应该承认，庄子的精神自由是逃避现实，从这个意义上来讲，庄子对未来寄托幻想，但也不能理解庄子就提倡精神胜利法。庄子的自由是要保持不为任何事物所左右的超然无情的态度，要在生死、得失、好恶、是非中保持心灵的洁净,他追求的是不为任何人所支配、役使的人格独立,他把国相高位比作不堪一顾的"腐鼠",辛辣地讽刺为国君服务的人是"舐痔者";更对楚王的重金之聘不屑一顾,表现出不与权贵同流合污的气节。这些都是庄子精神自由超脱的表现,无论从哪一种意义上来说,阿Q的"精神胜利法"与庄子的精神自由的追求都是格格不入的。

## （五十八） 怎样评价庄子在中国哲学史上的地位

庄子哲学是中国古代哲学史上一份宝贵的遗产。在中国两千多年的漫长历史中,历代学者对庄子或毁或誉。然而,庄子思想一直深深地影响着中国传统文化。

庄子哲学中最积极的成分是丰富的辩证法思想,他继承和发展了老子的朴素的辩证法,也吸收了同时代其他一些具有辩证思想的哲人如惠施等人的思维成果,打破了传统的束缚,宣告一系列曾被认为是永恒真理的东西不过是相对的、处于变化中的,这对于中国哲学的发展起了积极的作用。

庄子的哲学也是一种解放的哲学,庄子哲学本身就是冲破旧的思想束缚的产物。秦汉以来,能够与三纲五常那僵死的思想抗衡,并带来了摆脱枷锁气息的,便是道家思想,而庄子哲学尤为突出。比如庄子主张超死生,追求精神自由;超名利,超得失,这对斤斤计较个人利益,蝇营狗苟追求私欲的人来说不失为一种尖锐的批判。

庄子哲学多层次地探讨了一系列重大哲学问题,许多闪光的智慧和思想仍是值得我们今天去研究的。庄子论述了"道"派生万物的过程中"阴阳"、"气"等作用,提出了"通天下一气耳"的光辉命题。庄子的相对主义思想在积极的意义上促进我们对新问题的提出和研究,从庄子的相对主义理论中,我们可以悟出:个人的生命是短促的,而人类文化是长久的。经过人类的不断努力,可以积累无数的相对真理,而日益与绝对真理接近。人不应为了最后真理难于达到而放弃努力。

庄子提出了许多有关本体论、知识论的根本性的大问题,推进了人们思维能力的发展,提出了追求人生意义上的高远理想,促进了人们对人生价值的进一步探讨。他揭露了社会黑暗,抨击、藐视统治者的不屈精神,给予正直而受压抑、贬谪的坦荡者以鼓励。诚然,庄子学说中仍不乏消极的作用,茅盾在其《夜读偶记》中谈道:"庄子思想有积极的和消极的两面:破坏偶像,要求个性解放,这是进步的要求,是它的积极的一面;然而它又有虚无主义的消极的一面。"我们认为,这个评价是中肯的。

庄子的哲学有否认现实世界的一面。庄子的思想深刻,看到了复杂的社会人生,他比别人更清醒地认识到每一种行动、每一个愿望都可能走向反面,于是就产生强烈的无可奈何的悲哀,提倡消极的安命处世哲学。庄子认为,只有随顺客观必然才能保持心灵的宁静与精神的自由;在对现实的悲叹中,他的愤世嫉俗也是一种消极的抗议。庄子的这种"安时而处顺"的思想,对后世也有消极的影响,到魏晋时,郭象的哲学直接建立在《庄子》的基础上,强烈地发展了庄子的"安命"思想,使之为封建社会中的阶级差别作直接的辩护。在庄子的消极思想影响下,一些历代自叹"生不逢时"的文人又以此为他们的颓唐、逍遥无为辩护和论证,成为他们不愿为正义、积极的生活做斗争的退避理论。

尽管如此,庄子哲学深刻、超越的思想确实发人深省。我们对庄子的哲学应取其精华,去其糟粕。对他的哲学思想,我们今天无论怎样也无法全盘否定,更不应埋没其中的进步内容。

# 三　庄子的其他理论

要分析庄子的政治倾向,首先要弄清楚庄子思想反映了哪一个阶级的利益。目前学术界多数认为庄子思想代表农民小生产者的利益,因为庄子对体力劳动和体力劳动者是持尊重的态度。庄子对当时文化、礼乐等说教坚决反对,希望回到"至德之世"社会中,向往无剥削、无压迫、没有君主的世界,也充分反映了小生产者的平均主义思想。尽管在这些思想中,夹杂着倒退、落后的沉渣,但这毕竟在一定的意义上代表了小生产者的愿望。

再看庄子对儒家思想的抨击,对奴隶制到封建制相沿袭的那一套典章制度、道德规范深恶痛绝也能反映庄子的立场。庄子反对文化、教育、知识和社会的进步,这是不正确的,但他毕竟揭露了剥削者利用文化来宣传剥削制度的"合理"的虚伪性。庄子的自然现打破了人格神的权威,冲击着传统神学观念,剥夺了"上帝"的"特权",表现出农民小生产者的斗争性。

由上述庄子所代表的阶级利益,决定了庄子的政治倾向。

我们认为庄子的政治倾向首先表现出对社会的黑暗和统治者的污浊

心
通
庄
子

表示出很大的愤慨,无情地揭露了他们的罪行。"强以仁义绳墨之言,术(述)暴人之前者,是以人恶有其美也,命之曰'菑人',菑人者,人必反菑之"(《人间世》)。庄子除了一度做过漆园吏小官以外,没做过高官,对宋国领主统治集团抱着反对与仇视的态度。他把宋国的黑暗政治比作"九重之渊",把宋王偃比作凶猛的"骊龙",讽喻那些"昏上乱相"的当权者和迎合统治者的谄佞之徒、曹商之流。除了直接尖锐地批评外,庄子在内心里又表现出对统治者极大的反抗和不合作态度,他毅然拒绝楚威王重金"许以为相"的承诺,不愿出仕,不愿做大官,宁可"游戏污读之中以自快",而不愿受统治者的羁绊和约束。

庄子是一个富有正义感,不屈从统治者而又穷得有志气的书生。他风骨傲然,不为世俗所动。他不仅以愤世嫉俗的心情和嬉笑怒骂的态度去评论现实,而且在书中对劳动人民的形象予以歌颂,如《不龟手之药》、《庖丁解牛》、《支离疏忘形》等章,表现了出庄子熟悉劳动人民,理解和尊重劳动人民的特点和态度。

庄子的政治倾向也是由他的出身决定的。庄子是一个身处乱世、博学多才、富有气节的知识分子,他看不惯作威作福的统治者,特别是继承老子的"道法自然"思想,对儒墨二家大加抨击,尤其是儒家的仁义学说,虚伪的礼教、破坏自然的人为法则为庄子所不容。庄子接触下层阶级,又深入实际,对社会生活和自然现象有深刻的观察和体会,所以,其表现出的政治倾向是对社会持批判的态度。但是庄子的内心又充满了矛盾,从而使得他的思想倾向从因愤世嫉俗的用世走向消极顺世。这一政治倾向转变是由其复杂的内心世界决定的,庄子不能直接施展其政治抱负,只有采取软弱无力的消极顺世态度,来寄托抒发他的政治倾向。有人认为"庄子眼极冷,心肠最热。眼冷,故是非不管;心肠热,故感慨无端。虽知无用,而未能忘情,到底是热肠挂住;虽不能忘情,而终不下手,到底是冷眼看穿"(胡文英《庄子独见》)。这一对庄子政治态度的评价是十分有见地的。

# （六十） 庄子对待劳动者的态度如何

一般认为，庄子是一个出身比较贫困的隐士（童书业就曾这样说），或是经济已经没落的贵族平民（赵子平持这一观点）。这样的社会地位和生活条件，决定了他对劳动者持同情和赞美的态度。在《庄子》一书中，作者成功地塑造了许多劳动人民的形象，表明了他对劳动人民的同情和热爱。

《养生主》的厨工"庖丁"就是一个劳动者的典型。庄子对"庖丁解牛"过程中的动作、技巧、神态十分钦佩。《人间世》中支离疏是个畸形的劳动者，他驼背耸肩，肢体畸形，替人缝洗衣服以养活自己，播种米谷，能供给十人的口粮。支离疏是社会下层的普通群众的形象，他不是什么英雄人物，靠自己的劳动生活，但是因身体残疾而免遭征兵劳役之苦，反而能苟延残生，可见当时社会是何等的不合理。文中寄托着作者对劳动者的深深同情和对穷兵黩武者的强烈愤慨。

《天道》篇中讲述了一个木工的故事。轮扁是位木匠，为国君制造车轮。他对国君诵读古代圣人之书不以为然，强调真知灼见来自亲身的实践，他以自己斫轮为喻，说明运用椎凿的轻重缓急要恰到好处，"不徐不急，得之于手而应于心，口不能言，有数存焉于其间"。告诉人们间接经验、书本知识确实有其局限性。通过"轮扁斫轮"这则寓言，庄子颂扬了农民的聪慧机智，讽刺了所谓"圣人"、"君子"的脱离实际、纸上谈兵行为。

《达生》篇中的"佝偻承蜩"和"津人操舟"两则寓言，描写一个屈腰驼背的捕蝉老人和一个撑船的船夫。庄子赞扬前者"用志不分，乃凝于神"，认为经过长期严格训练与高度集中注意力，技术就能臻于神境；他佩服后者善于游泳，熟悉水性，自然很快便能操舟，虽济深渊也如在平地。整篇文章令人感到亲切自然，流露出对劳动者淳朴勤劳智慧的赞美。

在《盗跖篇》中他则塑造了一位农民起义领袖的形象。"盗跖"的名字屡见于战国诸子作品，《孟子》、《荀子》、《韩非子》均曾提及，但都只作为反面的暴徒出现。《庄子》则不然，他的记述不仅规模相当于传记，而且跖的形象还相当高大。他借孔子之口赞美了跖的仪表堂堂,智勇双全,才能出众,"生而长大,美好无双","知维天地,能辨诸物,勇悍果敢,聚众率兵",甚至准备推为一国之君,充分肯定了跖的叛逆行为。同时,沉重鞭挞了力图依附于统治阶级的儒家之徒的不劳而获、道貌岸然而又追名逐利的丑态。

《庄子》一书中很多寓言故事,都是以劳动者为题材的。作者基本上是站在劳动者一边,同情人民的疾苦,赞扬劳动群众的实践精神,热情歌颂他们的善良、朴实、聪明、机智的美好品质。

庄子的人格是高尚的,他严守节操,安贫守志,不与统治者同流合污,体现了劳动者人穷志坚的精神倾向。《列御寇》就记载过这样的事:有个叫曹商的,带着秦王赏赐的百辆车子,向庄子炫耀。庄子回答说:我听说秦王有痔病找人医治,谁能舐他的痔疮,就得车五辆,干的事越下流,得车越多,你大概是治过秦王的痔疮吧?去你的吧!他对统治者及其宠臣表示出极大的蔑视和鄙弃,保持了独立的人格尊严。这是形成庄子同情人民、热爱劳动,讴歌劳动者的性格因素。

## (六十一) 怎样看待庄子的处世哲学

庄子从相对主义出发,提出了一套系统的处世哲学,形成了他独特的处世方式。

首先是回避矛盾,随遇而安。庄子在《山木》篇,记载了这样一个故事:一天,他和弟子去山中问伐木工为什么不砍那棵枝繁叶茂的大树。伐木工回答说,这树干不挺直光洁,不成材。庄子从中得到启示,他告诉弟子,正因为不成材才得终其天年。当晚他们又在庄子的友人家借宿,庄子友人杀鹅款待庄子一行。那家仆人问,杀不叫的鹅还是杀叫的鹅。主人说,杀不叫的吧。事后弟子问庄子:"不材"的树得以享天年,而"不材"的鹅又被杀死,怎么"自处"呢?庄子笑着说,我将处于"材"与"不材"之间。介乎于两者之间,这是回避矛盾;不去触及两端是避开现实,采取听之任之、顺其自然的消极态度。"安时而处顺,哀乐不能入,古者谓是帝之悬解"(《养生主》)。庄子提出"自事其心,安时而处顺"的自然而然的处世态度。

以顺自然的理路为常法,可以保身,保全天性;处于"材"与"不材"之间,可以远离复杂的现实、纷繁的生活。庄子这种听任命运的安排,被动地适应生活的态度导致了他对外界"无情"。这种"无情",从本质上来理解,就是"不悦生,不恶死",一切随遇而安,随境而处。

从这里出发,庄子为了摆脱人生的烦恼,进一步提出了消除人的认识和感知外物的能力,主张"身若槁木之枝,而心若死灰",这样,人就完全变成了一个消灭了思想情欲、麻木不仁的躯壳了。处于这种状态的人,就有一种"堕肢体,黜聪明,离形去知"的化境了;按庄子的话来解释就是:"祸亦不至,福亦不来,福祸无有,恶有人灾也。"(《庚桑楚》)

其次,追求绝对自由的超脱,这是庄子的处世哲学的最高目标。庄子在其书中说,天地间各种各样的生物,均有其自由自在的生活,但仍"有待",不能达到庄子所理想的超脱即绝对自由。那么,绝对自由的超脱是什么呢?庄子认为:"乘天地之正,而御六气之辩,以游无穷。"也就是无须依靠外力的任何条件,在宇宙天际中任意地翱翔,顺应和驾驭自然界复杂变化的一切规律。庄子说,鹏鸟要凭借大风才能飞上高空到达南海,列子要借风的力量才能飞行半月,这一切都不能完成绝对自由的追求。"无待"是庄子追求的最高的处世哲学。

庄子的那种绝对自由的追求是要达到入水不湿,入火不热,"不食五谷,吸风饮露"的"至人"境界。诚然,这是庄子的一种理想,任何摆脱和超越客观世界所有的条件限制,能在宇宙间随心所欲的绝对自由,都是无法实现的。

但是庄子这种处世哲学,曲折地反映了他极端不满当时的现实,而又无可奈何,试图逃离生活的一种复杂的心态。如果用今人的眼光来评判,庄子的处世哲学可以说其方式无疑是幼稚的,但从积极的意义上来研究庄子这种心理状态和思维活动,不难发现其处世哲学是对现实的一种批判。

# （六十二） 庄子是极端利己主义者吗

　　有人曾从《庄子》书中的诸多寓言出发，声称庄子是个极端利己主义者，是一个"滑头派"，信奉"混世哲学"。毋庸讳言，庄子头脑中是有"个人主义"因素的，但是有了一些个人主义思想因素不一定就是利己主义者。我们要对庄子的全生保身哲学，消极避世思想作历史的、具体的分析，盲目地给庄子扣上"极端利己主义者"的帽子是不公允的。

　　在奴隶制封建制时代，统治者有无限权威，一般个人的独立存在则常常被认为是不合法的。这本身就是一个畸形的不正常的人伦现象，所谓"普天之下，莫非王土；率土之滨，莫非王巨"，"君要臣死，不得不死，父要子亡，不得不亡"。作为臣民，只要稍有一点人格独立，违背统治者的利益，就被斥为"狂狷之徒"。而庄子公然承认个人有独立地位，主张人们应该自由地生活，不受人为的束缚，作为人至少有起码的生存权利和生活条件。他不图分外的物质享受，不贪求名誉、权力，不想去剥削、压迫别人，"不蕲畜乎樊中"（《养生主》），不愿做养生笼中的雉禽，向往"相忘于江湖"（《大宗师》），成为游于汪洋大水里的鱼儿。这是理想社会中人性的自然要求，是人的正当权利和需要，庄子的这些主张，并不过分，更不是什么个人主义的表现，从某种意义上说是对奴隶制统治者压抑人的自然欲求的反抗。《徐无鬼》云："天地之养也一，登高不可以为长，居下不可以为短。君独为万乘之主，以苦一国之民，以养耳目鼻口，夫神者不自许也。"人生来就是平等的，为什么要有"万乘之主"高踞人民头上作威作福，坑害百姓呢？我们认为正是庄子第一个发现了人的个体价值，正面提出人的正常自然欲求，揭露了统治阶级的极端利己主义行为。庄子无情地剥下儒墨大师们虚伪的面纱。所谓"仁义"、"兼爱"都是出于自私自利的目的，"兼爱不亦迂乎？无私焉，乃私也"（《天道》）。兼爱的本质就是自私，"非攻"本来也是为保护私有权而进行的防御战，这才是真正的利己主义表现。

　　称庄子是极端利己主义者的人，经常列举下面两则寓言为证。其一是

《逍遥游》中"许由逃尧"的故事。许由拒绝尧让位于他，说："子治天下，天下既已治也，而我犹代子，吾将为名乎？名者实之宾也，吾将为宾乎？鹪鹩巢于深林，不过一枝，偃鼠饮河，不过满腹。旧休乎君，予无所用天下为。"剥削者争名夺利，抢占地盘，掠夺财物奉养自己，而许由只图一枝之栖而不想霸占整个森林，只求一腹之水而无意并吞整个河流，除满足个人的简单生活之外，别无他求，他拒绝接受王位，难道是利己主义吗？其二是《人间世》中的畸形劳动者支离疏的形象。支离疏因为身体残疾，才避免了统治者加给的沉重的劳役与兵役，得以保全一条性命。整日依靠替人缝洗衣服，养活自己，有时也获得一点别人的施舍。有人据此认为支离疏是精打细算，得失计较，爱占小便宜。事实上从这一寓言可以看出统治者兵役、劳役的残酷，多少平民百姓因之家破人亡，多少健全的男子早已征房殆尽，夭亡于沙场或繁重的苦力，只有个别畸形残疾者才能幸免于难，苟延残生，终其天年。庄子通过支离疏的形象折射出何等深刻的批判与悲愤的抗议，而丝毫没有给我们个人主义和利己主义的印象。所以，我们认为庄子不是一个极端利己主义者，而是一个反抗奴隶制残暴统治的斗士。

## （六十三） 庄子有哪些经济思想

　　先秦诸子中，有不少人探讨过经济理论，如管子、墨子、孟子等，而庄子的经济思想更有特色，值得研究。有人认为，庄子以绝欲为根，旁及生产价值、分配方式等问题，认为庄子衡量经济价值的标准不在物质而在精神，体现了道家清静无为的根本，这些看法是很有道理的。庄子说："无欲而天下足。"以寡欲、无欲为经济基础，由此阐述了自己的经济观点。

　　庄子非常重视劳动生产。人类要生存，社会要发展，必须进行物质资料的生产，从自然界中获取食物，以养活自身。《徐无鬼》云："天之生人，必与之工，与之食，易言之，使各尽所能，各取所需，社会个人，两得其利也。"强调人人要各尽所能，努力工作，创造财富，只有这样才能民有所食，社会个人两得其利。庄子反对儒家歧视体力劳动者，所谓"劳心者治人，劳力者治于人"。他认为职业无高下,行业无贵贱,这是一种朴素的民主平等观。而且还认为从事生产劳动是人的生理习惯。"农夫无举莱之事则不比,商贾无市井之事则不比"(《徐无鬼》)。即是说农夫没有耕种的事就心里不安,商人没有市井贸易活动就不快乐。并且还说,人生下来,长大成人就应有相应的职业,这是人的权益,"天生万民,必授之职"(《秋水》)。但是,庄子在重视劳动的同时也反对劳作过度,因为"形劳而不休则弊,精用而不已则劳,劳则竭"(《刻意》),有损于身心健康。

庄子对事物的价值有自己的认识,形成了独具特色的价值学说:万物平等观。《齐物论》云:"物无非彼,物无非是,自彼则不见,自知则知之;故曰,彼出于是,是亦因彼。"世界上的事物都是彼此相对的,意义对等,价值相当。表现在对事物的价值判断上就是流变的和相对的,没有绝对的"贵",也没有绝对的"贱",贫与富、是与非相对,万物呈现为同等的价值。诚如《秋水》云:"以道观之,物无贵贱。"因此,庄子平生淡泊功名,泯心富贵,蔑视物欲,甚至无畏于生死,是与其价值观点一脉相承的。

庄子也有自己的分配理论。分配和生产一样都是经济学的重要内容。孔子曾说:"不患寡而患不均,不患贫而患不安","财聚则民散,财散则民聚。"(《论语》)孔子深悟分配方式对国泰民安的重要作用,主张平均主义分配原则。庄子也主张对财富进行均衡合理分配。《则阳》云:"富而使人分之,则何之有?"把财富分给大家,那么还有什么坏事会出现呢?"荣辱立,然后睹所病;货财聚,然后睹所争。"认为囤居财物,不进行合理的社会分配,就会酿成诸侯纷争,天下大乱。这些见解还是颇为深刻的。

庄子还有一套消费主张。他继承了老子的思想,冥冥求道,甘于寂寞,生活素朴,崇尚节俭。庄子说:"古之至人……食于苟简之田,立于不贷之圃。"声称最高尚的人也是生活最俭朴的人,反对奢侈浪费、贪求物质享受、沉湎于感官快乐。庄子从这一消费理论出发,进一步提出"简葬"的要求,反对当时君臣诸侯、公卿大夫的分等"厚葬"风气。请看《列御寇》中庄子对待死后身葬的态度:"庄子将死,弟子欲厚葬之,庄子曰:'吾以天地为棺椁,以日月为连璧,星辰为珠玑,万物为赍送,吾葬具岂不备耶?'"这是何等潇洒自若的简葬观。

《庄子》一书中的经济学思想非常丰富,有些论述还不失精辟,尤其他的清心节欲、朴素尚俭的主张,在今天看来仍有积极的现实意义。

# （六十四） 《庄子》书中有哪些心理学思想

我国古代没有出现过系统的心理学著作,仅留下些只言片语的零散论述。《庄子》一书中含有一些心理学思想。

《庄子》书中提出"身心二分","身心互用"之说。"身"是指人的形体、行为,"心"是指人的思想意识。认为观察人的行为可以推测人的思想,思想意识的差异会产生不同的行为动作。《德充符》中说:"以其知得其心,以其心得其常心。"《庚桑楚》又说:"备物以将形,藏不虞以生心,敬中以达彼。"就是说筹备物品奉养形体,思想无顾虑就能培养心神,修行内智达到与外物相通。用现代的话来讲即人的意识与行为之间既有区别又有联系,无意识不能得知行为,无行为不能表示意识,二者犹如唇齿之相依。

《庄子》重视人的精神和气息而不重人的形体。《齐物论》中说:"精神者,人之灵气也。"庄子主出世主义,超然物外,故重精神,不重形体。认为人的形体产生于精神,精神又是由气息产生的,气息于人最为重要。据说"至人"由于能守住纯气,所以"蹈火不热",潜水不被窒息。何以产生气息呢？唯有斋戒和静虚可得。《至乐》篇说:"本无气,杂乎芒芴之间,变而有气,气变而有形;形变而有生。"庄子认为:"人之生,气之聚也;聚则为生,散则为死。"（《知北游》）他认为世间本来没有气,在若有若无之间,变而成气,人的生命形体也是由气息的聚合而形成的。

《庄子》中还谈到了心理学上的诸多要素,包括感觉、知觉、情感、意志等。《庚桑楚》中说:"知者接也,智者谟也;知者之所不知,犹睨也。"知识是和外界应接而获得的,智慧来自内心的谋虑,智慧有所不知,好像斜视一方所见有限。他提出学习知识就是人对外物的感觉过程。庄子在《逍遥游》中也谈到知觉的问题:"举世而誉之而不加劝,举世而非之而不加沮,定乎内外之分,辨乎荣辱之境,斯已矣。"是说人们对外在事物不仅要有感觉,而且要上升到知觉,才能够感知到事物的性质,这里所言的"辨"就有辨别反省之义,属于知觉的范围。《庄子》论述情感的心理因素,内容最多,喜、乐、悲、愁、爱、憎、恶、忿、怒等几乎都谈及。如"圣人之爱人,终无已者"(《知北游》),"与人和者谓之人乐,与天和者谓之天乐"(《天道》),"是其始死也,我独何能无概然"(《至乐》),"胥靡登高而不惧,遗死生也"(《庚桑楚》)。庄子认为情感的特点不外乎有"爱"与"恶"两种,这也是人们对待事物的两种态度,可见庄子对天地人生的种种情感体察是深刻的。庄子的意志论强调"一若志"(《人间世》)、"其志无穷"(《则阳》)。外界事物,对我有利的就要主动积极地追求,直至达到目的,这种心理状态虽然带有利己主义色彩,但却表明了庄子十分重视个人意志的能动作用。

　　《庄子》意识到社会环境对个体心理的影响。人们的生活环境能够暗示某种行为趋势,产生模仿效应,从而改变人的心理结构。庄子认为风俗习惯对人生影响很大。"入其乡从其俗"(《山木》),就是所谓入乡随俗的意思。《在宥》篇中又说:"世俗之人皆喜人之同乎己,而恶人之异于己。"2000多年前庄子就理解了人的自怜心理,世上的人一般都喜欢与自己思维习惯、饮食起居一样的人,而厌恶与自己不一样的人。《秋水》中又说:"差其时,逆其俗者,谓之篡夫;当其时,顺其俗者,谓之义徒。""逆俗"与"顺俗"成了衡量"篡夫"与"义徒"的标准。这些都从不同角度强调风俗习惯的重要。

　　庄子对"睡眠"的理解是人体各器官不与外界事物相接而出现的状态。梦的原因是人在睡眠时,他的血液、呼吸运动仍然能引起过去的经验印象而造成的。《齐物论》中的"庄周梦蝶"现象是因为心地烦扰,思念纷纷,一念未灭,一念又起,使精神疲劳,奇梦自生,正如列子所说的"昼想夜梦"。要做到"古之真人,其寝不梦,其觉无忧"(《大宗师》),必须心地清闲,无忧无虑,这样梦就会减少或者消失。

传记读库

# （六十五） 庄子有哪些伦理思想

庄子的伦理思想与哲学思想一样,也是非常深刻和丰富的。庄子以天道自然为核心,来论述伦理道德,表现为自然主义特征。

庄子认为道德来源于人性中自然无为的品格,否认道德伦理的社会基础。《齐物论》云:"因是因非,因非因是,是以圣人不由而照之于天,亦因是也。"即是说,是非善恶,不是根据世俗是非来衡量的,而是依照自然之道,来作为行为善恶的标准。又说:"吾所谓臧(善)者,非所谓仁义之谓也。任其性命之情而已矣。"(《骈拇》)显然,庄子的"善"的内容来之自然天道,不同于儒家的道德是人类社会特有现象的观点。如《荀子·儒效》曰:"道者,非天之道,非地之道,人之所以道也。"庄子割裂了道德与社会的关系,离开社会条件,从人的自然本性中寻找道德土壤,视道德为一种与生俱来的现象,显然是荒唐的。

庄子从相对主义出发,认为道德是相对而言的,没有绝对不变的、永恒的仁义善恶观,不同阶层的人有不同的道德观念。《胠箧》云:"彼窃钩者诛,窃国者为诸侯,诸侯之门而仁义存焉,则是非窃仁义圣知邪","田成子一旦杀齐君而盗其国","小国不敢非,大国不敢诛。"清楚地告诉人们,窃国者当了诸侯,且还被恭维为仁义之人,而普通百姓只偷了一只钩子,就被当作盗贼而杀掉。同为盗窃,都是不道德的行为,为什么前后相差何其远呢?所以庄子得出结论:罪恶是相对的,有时最大的犯罪却被尊奉为仁义之举,最小的偷窃则被视为鸡鸣狗盗之行。庄子仁义道德的相对观,闪现出阶级意识的萌芽,对于我们认识封建社会伦理道德观念的虚伪本质,无疑是很有启发作用的。

庄子倡导道德虚无主义。庄子主张仁义、道德,美丑、善恶的相对论,由此进一步发展演变,终于形成了否定一切道德范畴和行为差别的虚无论。生死、是非、好坏等一切,绝对同一,都统一于至高无上的"道"。他说:"与其誉尧而非桀也,不如两忘而化其道。"(《大宗师》)尧是圣明的君主,桀则是暴戾无道的昏君,两者泾渭分明,不可同日而语,庄子则认为两人是没有什么区别的。"誉尧而非桀"都没有意义,真正的道德之人,是不追求善恶之分的。因此,庄子反对道德的自我修养,认为文化知识不仅不能提高人的道德水平,而且知识愈发展,道德就愈堕落、愈败坏,因为社会的发展、文明的提高,会越来越大地违背道德的根本属性——自然性,只有"弃知绝仁",返回原始自然,才能求得最崇高的伦理道德。《养生主》云:"为善无近名,为恶无近刑,缘督以为径,可以保身,可以全生,可以养亲,可以尽年。"成玄英疏正说:只有做到"善恶两忘,刑名双遣",才可能成为最有道德的高尚之人。

由上可知,庄子的道德伦理思想一方面有批判残酷现实的理论意义,另一方面也有很明显的错误和荒谬的地方。这些都直接导源于其哲学观上的相对主义思想。

## （六十六） 庄子的教育思想有哪些

《庄子》一书中含有丰富的教育思想。尽管庄子并没有直接提出什么教育主张,但是他一方面通过寓言形式深刻阐述了教育理论,另一方面又通过这一形式,揭示了重要的教育原则和方法。一般认为庄子的教育思想集中表现为"自然主义教育"。

庄子自然主义教育思想源出于他的哲学思想,是与道家"无为"、"自然"的理论一脉相承的。庄子继承老子"无为"而治、"无为"而教的主张,"处无为之事,行不言之教"。据统计,《庄子》书中就字面上看,"无为"字样的即有三十处以上,足见道家对"无为"精神的重视。但是无为并非无所为,使无为而治和无为而教与无为而修养心性统一起来,成为"无为而无不为",是"上必无为",而"下必有为",他要求君静而臣动,人民安而君权固,提倡"不言之教",使得君主自身受到"不言之教",在德行性情上得到修养和提高,从而使老百姓也受到"不言之教"的熏陶。"下必有为"是"上必无为"的教育效果和要求,"上必无为"是"下必有为"的动因和基础。

"无为"思想是庄子教育思想的出发点和理论基础。

庄子由"无为"开始,到"不言之教",进而发展成为"绝仁弃义"和"绝圣去智"思想。庄子一贯反对用儒家伪善的仁义来教化百姓,他认为社会动乱的根源之一是圣人宣扬的"仁义"。"礼者忠信之薄,而乱之首"、"圣人生而大盗起,抨击圣人,纵舍盗贼,而天下始治矣"(《胠箧》),他提出"圣人不死,大盗不止"的战斗口号。主张不要知识,不要心智,"堕肢体,黜聪明,离形去智,同于大通",才是人们道德的极致。

自然主义教育既是庄子教育思想的核心,同时也是庄子教育方法论的基础。《马蹄》篇之"马之死者过半",《至乐》篇之海鸟"三日不食而死",就说明这个自然主义教育原则是不能违背的,要让受教育者自由发展,不能桎梏受教育者的个性自由。如《秋水》云:"北海若曰:'牛马四足是谓天,落马首,穿牛鼻是谓人。'"即是说要避免"落马首"、"穿牛鼻"的"以人灭天"的现象,要顺乎自然,不能违反受教育者的自然天性。

庄子虽然对生产劳动、增进知识持保守态度,如对子贡建议改用桔槔车水,力寡功多,表示反对(《天地》)。但他毕竟也为小生产者利益说话,对于生活知识、技能也不是毫无了解,并不是愚民政策。从他所举寓言中可以看出,他是懂得生产、生活的,并引喻说明教育原则和方法。如用庖丁解牛游刃有余,说明通过反复实践,可以获得知识,掌握技能等。

庄子认为学习知识和技能要全神贯注,用心集中。他在《达生》中讲了一个"佝偻承蜩"的故事。佝偻老人用竿捕蝉,技能高妙,问其"巧",老人说:我"五六月累丸二而不坠,则失者锱铢;累三而不坠,则失者十一;累五而不坠,犹掇之也。吾处身也,若厥株拘,吾执臂也,若槁木之枝。"他的全部心智集中于"蝉翼","用志不分,乃凝于神"。这是说,学习知识技能需专心致志,否则很难成功。

庄子也认为学习技艺应临危不惧,镇静自若。善操舟的人把深渊看成平地,随舟进退。因为忘水,就没有什么挂念,能一心巧手操舟了(《达生》)。《田子方》中也举了一例:伯昏无人登上高山,脚踩危石,面临深渊,学习射箭,吓得列御寇汗流至踵。伯昏无人说,射的功夫到家,应该临危不惧,神气不变。这是说明学习技术要受严格考验,方臻成熟。

庄子育人还注重从学生实际出发,有的放矢,因人施教。所传授的内容要适合受教育者的要求,不偏高,也不过低。庄子说:"忘足,履之适也,忘要,带之适也。"(《达生》)这里的"忘足"、"忘要"就是适度的最好体验,是量力而行的结果。

## (六十七) 《庄子》书中自然科学思想有哪些

《庄子》是我国古代一部优秀的哲学、文学著作,这几乎已成定论。但若说它是一份宝贵的自然科学遗产,也许不被人看中。其实,在《庄子》三十三篇中,蕴含着丰富、深刻的自然科学思想。

《逍遥游》篇中写道:"且夫水之积也不厚,则其负大舟也无力。覆杯水于拗堂之上,则芥为之舟。置杯焉则胶,水浅而舟大也。"说明水体的深浅大小负载舟船的能力不一样,这完全暗合阿基米德的浮力理论,是非常科学的。又如《秋水》篇中写道:"计四海之在天地之间也,不似垒空之在大泽乎?计中国之在海内,不似稊米之在大仓乎?号物之数谓之万,人处一焉。"就是说,海在天地当中,不是像蚁穴在大泽里面一样吗?中国在四海当中,不是米在大米仓里面一样吗?如果事物的数目有一万种,人类不过是其中的一份。这些都闪烁着古代人朴素的科学地理观。此外《庄子》书中还有符合空气动力学原理、现代声学理论的种种论述。概而言之,《庄子》中主要有下列几方面的自然科学思想。

庄子的宇宙无穷观与现代科学的宇宙观相一致。《逍遥游》中多次提出天地无穷的观点。汤询问棘:"上下四方有极乎?"棘说:"无极之外,复无极也。"天地在无极之外,还是无极,意思是天地绝对没有终极,集中表明了庄子的宇宙无极观。

《大宗师》中提出"天人合一"、"死生如一"的生命观,极力主张凡事要顺应自然,认为生老病死是不可避免的,应当尊重这一客观规律,不以物喜,不以己悲。《天下》篇里写道:"古之所谓道术者,果恶乎在?曰:无乎

传记读库

不在。"这里所说的"道术"就有自然规律的意思。《德充符》里论述了伟大的人就是适应自然的人,是体现宇宙、人生的根原性与整体性的人。《骈拇》等篇中主张人的行为应当循乎规律,顺乎人情。认为最好的人性不是讲仁义,而是让人类的本性符合自然规律。

《庄子》一书阐明了自然变化的许多现象。《则阳》篇中有"除日无岁,除内无外"之说,即没有日就没有年,没有内就没有外。时序有终始,世事有变化,祸福流变,有所乖道,却也有所适宜;各自追求不同的方面,有所确当也有所差失。庄子还从动态看待事物,他认为,船藏在沟谷里面,山埋在深泽之中,似乎很牢固了,但是不知不觉中已在默默地迁移。人的体形也不断变化,没有穷尽。《齐物论》中认为事物彼此之间的相互关系是:彼方是出于此方的对待,此方也只因有彼方而存在,彼和此是相对而生的,两方又互相转化。彼有是非,此也有是非,"是"的变化无穷尽,"非"的变化亦无穷尽。

《庄子》对待苦乐、养生的态度是很科学的。庄子蔑视人生在世的一切荣华富贵,不受功名利禄权势的束缚,达到"无己"、"无功"、"无名"的境界。庄子看来,"平易恬淡,则忧患不能入,邪气不能袭,则其德全而神不亏"(《刻意》)。《天运》篇中指出:"形劳而不休则弊,精困而不已则劳。"都表明庄子很懂得科学的养生之道。

《庄子》有科学的求知方法。在《养生主》中写道:"吾生也有涯,而知也无涯,以有涯随无涯,殆已,已而为知者,殆而已矣。"强调以有限的生命去追求无限的知识是十分困难的,这就要求人们掌握科学的学习方法。所谓科学的方法,庄子认为就是顺应客观规律地去认识客观事物。他的"庖丁解牛"、"匠石运斤"、"螳臂当车"、"东施效颦"等脍炙人口的寓言故事,就是说明这一道理的。学习知识,就好像庖丁解牛一样,顺着牛身的纹理,循着骨节的空隙,依着牛的自然结构去用力,就能得心应手,游刃有余。

《逍遥游》中鲲鱼大到竟有几千里,后来又从鱼类演化成鸟类,基本上符合现代的进化论思想。诚然,在庄子时代不可能产生达尔文的进化论,但是作为富有科学性的幻想家,庄子是当之无愧的。

《庄子》对生物学也有涉及。在《天运》中他曾描述过一种生物,身怀雌雄两性,所以自身可以生育。《秋水》中说过井里的鱼无从谈大海的事,这是因为地域的局限;对夏天的蚊子无从谈冰冻的事,这是因为时间的困蔽;猫头鹰在夜里能捉跳蚤,明察秋毫,但是大雪天却看不见,这是性能的不同。凡此种种,都闪现出自然科学真理的灵光。

## （六十八） 庄子有哪些美学思想

从思想渊源上讲,庄子关于美的见解一方面是对老子有关思想的继承和发挥,一方面也是对先秦以及同时的异己学派的有关思想的批判的结果。

庄子批判其他学派有关美的观点的武器是主观主义和相对论。孟子说:"不见子都之姣者,无目者也。"这就是说美是绝对的,是一种不以人的意志为转移的客观存在。庄子则不以为然,他明确指出:"生而美者,人与之鉴,不告,则不知其美于人也。"(《阳则》)美是主观的,为"鉴"之人的好恶所决定的,同一对象,有人认为美,有人则认为不美,这是个体情感在审美中所显示的差异性。正因为如此,庄子又以相对主义为武器批驳了"美丑有间"及孟子提出的"耳之于声焉,有同听焉;目之于色焉,有同美焉"的观点,认为美既然是主观的,因而也必然是仁者见仁,智者见智,强调审美主体在审美过程中的主观作用。

庄子从道生万物的哲学观点出发阐述自然美,认为大自然是"道"的最完美的体现,所以他反对"文饰之美"、"仁人之美"和"礼乐之美",反对一切人为的、雕饰的、不自然的东西;因为它们是违背自然规律的,因而也是不美的。它们的存在就是对自然状态的破坏。庄子说:"百年之木,破为牺尊,青黄而文之,其断与沟中,此牺尊于沟中之断,则美恶有间矣,其于失性一也。"(《天地》)凡是离开了自然状态的,就是不符合"道"的,既不真,也不善,也不美。礼乐之美不仅摧残了物性,还败坏了人性,所谓"五色乱目"、"五声乱耳"、"五臭熏鼻"、"五味浊口"、"趣舍滑心"(《天地》),礼乐

传记读库

使人们知道美丑,还使尊卑、贫富、荣辱的对立变得十分明显,这就使人们不择手段,互相争夺,"礼乐遍行,则天下大乱矣"(《缮性》),这是礼乐的最大祸害。

在否定社会美的同时,庄子极力论证天地的美、道的美,提出了"天地大美"的论断。《知北游》中有:"天地有大美而不言,四时有明法而不议,万物有成理而不说。"天地是"道"的最充分的体现,是极其自然而朴素的,这才是美的根本特点,"淡然无极而众美从之,此天地之道,圣人之德也"。(《刻意》)天地和天地之道都是美的,因为它们达到了自然无为的顶点,做到了无为而无不为,无有而无不有,这是最高的真和善,也是最高的美。美学史上,庄子是第一个如此推崇自然美的人。

庄子认为"至乐无乐",他否定了音乐的美,否定人类文明,但他却肯定了"天籁"的美。"天籁"也就是《天运》提到的"听之不闻其声,视之不见其形,充满天地,苞裹六极"的"天乐",天乐即大自然的音乐,道的音乐,因而也是最美的音乐。可见庄子并不是不要"美",而是追求天然去雕饰的美,他强调美的本质就是自然。

庄子热烈地礼赞大自然的美,也没有完全否定人的美,他提到的那些神人、至人、真人,可以说就是他心目中理想化了的美人。《逍遥游》中关于藐姑射之山的神人描写是一段极富魅力的文字,他告诉我们,神人"肌肤若冰雪,绰约若处子,不食五谷,吸风饮露;乘云气,御飞龙,而游乎四海之外;其神凝,使物不疵疠而年谷熟"。这位神人可谓是道的化身。人身上充实着道则美,社会又何尝不如此呢?儒家向往礼赞的社会在庄子看来根本无美可言,因为它压抑了人的自然本性。美的社会应该像道一样自然而然,恬淡朴素。"古之人,在混芒之中,与一世而得淡漠焉。当是时也,阴阳和静,鬼神不扰,四时得节,万物不伤,群生不夭,人虽有知,无所用之"(《缮性》),"与麋鹿共处,耕而食,织而衣,无有相害之心"(《盗跖》)。这样的社会才是庄子心目中美的社会。

总之,庄子在美学上有破有立,他从"道"出发发现了自然美,认为美的本质在于自然,他对文艺、社会及人的美的认识,也没有离开这一根本的

## （六十九） 庄子是如何看待自然美的

庄子否定儒家的"文饰之美"、"仁人之美"和"礼乐之美"，而极力推崇自然美，他的这种美学思想是与他的哲学观点一脉相承的。

在庄子眼里，道是宇宙的本体，万物的根源，是神秘而又神圣的绝对真理，只有至高无上的道才可以称得上"洋洋乎大哉"，才是美的本原。《天道》中说：道"覆载天地，刻雕众形而不为巧。"《刻意》又说它"淡然无极而众美从之"。这就是说，道是自然而然的，是非常朴素的。文饰、音乐等之所以不美，关键就在于它们不是自然的、朴素的，而是人为的、雕饰的、违背道的。文饰、礼乐之美不仅摧残了物性，还败坏了人性，使得人们尔虞我诈，互相争夺，"礼乐徧行，则天下乱矣"（《缮性》）。正是在这个意义上，庄子提出"朴素而天下莫能与之争"的美学思想，朴素是道的特点，也是美的根本特点。庄子第一次把自然美提到了一个重要地位。

从美学史角度看，儒家学派从"仁"出发，发现了人与人之间关系和社会制度的美，庄子则从"道"出发发现了自然的美，提出了"天地大美"的论断。他熟悉自然，热爱自然，讴歌自然，成为中国文学史上第一位山林诗人。他把自然事物作为美的对象来欣赏、体验，在先秦诸子的美学思想中占有显著位置。

庄子认为，大自然是道的最完美的体现，他热情地礼赞它："天地有大美而不言，四时有明法而不议，万物有成理而不说。"（《知北游》）又说："天德而出宁，日月照而四时行，若昼夜之有经，云行而雨施矣……夫天地者，古之所大者……"（《天道》）正因为天地由道而生，所以它才最充分地体现了道的特点。它是那样的富有、和谐、神奇，又是那样的自然、朴素、无为。大自然才真正称得上"功成之美，无一其迹"的典范。在庄子看来，自然美首先是朴素、率真之美，所谓"朴素"，也就是自然而然，顺乎"道"的规律而又不矫揉造作；所谓"率真"，也就是真诚坦然，不以美自居，不哗众取宠，求之于心而自得,使自己的本性与自然之"道"的本性相合,摆脱一切有形的束缚而"与天为徒",这才是至美的境界。

庄子对自然美的热爱和欣赏是非常投入的。参天古木,呼啸长风,滔滔河水,奋飞鹏鸟,以及大自然的千变万化,宇宙的无穷无尽,都深深打动了庄子,增加了庄子的审美情趣。他甚至说:"吾以天地为棺椁,以日月为连璧,星辰为珠玑,万物为赍送。"庄子与天地浑然一体,死了也要用天地、日月、星辰、万物把自己装饰起来,这是一种对于自然的强烈的回归意识。《庄子》一书中有很多关于自然景物的生动描写,把自然景物作为审美对象来观照,表现了庄子的审美情趣。《逍遥游》中有关于鲲鹏的描写:"北冥有鱼,其名为鲲。鲲之大,不知其几千里也;化而为鸟,其名为鹏。鹏之背,不知其几千里也;怒而飞,其翼若垂天之云。"这是一个奋飞、搏击、追求自由的形象。《齐物论》中有一段关于风的诗,长风吹过大地,吹过山林,发出各种不同的声音,有的雄壮,有的细微,像悲鸣,像号哭,像欢乐,风声是如此富于变化而又有节奏,似一曲动听的音乐。"天乐"即大自然的音乐、道的音乐,因而是最美的音乐。

庄子对自然美的阐述、描绘和礼赞无疑是对儒家学派的一大冲击,他把自然美从"仁"的束缚中解放出来,打破了美善不分的观念,扩大了人们的审美视野。中国人对大自然的酷爱和精微入神的审美感受显然与庄子的影响是分不开的。庄子注重自然美,突出地把自然万物作为审美对象,这对中国美学史上冲淡自然、"清水芙蓉"审美情趣的形成,对中国山水诗、山水画的产生与发展,都产生了相当大的影响,这对中国美学史是一个不容置疑的贡献。

## (七十)　庄子是怎样看待音乐美的

庄子的美学思想十分丰富,在艺术上主张自然朴素之美,反对雕饰斧凿之美,"淡然无极而众美从之"(《刻意》),主张"原天地之美而达万物之理"(《知北游》),这种自然无为的美学思想应用于对音乐美的论述,就形成了庄子独特的音乐美学理论。

庄子认为最美的音乐是"天籁"、"天乐"。《庄子·齐物论》借子游和子綦的对话谈道："子游曰：'地籁则众窍是已，人籁则比竹是已。敢问天籁。'子綦曰：'夫天籁者，吹万不同，而使其自己也，咸其自取，怒者其谁邪。'"这里庄子把声音分为三类："人籁"、"地籁"、"天籁"。"人籁"是人借助竹箫所吹出的乐声，"地籁"则是自然界的众多孔穴发出的风声；而"天籁"则是自然界的众窍"自鸣"的声音，这是一种不靠人工、不凭外力，自然产生的"天乐"。《天道》云"与天和者，谓之天乐"。"天乐"具有"听之不闻其声，视之不见其形，充满天地，苞裹六极"的特点(《天道》)。这与老子"大音希声"的理论是一脉相承的，老子认为真正美妙的音乐是没有声音的音乐，即"听之不闻其声"，但它又无处不在，无时不有。

庄子对音乐美的层次划分还表现在对音乐的类型区别上。庄子认为音乐可分两类，一是体现"自然之道"的"天乐"，另一种是为社会礼乐服务的"人乐"。"天乐"是看不见、听不到的最理想美妙的音乐。他认为这种音乐不是技巧极高的乐工所能演奏出来的，真正演出的音乐就已不是最美的"天乐"了，与此相反，只有"无乐之乐，乐之至矣"，才能创造出"全之美"的音乐。

另外，庄子竭力反对儒家所谓"礼乐"教化。儒家思想从维护统治者的利益出发，强调礼乐为封建等级制度服务，推崇雅颂之乐，提倡中和之音，反对郑卫之音，而且还认为："不知声者不可与言音，不知音者不可与言乐。知乐则几于礼矣。礼乐皆得，谓之有德。"(《礼记·乐记》)从明白声调到识别五音，最后才弄懂音乐。懂得音乐就是懂得礼了。礼乐都懂了才可算有德。这是儒家进行正规教化的程序。这里充满着封建伦理思想的音乐成了儒家教育人民朝向"正道"的工具。这里的音乐，自然只能是人为的庙堂之音，庄子对此是不屑一顾的，他认为这是最低级的音响——"人籁"，根本无法达到自然界自身声音的美妙高度。

庄子力主"自然之道"的音乐美学思想，对我国后代音乐发展有很大影响，自古我国就有宫廷音乐与民间音乐的区别，而庄子的音乐思想基本

上为民间音乐的发展提供了理论依据。民间音乐中的朴素自然的风格,更
是直接导源于庄子的音乐美学理论。

## （七十一） 《庄子》一书对中国绘画有何贡献

有人认为,《庄子》一书构成了中国画的艺术精魂,中国画无论是审美
主体和审美客体,还是意境创造都来源于庄子的哲学美学,《庄子》哲学是
中国画之所以成为中国画的关键所在。这些看法是很有见地的。

《庄子》所言的大自然中的"天地之美",直接形成了中国画的审美对
象。作中国画时,"以一管笔拟太虚之体"（王微《叙画》）,"以一点墨摄山
河大地"（高秉《画赕》）,大千世界,自然万物,都成为自己的审美对象。因
此,画家都注重"心师造化","以天地为师",也就是以天地自然为师。庄
子说过,"天地有大美"。要达到"大美"、"至美",必须体察自然,遍观万物
之理趣。而天地之美的本质,就是《庄子》的万物最高原理——"道"。中
国画家作画,一般都是简单勾勒,不作浓墨重彩,不拘泥于一事一物,多为
"虚实相生",虚者实之,实者虚之,"画者舞笔,意在天道",所谓"得鱼忘
筌"。所以,中国画"画人物曰之传神,画山水曰之留影,画花鸟谓之写
生",这里的"神"、"影"、"生"就是画家追求的道的最高理想,这是庄子
"天道观"在绘画论中的具体运用。

中国绘画"六法"中,"气韵生动"、"虚实相生"、"经营位置"诸方法也
是来自《庄子》理论。"气"是《庄子》哲学中一个极其重要范畴。气聚而为
实,形成万物具体形貌,气散而为虚,人与万物无形无貌。中国画正是遵循
了《庄子》中"气"的聚散论,造成"气韵生动"、"虚实相生"之法。中国画
必须有气贯画面,"凡物得天地之气以成者,莫不各有其神"（沈宗骞《芥舟
学画编》）。生气灌注的作品充满生命的韵律美和节奏美。"虚实相生"更
是源于《庄子》中的"虚静恬淡……万物之本"原理。绘画以虚白为底本,
因为白色画底象征集虚之道,画中飘忽不定的艺术形象,给人返朴人虚之
感。还有,在构图经营位置上也受《庄子》有限无限理论的启示,《庄子》认

为，宇宙时空中，具体的事物，都是"有封"（有限）的，惟有道是无始无终、无边无际的，也是最真实伟大的。所以画家要在有限的画幅内，巧妙经营，蕴含无限的道的内容，常用"以大观小"和"三远法"来布置物象，前者是用"上下无定"的空的心灵来展示河山的壮美，后者是从高远、深远、平远三个视角，由高到深，再由深及近，打破时空的限制，组织更广阔的空间和景物入画，给人无限的艺术想象，从有限中获得无限的审美意象。

《庄子》的"人道观"，从审美主体方面，引导中国画家效仿和追随崇高而又伟大的道，探索理想的审美人生，追求艺术家人格美，再通过艺术作品表现出来。如果说，中国画的天地之美，体现的是《庄子》的自然美内容，那么中国画家的艺术精神，则体现了《庄子》的社会美内容。《庄子》的人生哲学，要求人们通过超功利的审美途径，即自然无为、无功无名、物我两忘的审美观照态度，达到"无待"的理想境界，"独与天地精神往来"。中国画家的艺术人格就是《庄子》道的人生理想的具体实现。因此，中国画的画家极重品格，"立品'"是画家的人格修养，也是作画的先决条件。"人品不高，用墨无法"（李晔《紫桃轩杂缀》）。

《庄子》的认识论，引导中国画家从对象与主体之间所构成的认识境界去考察美，从而产生了具有民族风格的中国画的审美意境。中国画的审美意境是主客体的审美统一，这一思想，也最早发端于《庄子》的认识论。《庄子》哲学即美学，认识论也就是审美观，《庄子》对自然、人生的认识态度，本质上就是一种对道的审美态度。《庄子》的审美观不仅包含着主观审美感受，而且也包含着对艺术创造中审美主体的心理特征和规律的极其深刻的研究和探讨。它不仅从对象上去考察美，去考察审美对象中蕴含的道的本质特性，还要以对象和主体之间所构成的某种特定认识境界中去考察美，追求那种超越有限现实范围的无限广阔的天人合一之美，从而为包括中国画在内的中国民族艺术中占有重要地位的意境说提供了早期的思想基础，从此，中国画就沿着这条独特的审美道路，勇敢地探索了2000多年，留下了许多堪与西方绘画相抗衡的艺术珍品。

# （七十二） 庄子对主体——人的美是怎样认识的

同庄子的哲学思想一样，庄子的美学思想也是丰富复杂的。一方面，他发现了大自然的美，并极力推崇自然美，否定社会美，否定儒家的"文饰之美"、"仁人之美"和"礼乐之美"，否定人类文明；但另一方面，他又并没有完全否定作为社会实践主体——人的美。他提到的那些神人、至人、真人可以说就是他心目中理想化了的人，其中包含着庄子对于人之美的认识。

阅读《庄子》可以知道，庄子所称美的人，主要在于"人貌而天"（《田子方》），意思是说"虽貌同人理，而心契天然"。一个人，只要内心充满自然无为的"道"，他就是美的。庄子明确指出，"德在乎天"，又特别强调"无以人灭天"（《秋水》），不要让人的太多的欲望破坏了"道"的超脱自然，即"至德之美，在于自然"；"勿逐人情之矫伪，灭天理之自然"；只有"独成其天"（《德克符》）的人才可能成为大美至美的"真人"。所谓"人貌而天"也就是要"缘而葆真"（《田子方》），而"真者，所以受于天也，自然不可易也"（《渔父》）。人要保持内心真纯自然的本性，不为外物所左右而流于时俗，这才符合美的标准。由此可见，庄子关于人之美的观点也没有离开美的本质就是自然这一母题。

特别值得注意的是，庄子所极力称誉的大美、至美之人，多是些"畸形"人物。在我们看来，人的美包括外在的形体美和内在的心灵美两个方面，二者之中，心灵美固然是首要方面，但健康、匀称、充满活力的身材相貌也是不可缺少的，优美的人体能使人产生愉悦的感受。破足是一种残缺，它违背人体发展的正常规律，因而是不美的。但庄子却能够以丑为美，去写那些丑到极处也是美到极处的大美、至美之人，这最突出最集中地表现在《德充符》里。如兀者王骀、兀者申徒嘉、兀者叔山无趾、恶人哀骀它、阘跂支离无脤、甕盎大瘿等，这六人中有半数是病残的，有半数是刑残的（三个因受刑而肢体不全的兀者），在庄子笔下，这些五官不正、四体不全的丑陋之人,却受到人们的崇敬和热爱,因为他们是"德充"之人,是"德有所长而形有所忘",他们内心充满道的光辉,因而能够不为外形所困,悠然自得于天地之间,成为至大至美的人。显然,在内美与外美的关系上,庄子是重视内美的,他把心灵美提到了高于一切的地位,要在人的身上体现道的朴素、自然。形体是无所谓美丑的,只有充实了"道",体现了"道"的规律,才有美可言。

郭沫若曾说,庄子主张"绝对的精神超越相对的形体",他指出,由于庄子"这一幻想,以后的神仙中人便差不多都是些奇形怪状的宝贝,民间的传说,绘画上的形象,两千多年来成了极陈腐的俗套,然而这发明权原来是属于庄子的"(《十批判书》)。樊公裁探索这一问题并解释说:"为什么庄子赞美的人,如子舆、哀骀它、支离疏等这些'天人',外形都奇丑无比呢?这个问题,我想是否如罗丹所说的:自然中认为丑的,往往要比那认为美的更显露出它的'性格',因为内在的真实在愁苦的病容上,比在正常健全的相貌上更加明显地呈现出来。"(《庄子美学思想》)所以,庄子赞美那些"德全形残"的畸形人物,也可以说是对社会现实的揭露和批判,是对美被戕害的控诉。这种赞美反映了庄子关于"人美"的观点,也蕴含着特定的现实性和人民性。

庄子认为,美在于无为,因而得道之士都以无为为美,普通人所看重的外表的美,在得道之士的眼里是毫无价值的。《山木》的一则寓言,写了逆旅人的两个妾,一美一丑,本应是美者贵而丑者贱,但事实却恰恰相反,就是因为美者对自己的美不是采取无为的态度,"其美者自美",她恃美邀宠,令人生厌,外表的美反而被人忽视,成为真正的丑人。

当然,庄子未必绝对否认人的外貌美,如《逍遥游》中藐姑射之山的神人,内心既已冥心会道,同于大通,而外表也具有"肌肤若冰雪,绰约若处子"的美妙形体,这也是庄子理想的、美的人格。由此可见,庄子认为内在美胜过外形美,但他也并不否定形体美。主张把心灵美置于人体美之上,就是在今天也是正确的。

# （七十三） 《庄子》书中有哪些修辞学思想

《庄子》一书有丰富的修辞学思想,粗略统计,《庄子》中运用的修辞手法即有 10 余种之多,这是构成《庄子》文章汪洋恣肆,妙趣横生的辞格原因。

《庄子》文章多比喻,所谓"寓言十九"。庄子说"道",十之九运用寓言的形式,如"庖丁解牛"、"佝偻承蜩"、"朝三暮四"等。寓言,实际上就是今天的比喻的扩展。庄子除了用整个寓言故事作喻之外,具体行文中,比喻也随处可见。如"其于治天下也,犹涉海、凿河,而使蚊负山也"。把治天下喻成"涉海"、"凿河"、"使蚊负山",形象鲜明生动,比喻十分确切。

强烈的对比和极度的夸张是庄子运用的重要修辞方法。《逍遥游》的开头"鲲与鹏"的夸张:"鲲之大","鹏之背","不知其几千里也","其翼若垂天之云","水击三千里,抟扶摇而上者九万里"。接着是以"蜩与学鸠"作强烈对比:"蜩与学鸠笑之曰:'我决起而飞,抢榆枋,时则不至而控于地而已矣,奚以之九万里而南为?'""斥鷃笑之曰:'彼且奚适也?我腾跃而上,不过数仞而下,翱翔蓬蒿之间,此亦飞之至也。而彼且奚适也?'"把学鸠、斥鷃与鲲鹏对举,而大则愈大,小则愈小,物之大小,相差如此悬殊,真是极尽夸张对比之能事,形成了《庄子》独到的艺术魅力。

《庄子》的拟人手法运用精熟。如前面所提的蜩、学鸠、斥鷃笑话大鹏;"庄周梦蝶"中或人或蝶,人蝶不分的精彩场面;还有狙能听懂狙公的谈话而面有喜怒之色等。拟人手法在《庄子》中得到广泛的运用,构成了《庄子》奇特与"绵邈清遒"的文章风格。

《庄子》极善于运用排比手法。如关于风的一段描写:"夫大块噫气,其名为风。是唯无作,作则万窍怒号。而独不闻之翏翏乎?山林之畏佳,大木百围之窍穴,似鼻、似口、似耳、似枅、似圈、似臼、似洼者,似污者;激者,谪者,叱者,吸者,叫者,譹者,宎者,咬者,前者唱于而随者唱喁。冷风则小和,飘风则大和,厉风济则众窍为虚。而独不见之调调、之刀刀乎?"这些短促的排比兼比喻的运用,造成了一种众象纷纭而文气一贯的效果,对后世汉赋恢宏扬丽的文风有一定影响。

《庄子》还运用了"顶真"的手法。如"夫道不欲杂,杂则多,多财拢,拢则忧,忧则不救"。句式整齐,"顶真"自然,一气呵成。还有一种"顶真"和"排比"结合的句法,如"闻诸副墨之子,副墨之子闻诸洛诵之孙,洛诵之孙闻之瞻明,瞻明闻之聂许,聂许闻之需役,需役闻之于讴,于讴闻之玄冥,玄冥闻之参寥,参寥闻之疑始"等。

《庄子》中"重复"的手法运用很多。如"今臣之刀十九年矣,所解数千牛矣,而刀刃若新发于硎。……是以十九年而刀刃若新发于硎"。又如《齐物论》云:"啮缺问乎王倪曰:'子知物之所不知邪?'曰:'吾恶乎知之!''子知子所不知邪?'曰:'吾恶乎知之?''然则物无知邪?'曰:'吾恶乎知之!'"啮缺的第二、三句问话均省略"曰"字,以状当时啮缺求知问学的迫切心情,对于刻画人物性格很有作用。

《庄子》连珠式的反问、设问法随处可见。如:"奚旁日月,挟宇宙";"圣人不谋,恶用知? 不斫,恶用胶? 无丧,恶用德? 不货,恶用商"。再如"吾谁与为妾? 汝皆说之乎? 其有私焉? 如是皆有为臣妾乎? 其臣妾不足以相治乎? 其递相为君臣乎? 其有其君存焉"。还有那段庄子与惠子的对话:"子非鱼,安知鱼之乐邪","子非我,安知我不知鱼之乐邪",这段中国思想史上有名的诡辩文字,就成功地运用了"反问"的修辞手法。

《庄子》文中亦有很多"摹声"之笔。如"砉然响然,奏刀騞然"、"恶!恶可"、"叱! 避! 无怛化"及"噫! 未可知也"等,使用多种象声词,描摹声响。

《庄子》使用的辞格,何止这些,以上只能挂一漏万。由此可见,《庄子》一书也是我国古代不可多得的修辞格的范本,值得很好地研究、总结。

## (七十四) 庄子有哪些艺术欣赏理论

有人认为,庄子不是一个悲观主义者,他对人生的失望,渗透着他对生命的极端热爱。但是，就表层而言，庄子认为人生是痛苦而短暂的。"人生天地之间，若白驹之过隙"（《知北游》）。那么，短暂而痛苦的人生能否获得最大价值呢？庄子认为是可以的，那就是只有在艺术欣赏中才能得到"天地之大美"的超越，寻求生命中的"至乐"——最大快乐。"夫得是，至美至乐也，得至美而游乎至乐者，谓之至人"（《田子方》）。所以，艺术欣赏成了庄子解脱痛苦、精神解放的必由之路。

庄子认为，艺术欣赏需要一种健康的心态，这就是"虚静"。《天道》云："圣人之静也，非曰静也善，故静也；万物无足以挠心者，故静也。水静明烛须眉，平中准，大匠取法焉。水静犹明，而况精神，圣人之心，静乎天地之鉴也，万物之镜也。"保持心灵的澄澈，精神的虚空，这是天地圣人的最高境界。只有虚静之心，才能体察艺术的细致入微处，达到一种"大明"的理想境界，后来刘勰在《文心雕龙·神思》中也谈到"虚静"对艺术想象的重要作用："是以陶钧文思，贵在虚静，疏瀹五藏，澡雪精神。"这几乎是照搬《知北游》中的一段原文。朱光潜先生也曾谈到审美观照时的灵感状态是"凝神观照"。"凝神"也就是虚静状态，在进行艺术鉴赏时，必须摒弃一切功利和科学主义的思想，把握欣赏对象的瞬间情状，进行审美的观照。

排除功利好恶，进行单纯的美的观照，是达到虚静之境的重要途径。《秋水》云："庄子与惠子游与濠梁之上。庄子曰：'白鱼出游从容，是鱼之乐也。'惠子曰：'子非鱼，安知鱼之乐也？'庄子曰：'子非我，安知我不知鱼之乐？'惠子曰：'我非子，固不知子矣。子固非鱼也，子之不知鱼之乐，全矣。'庄子曰：'请循其本。子曰：汝安知鱼乐云者，既已知吾知之而问我，我知之濠上也。'"这段话中，惠子从理性角度去认识，无法感受到鱼的快乐，而庄子却从审美角度观照，就能感知鱼的快乐。庄子的态度就是审美的，而惠子态度则是理性的，观照的结果迥然不同。要进行审美观照，必须有一个非理性的审美感知。

其次，庄子认为，进行审美观照，还要主客观的完美融合。《齐物论》中的"庄周梦蝶"，"不知周之梦为蝴蝶与？蝴蝶之梦为周与"，主客体处于不可分割的胶着状态，才能收到真正的也是最大最强烈的美感效应。可见，庄子的审美能力和美的感受能力是很高的。

庄子还看到了艺术欣赏中的几个重要现象，提出了著名的"言不尽意"和"得意忘言"的命题。《秋水》云："可以言论者，物之粗也；可以意致者，物之精也；言之所不能论，意之所不能察致者，不期精粗焉。"庄子已经意识到语言文字与人的思想意识之间的不可尽同性，"只可意会，不可言传"的现象是存在的。这对后人多有启发，如陆机《文赋·序》云"恒患意不称文，文不逮意"，刘勰《文心雕龙·序志》曰"言不尽意，圣人所难"，梅尧臣的"作者得于心，览者会以意，殆难指陈以言也"。既然语言与人的思想不可完全等同，那么要认识事物的本质、妙旨，就不可一味拘泥于文字上的表达，而应该"得意忘言"，如《外物》云："荃者所以在鱼，得鱼而忘荃；蹄者所以在兔，得兔而忘蹄；言者所以在意，得意而忘言。"运用到艺术欣赏中，就是要人们体悟到艺术家文字以外的"玄外之致"，"韵外之音"，"味外味"。这些见解是很精辟的，对后代的司空图、严羽、王世贞诗文理论都有深刻的影响。

# （七十五） 庄子如何论养生

重养生是庄子人生哲学的重要内容。所谓养生就是修炼人的精神和保养人的形体。如何全身养生，庄子在他的《养生主》、《达生》等篇中都有很多论述。

庄子继承老子的养生理论，主张抛弃小的智识而获得大的智识，去"小我"而成就"大我"，舍弃"有为"而追求"无为"，破除一切世间之物欲，游心于外。《养生主》中他借"庖丁解牛"的故事，很好地说明了这一道理。人们要能平安生活，不被夭折，不受世俗的物累，获得身体舒适，精神的安逸，享尽天年，就应学习庖丁解牛的方法，处理事情要按照事物固有的规律，"依乎天理"，顺其自然的理路，对待复杂如牛筋骨盘结一样的社会矛盾，就更应小心谨慎，像刀子游于骨节空隙处一样，眼睛盯准，行动缓慢，徐徐动刀，才能不为外物所伤，此为养生之妙法。

庄子认为养生可分为养精神和养形体两方面。淡泊物欲可以保养身体,绝对虚静则能修养精神;形神两不亏损,就能够生命之树长绿。《达生》篇中详细论证了养形与养神的统一关系。庄子认为:贵、富、显、严、名、利六项,容易错乱意志;容、动、色、理、气、意六项能够束缚心灵;恶、欲、喜、怒、哀、乐六项会负累德行;去、就、取、予、知、能六项将会阻碍大道。人们只有消解意志的错乱,打开心灵的束缚,去除德行的负累,贯通大道的障碍,才能内心保持平整,平整就能安静,安静就能明澈,明澈就能空明,空明就能顺其自然而没有什么做不成,收到养神护身的效果。具体可分为以下几点。

其一,食色伤生,养生必当节欲。他说人的生存固然离不开饮食居处,但若一味沉湎于甘食美居,无度追求物质的欲望,必然会伤害身体,也有损于精气。他说到丧失德行有五个方面:一是五色能乱目,使眼睛看不清白;二是五声会乱耳,使耳朵不聪敏;三是五臭会熏坏鼻子,影响嗅觉;四是五味能败坏味觉,使口角不清爽;五是游乐会损坏感情,使人水性杨花。此五种都对身体有伤害,说明一切感官物质欲望过分了都是养生的最大敌人。要想做到耳聪目明,口爽心静,就应节制各种物质欲望。

其二,尊贵会伤生,养生必当遗忘荣华富贵。庄子借"祝宗人说彘"这则寓言,讽刺权贵人物为荣华富贵所迷惑,形同猪彘,竭力追逐名位而带来灾祸。因为富贵的人虽然俸禄丰厚,但精神却不安宁,终日思虑重重,患得患失,不能达到恬淡寂寞,虚无忘物的境界,自然就费神伤生。

其三,在不轻视养形的同时,尤重养神。《达生》通篇发挥养神之理。齐桓公出猎见一蛇状的鬼蜮受惊吓,生气郁结于心,终日心神不宁,忧伤生病了,后来听了皇子一席话,桓公开怀大笑,排出了胸中的闷气,病又好了。这则寓言是说,心神不宁容易生病,精神愉快宜于养生,可见养神的重要。接着又以斗鸡的寓言,强调不要过度耗费精神,极度疲劳也会使身体亏损。

另外,乐会伤生,疏离生命,养生必当无乐。《至乐》篇中讽刺了世俗纵情于官能之乐。他提出"至乐无乐"的著名命题。所谓"至乐"不是一般意义上的世情感官快乐,而是一种超脱俗情而求得的内心恬和之乐。这种至高无上的恬和之乐，就是"无乐"，两者是辩证的统一。

总之，庄子的养生之法重在于心气恬静，泯灭私欲。他主张"游心于淡，合气于漠，顺物自然"。游心于淡就是无思，合气于漠就是无为无思以养心，无为以养形，这是修身养性的要道。《庄子》中的这些观点，很多方面是符合科学养生学的，是我们民族保健医学方面的珍贵遗产，就是今天看来也是有很高价值的。

# （七十六）　《庄子》书中有哪些气功理论

《庄子》不仅以深湛的哲理、诡奇的寓言、独具特色的思维方式，对中国的文化、哲学、文学产生了极其深广的影响，而且他的气功学说，也是中华气功史上的瑰宝。庄子的气功理论，内容古奥丰富。

庄子首先论证了"气"与人体的关系。他认为人的生命是气的聚集而形成的，"聚则为生，散则为死，通天下一气也"（《知北游》）。气的聚散汇合决定着人的生老病死、体魄的强壮与赢弱。这是庄子气功理论的基础。针对"气"对人体的重要性，庄子提出练气的具体方法。

第一，"心斋"与"坐忘"是庄子练气的重要方法。《人间世》中有一段著名的话："回曰：'敢问心斋'，仲尼曰：'一若志，无听之以耳而听之以心，无所之以心而听之以气，听止于耳，心止于符。气也者，虚而待物者也。唯道集虚。虚者，心斋也。"这里，庄子明确提出，开始练功时要做到意念专一，神气紧守，精神绝对虚静，不是用耳朵听气息的运动，而是用心听鼻中气息一出一人，天长日久，就能心气合一，逐渐达到神气混沌不分的境界。这就叫"听息练气法"。"坐忘"就是忘掉自己的肢体，泯灭思想，意念守着大道，一切思维暂停，忘却自身的存在，忘掉周围万物，与自然绝对融为一体。这种静气练功，有益于精神放松，消除疲劳，延年益寿。

第二，庄子有自己的运气方法，即"缘督以为经"。他认为沿着人身体上的督脉和任脉，周身运气，这样可以修养精神，以尽天年。在人身上众经脉中，任、督二脉是气血循环的枢纽，练通此二脉，就可一通百通。具体做法是:开始意念集中于中焦(中脘部)。中脘是气血的发生地,通过呼吸运动,激发中焦功能,气血必然旺盛,产生热感,真气已温煦充沛于中焦。接着,呼吸运动逐渐加深,热感下降,延伸到下焦。意念集中于丹田、气海处。于是小腹热感逐渐形成热团,气团逐渐增大,内压增长。气团增长到一定程度,就自然沿任脉下行,冲开会阴穴,而后通行督脉,撞开三关(尾闾、夹脊、玉枕),到达脑顶,这样则精化成气,气化为神。神位于上元脑海,主宰人身上生生化化。再往下经颜面,过喉,由胸腹正中线回丹田。这就是庄子运气的具体途径。当然庄子并没有这样把"缘督以为经"的路线说明得细致入微,而是后人总结补充说明的结果。

第三,庄子还提到过"踵息法"的气功理论。他说古代真人,息气深沉博大,而且不同一般人用喉息气,是用脚后跟呼吸。此说听起来不可思议,但是我们也没有根据说明庄子的观点就完全错误,正像"气功"本身就有许多不为人理解的谜一样,值得进一步研究,不忙于下结论。

庄子把练功分成守形与守神两种。《刻意》中说:吹息空气,吐故纳新,模拟熊鸟的动作伸展四肢,有益于长寿,相传彭祖寿高 800 多岁,就运用了这些方法,但彭祖只讲求修形,这并不高明,更高深的是"唯神是守",守住神气不失散,做到神气合一,则更为重要。可见,庄子崇尚养神,对彭祖的养生论采取批评的态度,只有养神,才能达到与天地自然相和的目的。按庄子的话就是纯粹而不混杂,虚静专一而不变化,恬淡而无为,行动循顺自然,这就是养神的道理。气功达到此等境界,就可以登高不害怕,入水不会溺死,蹈火不会烧伤,出神入化。

《庄子》一书,无论是气功原理,练功原则,还是具体的练气方法,都有许多精深的见解。庄子主张的自然无为法,不进行繁杂的意识活动,集中意念,崇尚守神,都是极为宝贵的气功遗产,作为中华民族文化的有机部分,应该认真总结,发扬光大。

# （七十七） 庄子的思维方式有何特征

庄子哲学体大思精，内容深湛丰富，行文汪洋恣肆，他以变幻莫测的思维方式，征服了历代贤哲。据《庄子》一书看来，庄子思维具有多维性特点。

庄子倡导客观性思维方式。在《齐物论》中，庄子提出"成心"和"以明"的两种思维方法。"成心"是"执一家之偏见者"（成玄英语），是一种"成见在胸，牢不可破"（林之铭语）的观念。足见"成心"是各持己见，以己为是，以彼为非，没有客观标准的偏颇性思维方法；而一般人在认识事物、讨论问题时，总是从"成心"出发，争执起来，元始无终，不得结果。庄子反对这种主观主义思维方式，主张用"以明"取代"成心"。所谓"以明"是一种不拘泥于己见，不囿于成见而从事物自身的功能去认识事物的思维方式，按照事物的客观自在性去认识事物，判断是非好恶。这种思维方法有着取消人为、顺应自然的特征，庄子的客观性思维方式是决定于他的"自然无为"的最高原则的。

庄子也强调思维的整体性。庄子不仅反对思维的主观性，强调客观性，而且反对思维的片面性，强调思维的整体性。在《天下》篇中，他把运用片面性思维方法的诸子斥为"一曲之士"，如惠施、公孙龙等人。他们孤陋寡闻，鼠目寸光，只见树木，不见森林，往往满足于一孔之见，安于现状，止步不前。庄子运用了大量的寓言讽刺这种"一曲"思维，如"陷井之蛙"、"用管窥天，用锥指地"等。庄子认为要认识大道，探索真理，不能满足于"一曲"之见，必须运用"全备"的整体性思维方式，全面把握对象的全部时空过程，"天南地北，无东无西"（《秋水》），广泛拓展思维空间，上下左右，东西南北，往来无穷，不拘于一面，也不偏于一端，把单向思维引向多向思维，化局部为整体，从而正确把握事物的真正本质。庄子倡导思维的整体性，反对思维片面性，对于开拓人们的思维视野是很有意义的。

庄子宣扬相对主义思维方式。他从"道"的无界性出发，导出了著名的"齐物论"主张:客观万物,人们的言论,认识对象和认识主体,都是等同而齐一的;彼与此、生与死、大与小、成与毁、可与否、是与非、爱与憎、美与丑之间都是相对而言的,它们相互依存,互为因果,相互转换,彼此等同。庄子竭力反对万物有殊、异而不齐的"有畛"、"有封"观,否定世界上各种事物的差异性、多样性和稳定性。《齐物论》中"被出于是,是亦因被"、"因是因非,因非因是"、"方生方死,方死方生"、"是亦彼也,彼亦是也",都是相对主义思维的结果。

庄子还对直觉性思维有所认识。庄子与老子一样,认为"大道"不可分辨,不能言传。所谓"知者不言,言者不知"(《天道》),"道不可闻,道不可见,道不可言,道不可名"(《知北游》)。也即是说,通过逻辑思维和感性认识是不可能把握世界本原的"道"的。由于客观精神的不可穷尽性和语言的肤浅性的矛盾,认识事物只能"以神遇而不以目视,官知止而神欲行"(《养生主》)。这里所言的"神遇",就是二种凝神观照,瞬间领悟的直觉思维方式,这既不要逻辑推理,也不用概念判断,似是感觉却又渗透理性。庄子正是运用直觉思维把深奥的哲理加以形象化、情感化,让读者妙悟到言外之意和弦外之音,在"荒唐之言"、"谬悠之说"的背后,感受到深沉的哲理内涵。

庄子的思维方式具有开放性的独特内容,尽管其中也有相对主义、不可知论和神秘主义色彩,但是,庄子的种种开拓性思维方法,不能不说在中华思维史上做出了伟大的贡献。

# 四　庄子对后世的影响

## （七十八）　怎样理解《庄子》与楚文化的关系

庄子思想是在楚文化的土壤中孕育、发展起来的,是楚文化的雨露阳光使之不断成长、壮大而趋向成熟的。

楚文化是既承袭中原文化,又植根于本上基础的多元文化,是上古四大集群文化(即东夷文化、西夏文化、北狄文化、南蛮文化)通过黄河流域中原文化集聚、中介、传递,通过长江流域江汉文化融汇、改造、消化,在春秋战国时代楚国国土上发展起来的一种文化。楚文化的特点是整体性、多元性和交叠性,它的那种丰厚、充实和绵长的文化背景,以及楚地的天时、地利、人和之宜孕育了庄子这样的思想家。

我们知道,楚文化的那种戎狄作风,屈原赋里的阳刚之气,楚人性格的强悍、雄健等因素,形成了《庄子》一书外在而又奔泻的性格。屈原就是因为愤怒、痛苦、怨懑而创作出《离骚》,高扬着楚文化的"野性"和激越。《庄子》一书那强烈的浪漫主义精神,超脱束傅,鞭挞现实的追求,以及庄子的寓论体的表现手法无一不是楚文化的熏陶和影响的结果。

楚文化对庄子思想的影响，又在于庄子对于西周正统文化中那些禁锢人心、压抑个性等不合理因素和现象产生了厌恶和反感，于是很自然地接受了相对自由开放的楚文化渗透。我们从刘师培的《南北文学不同论》中可以看到这一点，他说：

"荆楚之地，僻处南方。故老子之书，其说杳冥而深远。及庄、列之徒承之，其旨远，其义隐，其为文也，纵而后反；寓实于虚，肆以荒唐谲怪之词，渊乎其有思，茫乎其不可测矣。"

上述可以看到庄子思想与楚文化的关系。而对庄子思想有深刻影响的老子学说，也产生于楚，庄子的学术活动又主要在江淮一带。我们再看《庄子》一书中的记载。《秋水》篇说："庄子钓于濮水，楚王使大夫二人往先焉，曰：'愿以境内累矣！'庄子持竿不顾，曰：'吾闻楚有神龟，死已三千岁矣。……'"这些说明楚文化、楚地环境与庄子思想的形成有着不可分割的联系。庄子思想的主体是楚文化。王国维曾在《屈子文学之精神》中指出：

南人想象力之伟大丰富，胜于北人远甚。彼等巧于此类，而善于滑稽，故言大则有若北溟之鱼，语小则有若蜗角之国，语久则大椿冥灵，语短则惠蛄朝菌。至于襄城之野，七圣皆迷，汾水之阳，四子独往，此种想象，决不能于北方文学中发现之。

这里不仅指出中原北方文化与南方楚文化的区别，更指出了楚文化的特征。在《庄子》一书整体构思和创作实践中，我们不难看到楚文化具有的一种神秘色彩和超现实气韵的殷文化的遗风。庄子诞生于宋而成长于楚，宋是殷商后裔。宋国使用殷商礼仪，鲁国使用天子礼仪，分别代表不同的文化传统，"殷商文化崇信鬼神，故其文化色彩充分地带着超现实的气韵"（郭沫若《屈原研究》，《郭沫若全集》第102页）。殷商文化是中国最早具有浪漫主义特色的文化，这些对庄子的影响无疑是很深的，再加上楚文化本身那些特点，自然形成了《庄子》一书的意境。庄子受到了浪漫气息的极大启示，也开拓了庄子对其人格理想和绝对自由境界的视野，这是《庄子》一书区别于其他子书的根本所在，而这种不同也只有在楚文化的影响下才能独具。没有楚文化，也就没有《庄子》。

心通庄子

231

# （七十九） 庄子的浪漫精神表现在哪里

庄子是我国历史上第一个浪漫主义大师,他的浪漫精神主要表现为孤傲不群的思想人格和奇特瑰丽的艺术风格两个方面。

从理想人格来看,庄子的浪漫精神有着十分复杂的内容。其中既有不可忽视的积极因素,同时又存在无法抹杀的消极影响。

庄子抨击黑暗现实,抨击儒家的"仁义道德",追求理想,追求个性的自由,构成了自己独立傲世的人格精神,这种独立傲世的人格精神是庄子积极浪漫精神的核心。庄子从不与统治者同流合污,宁可身处穷困的陋巷,以编织草鞋为生,也不接受诸侯国君的邀聘。他孤独无援,与天地精神相往来,不为万物所连累,上与天神携伴遨游,下与不生不死、无始无终的"道"为友。胸襟是何等开阔,精神是何等自由奔放。他的寓言中超尘绝俗的种种形象就是这种独立傲世人格的自况。"庄周梦蝶"中的蝴蝶,追求自由、平衡、安宁的生活,更是庄子自由人格的精神化身。此类形象,整部《庄子》随处可见。

当然,庄子浪漫精神的消极面也非常明显。庄子与世抗争,愤世嫉俗,但是他的反抗情绪一旦受到黑暗势力的重压而又无能为力时,就极容易导致向内心逃遁,寻求内在的宁静,与现实妥协。庄子的人生历程就是这种精神趋向的典型例子,他始终走着一条愤世—抗世—混世—顺世—玩世的路子,虽然在他的混世、顺世、玩世中包含着一定的人格独立,甚至有出淤泥而不染的精神品格,但毕竟是消极避世的,不是积极改造现实,与现实斗争,而是采取傲视一切的态度,但也仅仅是一种态度而已。庄子的一生基本上躲在自己构筑的精神迷宫中,在那里自我忏悔、自我安慰,寻求解脱,寻觅内在的自我完善,与世隔绝,不为时人所知。他的思想在当时几乎没人知晓,更谈不上有什么积极意义,倒是为魏晋以来归隐山林的士大夫们提供了消极遁世的理论依据。所以有人认为庄子独立傲世的思想意识有麻痹人们斗志的作用,此说是有一定道理的。

从艺术创作方法上看,庄子的浪漫精神更是丰富多彩。庄子颇具诗人气质,倜傥不羁,性格浪漫;他有着灿烂独特的审美感受和"河汉无极"的艺术想象力。这是庄子浪漫主义艺术创作的心理基础。

《庄子》一书表现了对自然的高度赞美。庄子崇尚古朴原始的社会理想。他主张任其自然,返璞归真,以自然无为为最高原则,反对人工雕饰。他说自然界中有大美而默默无言,大美存乎天地之间。为了获得天地之大美,就应剖析宇宙万物的内在规律,相反在分辨万物的内在真理时也能认识天地中的大美,表现了对自然美的高度颂扬。庄子描绘过一个原始社会的理想蓝图,那里阴阳气候和静,鬼神不加骚扰,季节四时分明,万物蓬勃生长,不会夭折,称之为"至德之世"。在这片天地里,人们聚族而居,禽兽成群结队,草长莺飞,万象更新。这种社会环境成了后世诸贤上天入地苦苦追求的精神王国,充满着浓郁的浪漫气息。

庄子的浪漫气质还表现为葱茏的艺术想象力。庄子以其非凡的想象力创造出一个神奇散漫的幻梦世界。在这个世界里,作者想象出一组"神人"、"真人"、"至人"的形象,也创造出一批得道的"奇人"形象,如削鐻使人鬼皆感害怕的梓庆,解牛以神遇而不用目视的庖丁,还有运斤成风的石匠,捕蝉如手捉的佝偻等,真可谓奇幻至极。难怪陆机说想象的特征是"精骛八极,心游万仞",万物无所不包汇其笔端。

庄子的想象极富变幻与夸张,赋有恣肆谲怪的色彩。任笔写来,触处生春。他认为小大相接,可以相互转化。鲲鱼可以大到几千里,想象奇伟怪诞。庄子还说:天下没有比毫毛的末梢还大的,也没有比泰山还小的,这种充满辩证的想象能从庄子口中说出真是无法想象。冥灵这人能以 500 岁为一春,500 岁为一秋,大椿树以 8000 岁为一春,8000 岁为一秋。借助想象力,世间万物可以化长为短,变短为长。如此夸张想象,在先秦诸子中是绝无仅有的。

当然,庄子浪漫精神是一个复合的有机体,它还包括异想天开的立意,玄妙宏绰的说理,妙趣横生的运笔,这些共同形成了我国浪漫主义的精神源头。

# （八十） 《庄子》、《离骚》浪漫精神有何异同

在我国文学史上,《庄子》、《离骚》自古齐名,形成了我国浪漫主义文学的光辉起点。同一时代的庄子和屈原,运用散文和诗歌的样式,创造了想象奇伟、意境阔深的浪漫主义艺术珍品,对后世中国文学发展产生了深远的影响。但是,由于社会历史条件的不同、地域环境的差异,这两种浪漫主义也是同中有异,异中见同的。

《庄子》、《离骚》之所以并提,是因为二者同是浪漫主义作品,它们之间有某些共同的特征。

第一,《庄子》、《离骚》都表现了葱茏奇伟的想象力。在《离骚》中,诗人上天入地,乘龙驾雾,苦苦求索,抒发自己久被迫害、报国无门的愤懑以及对佞臣小人的极端仇恨,屈子驾着飞龙,"叩阊阖"、"游春宫"、"求宓妃"、"灵氛占卜"、"巫咸夕降"、"旧乡临睨"、"仆马悲歌",形象地展示了诗人的人生遭际和理想追求。正如郭沫若所说:"作为诗人,屈原的想象力,在中国文学史上是独出的。"屈原就是以大胆的想象,驱动着种种神话传说、历史人物,乃至日月山川、风云雷电,构造出色彩斑斓的想象世界。在《庄子》中,作者创造了另一个宁静的木然世界,他说"至人"神妙极了,山林焚烧而不能使他感到热,江河冻结而不能使他感到冷,雷霆撼岳而不能使他受到伤害。古时的"真人",睡觉时不做梦,醒来时不忧愁,饮食不求精美,呼吸来得深沉,而古代的"神人"皮肤洁白似冰雪,乘驾云雾、飞龙,神游四海之外。还有那些大鹏、虫蜩、列子、匠人等也都想象得"荒怪诡诞,狂肆虚渺"。

第二,《庄子》、《离骚》都蕴含着深沉的情感基调,显示出孤高不群的人格尊严。庄、屈共同的人格就是不媚世俗,反抗现实的黑暗腐败。屈原的怨楚王、斥群小、哀民生的思想感情,在《离骚》中极其典型。而庄子也是"一个最近人情的人"(《庄子因》),他反对封建礼义的虚伪丑恶,同情弱者的不幸,蔑视荣华富贵,淡泊功名利禄。两个人都有出淤泥而不染的精

神品格。

第三，《庄子》、《离骚》在艺术手法的表现上也有很多相类之处，如比喻、拟人、夸张、暗示、象征等手法的运用。王逸《离骚经章句》曾说："《离骚》之文章，用善鸟香草以比配忠贞；用恶禽臭物比喻谗佞；用灵修美人来比君王；以宓妃佚女喻义贤臣；拿虬龙鸾凤寄托君子；把飘风云霓作为小人。"清楚地道出了《离骚》艺术手法上的比喻、象征的意义。而在《庄子》中则更是不胜枚举。关于这一点，在"《庄子》的修辞理论"篇中已谈及，这里不再赘言。

然而，《庄子》、《离骚》的差异也是非常明显的，这主要表现为：

首先，庄子、屈原的政治伦理思想有极大的差别。屈原是楚文化培养出来的代表人物，他的思想虽然受到儒、道、法家的共同影响，但是就其主导方面或支配他一生行动的主要思想，应该说是来自儒家。他崇拜尧舜汤文武，力主仁义，喜爱周公、孔子的道德，以仁义忠厚为本。与此相反，庄子是道家文化的代表，他主张抛弃仁义、杜绝智慧，反对礼义王法，叫喊"圣人不死，大盗不止"，以儒家所推崇的前贤圣哲为最大的强盗，与屈原的主张相差何其远矣。

其次，庄子、屈原有不同的理想追求。由于政治观点的不同，自然导致对理想追求的大相径庭。屈原追求"圣君贤相"的"美政"，从某种意义上说，"美政"是屈原终生向往的理想社会，也是屈原浪漫主义的思想基础。为了实现"美政"的理想，他虽九死也不后悔，纵然是"路漫漫其修远兮"，诗人仍"上下而求索"。庄子则不然，他的理想是建立一个"鸡犬之声相闻，老死不相往来"的"至德之世"，这是对远古社会的回归，是以超现实的幻想形式来表达对现实美好生活的追求。屈原的"美政"理想与庄子的"至德之世"理想，都有其合理性和进步性，区别就在于屈原正面提出了他的理想，直面现实人生，而庄子则充满幻想，以避世的形式对抗现实，两者异曲同工，各得其妙。

# （八十一） 庄子思想对魏晋玄学有何影响

庄子思想在魏晋玄学中得到发扬。据清洪亮吉说："《庄子》一书，秦汉以来皆不甚称引，自三国时何晏、阮籍、嵇康出，而书始盛行。"（《晓读书斋初录》卷下），确切地说，何晏、王弼在治学谈玄的过程中没有涉及多少庄子思想，而主要是以发挥老子思想为主。正始之后，以阮籍、嵇康为代表的竹林玄学，才是以庄子思想为主要根基的，竹林玄学对庄子的自然主义进行了发挥。

司马迁在《史记》中说："庄子散道德放论，要亦归之自然。"这里讲的是庄子思想基础是自然主义，庄子强调天道自然和自然无为。竹林玄学强调自然本体论，把正始玄学的以无为本思想加以改造，转化为自然为本的思想。阮籍说："天地生于自然，万物生于天地，自然者无外，故天地名焉；天地者无内，故万物生焉。"（《达庄论》）这里把天地万物的生成之母与存在根据都归之为自然。嵇康则进一步认为万物皆由自然元气而生成。竹林玄学正是吸收和继承了庄子自然主义的传统，才进一步把自然与气化走近圣贤的思想相融合，形成了"自然一体"的新型本体论学说。

在竹林玄学那里，对庄子自然主义思想的发展还在于关于自然与名教关系的讨论。王弼在自然与名教的关系上是重"自然"而轻"名教"，而竹林玄学则公然将自然与名教对立起来，主张"越名教而任自然"，"六经以抑引为主，人性以从欲为欢，抑引则违其愿，从欲则得自然。然则自然之得，不由抑引之六经，全性之本，不须犯情之礼律。因知仁义务于理伪，非养真之要求；谦让生于争夺，非自然之所出也"（《难自然好学论》）。阮籍、嵇康这套愤世嫉俗之论，虽不乏偏颇，但可看出，他们深受庄子自然主义思想的影响，揭露了封建社会礼法名教的非人道、悖人性的特征。

到郭象玄学，他要超越的玄冥之境不在名教之外，而就在名教之中，郭象力图证明自然就是名教，名教就是自然。当时由于阮籍、嵇康玄学所煽起的一股虚浮旷达之风，企图在名教之外寻求超越，而郭象的证明首先从

《庄子序》中构成了自己的玄学体系,他着眼于自然与名教的结合,重在阐述一种内圣外王之道,最后提出了"神器独化于玄冥之境"的命题。他把庄子的自然主义思想绝对化了。郭象认为,庄子思想的主旨是一种天人之学,其内容包括了自然与社会两个方面,自然方面是"通天地之统,序万物之性,达死生之变"。就社会方面,是"明内圣外王之道",而贯穿于这种天人之学的总的指导思想,就是"上知造物无物,下知有物之自造",也就是"独化"。郭象对庄子的思想加以发挥,提出了一个"去离尘埃而返冥极"的精神超越的境界。

魏晋时期。几乎所有的玄学家都以整体性的和谐作为自己的追求,庄子思想对魏晋玄学影响很深,特别是郭象《庄子注》的问世,几乎把庄子的思想作了一个重新地超越。如果说阮籍、嵇康在自然主义、生命养性、精神自由诸方面对庄子思想作了发挥,导致了竹林七贤在总体上追求、导觅、开拓、提升而实现苦难灵魂的安顿,那么郭象对庄子思想的发挥,特别是独化论的提出,从某种意义上来说,意味着玄学的终结。从发展到终结无不贯穿了庄子思想的深层影响和渗透。

## （八十二） 怎样理解《庄子》的艺术虚构特点

庄子认为人生是痛苦,"人生天地之间,若白驹之过隙"(《知北游》),而"死,无君于上,无臣于下,亦无四时之事,从然以天地为春秋。虽南面工,乐不能过也"(《至乐》)。这里,庄子直接为死亡唱颂歌,认为痛苦的人生只有在寻找"天地和谐"中得到超越,"圣人者,原天地之美"(《知北游》)。这就是庄子的艺术虚构特点:即由痛苦的人生通向自由人生的必由之路。

艺术虚构的本身就是一种大解放,一种彻底的满足,这同庄子的追求完全一致。

美或艺术,作为从压迫、危机中回复人的生命力,并又用之作为主体的自由的需求,这是庄子的出发点。在庄子的"至乐"中,他认为追求大美就是快乐,"夫得是,至美至乐也,得至美而游乎至乐者,谓之至人"(《田子方》)。在庄子的"庖丁解牛"的寓言中,庖丁的动作,在庄子的笔下"莫不中音,合于桑林之舞,乃中《经首》之会",而庖丁解牛后"提刀而立,为之四顾,为之踌躇满志",精神上的享受、艺术上的特点在这里浑然一体了。

庄子的艺术虚构特点强调物我为一的和谐感。他继承了老子的"致虚极、守静笃"的思想,提倡在虚静之中洞察细微之处,以达到"大明"。他说:"圣人之静也,非曰静也善,故静也;万物无足以挠心者,故静也。水静明烛须眉,平中准,大匠取法焉。水静犹明,而况精神,圣人之心,静乎! 天地之鉴也,万物之镜也。"(《天道》)这里,庄子以虚静为体的审美知觉感来描绘出一种"大明"的最高境界,从而使心态进入了知觉的美的观照之中。

庄子认为,在进行美的观照的时候,要进入主体和客观融合为一的状态。用他自己的话来解释,这就是"物化"。

何谓"物化"呢? 这就是"天地与我并生,而万物与我为一"(《齐物论》),人的一切行为、言语都无不与自然同趣共乐,这就叫作"原天地之美而达万物之理"(《知北游》)。庄子在他的一段寓言中对此作了很好的描述:

"昔者庄周梦为蝴蝶,栩栩然蝴蝶也。自喻适志与,不知周也。俄然觉,则蘧蘧然周也。不知周之梦为蝴蝶与? 蝴蝶之梦为周与? 周与蝴蝶,则必有分矣。此之谓物化。"(《齐物论》)

这里的"自喻适志"是"物化"之后的审美效应,有人从国画中的艺术特点来论述庄子的美的意境,提出了中国画的物我为一审美境地,实际上就是庄子身与物化、梦与蝴蝶的境界。在人与画相互移情的过程中,人的与道同一的人格精神和画与道同一的天地之美融而为一,在人的感情观照中呈现出来,正是审美的境界,也是艺术虚构的特点。

庄子的艺术虚构,通过两种方式表达出来。一方面,通过寓动物、植物以人言的虚构来表达。庄子所托的古人,寄辞于动物、草木等,嬉笑怒骂,痛快淋漓,是一种深情的笔意。"知生死存亡之一体"的超脱境界形成了庄子式的艺术特点。

另一方面,超越于时空的局限,通过这种方式可以达到现实世界不能达到的目的。庄子运用超现实的极度夸张和情节的离奇性,来实现其特殊的风格,"奇情异想,从天外来",这样就形成了人与自然的和谐。那寄寓之言、意境之美、汪洋捭阖、恣肆隐怪的艺术风格就形成了庄子艺术虚构的特点。

## （八十三） 什么是庄子的创作手法

庄子的创作手法就是庄子运用其寓言体来揭示世界、探索宇宙的方法。

清人龚自珍曾说:"庄、骚两灵魂,盘踞肝肠深。"这里极形象地表达了庄子的创作手法。司马迁曾在《史记·老庄申韩列传》中说,庄子"著书十余万言,大抵率寓言也。"很显然,庄子是以寓言体作为其创作手法。

庄子通过寓论体来表达自己深邃的思想。我们知道,庄子的思想主体是逍遥,逍遥主体是庄子思想的灵魂。他所追求的是幻想中的"无何有之乡",庄子希望心灵在无穷的环宇中遨游飞翔,"乘天地之正,而御六气之辩","游于六极之外","圹埌之野",这是十分玄远幽深、气度恢宏的精神超脱,没有寓论体的创作便无法有这样的效果。我们看到庄子在超脱精神的束缚,追求自由中,好像进入了另一个清澄浩渺、虚寂无涯的宇宙之中。庄子在尽性进游,任意驰骋,忽而如白云飘逸,忽而如鲲鹏奋飞,无拘无束,无牵无碍,悠悠哉,愉愉哉,精神感到莫大的自由,莫大的愉快。轻松。如此超脱的境界和幻化般的效果必须用寓论体来展开。

庄子的寓论体也是一种特殊的批判武器。在《天下》篇中,"以天下为沈浊,不可与庄语","以谬悠之说,荒唐之言,无端崖之辞,时恣纵而不傥"等,都是庄子对奴隶制社会中因袭"正统"的大胆的反叛。庄子提出"彼其充实不可已","而不敖倪于万物",这些说明庄子思想不与世俗苟同,不与"俗辩"为伍。庄子通过其寓论体,表达了自己的相对主义思想,进一步揭露和批判了所谓真理的绝对化。庄子离论中,形象性、比喻性、联想性融为一体,将自己的思想表达得既完整又清楚,既简便又易懂,而达到的效果又是一般通过直接叙述法所无法比拟的。

庄子通过轮扁斫轮于堂下的故事,反复说明书不过是"古人之糟粕也夫"。庄子还引用一系列的内容,如"黄帝有《咸池》,尧有《大章》,舜有《大韶》,禹有《大夏》,汤有《大濩》,文王有辟雍之乐,武王周公作《武》"等,进而斥责墨子非乐是"为之大过",这些批判的效果显然是别具一格的。

庄子寓论体的创作手法是庄子特定的辩言观与文章观所决定的。庄子在辩言观与文章观的表达上,较先秦诸子百家,又是一个突破。如果说老子仅仅主张以"讷"对"辩",那么庄子则是从瑰玮汪洋的寓论中来俯视"俗辩"。先秦各家,均以言辩为重,故有"君子必辩"之说。而庄子则认为世俗之辩都是毫无意义的,他追求的不是这些世俗之争,并极力反对之。他通过寓论体的创作手法,超脱于诸子各家所持的"君子必辩"之说,不陷于世俗的辩题,提出"以卮言为曼衍,以重言为真,以寓言为广"(《寓言》)的手法来表达自己的思想,因为庄子认为:"寓言十九,重言十七,卮言日出,以和天倪。"

从以上我们可以看到,庄子的创作手法是寓论体,他通过这种特殊的创作方法寓宏旨于汪洋恣肆之中,以"宏大而辟"、"深宏而肆"为基点,构成了庄子文笔的特点。庄子寓论体的创作法,用他自己的话来说,那就是"寓言十九,籍外论之"。"藉外论之"就是庄子采用寓论体的目的了。

## (八十四) "庄周梦蝶"对后世的影响如何

《齐物论》中有这样一则寓言:"昔者庄周梦为蝴蝶,栩栩然蝴蝶也。自喻适志与,不知周也。俄而觉,则蘧蘧然周也。不知周之梦为蝴蝶与?蝴蝶之梦为周与?周与蝴蝶,则必有分矣。此之谓物化。"这是庄子借着迷离惝恍的寓言宣扬人生如梦的思想,宣扬梦即是真,真即是梦的悲观厌世思想。"庄周梦蝶"对后世文艺思想产生了深远的影响。

同庄子哲学一样，"庄周梦蝶"的影响是一个十分复杂的现象。它诱发了两种截然不同的人生态度。一种是从庄子人生如梦的晓喻中超脱出来，积极把握现在，形成一种洒脱不群的人生观。明中叶著名的文学家徐渭其痛恨达官俗士的心理与狂放不羁的性格就深受庄子这则寓言的影响。他在《前破械赋》里充分发挥了庄子"轻死生"、"旷达古无比"（徐渭《读庄子》）的人生哲学："昨日何重，今日何轻？其在今日也，栩栩然庄生之为蝴蝶；其在昨日也，遽遽然蝴蝶之为庄生。"人生是短暂无常的，但徐渭并未因此流入悲观失望，相反，他要摆脱一切羁绊，积极追求，实现自身的价值。这是一种积极参与现实生活的人生态度。另一种是从"庄周梦蝶"的寓言中领悟到生命的虚无缥缈与无法把握，乃至悲观厌世，逃避现实斗争，形成及时行乐的人生态度。古诗十九首中对生命的忧患意识便源于庄子人生如梦的消极思想。诗作者在人与自然的对照中感到人的渺小与生的可悲，喟然而叹"人生非金石，岂能长寿考"，真即是梦，梦即是真，对人生的绝望哀叹成为他们普遍的心态，他们看不到生活的希望，该得到的又无法得到，于是产生了放浪形骸的颓废思想。"庄周梦蝶"的感伤主义情调使这类人对现实采取随遇而安的态度，对现实不满而又无能为力，于是以超脱的态度淡然置之。李商隐诗中的感伤主义，"怜我秋斋梦蝴蝶"（《偶成转韵七十二句赠四同舍》）、"庄生晓梦迷蝴蝶"（《锦瑟》）便受此影响。苏轼的洒脱旷达背后那种对人生忧苦不可解脱的虚幻之感，显然也与这个寓言的精神有关。

同时，在艺术理论上，后代艺术家从"庄周梦蝶"的寓言中受到启迪，以此处理创作中主客体的关系，产生了"神与物游"（刘勰《文心雕龙·神思》）、"思与境偕"（皎然《诗式》）的文艺思想。"庄周梦蝶"的寓言中，梦与觉的转化被说成是"物化"，这就使梦中主体与觉时主体取得同等地位，成为另一个主体，因此觉不比梦实在，梦也不比觉虚幻，两种状态中的认识有同等价值。这种物我同一的思想就是主体进入创作过程时那种"神与物游"、"物我两忘"的精神状态。作家从艺术积累转入艺术构思时，应该达到一种"忘物"、"忘我"的境界，所谓"寂然凝虑，思接千载"（《文心雕龙·

心通庄子

神思》),将全部注意力集中到对象之上,把自己融入对象之中,从而将活生生的生活现象被转化为主观的艺术形象,思维始终带有具体、生动、直观的特征。创造中的想象具有超时空的飞跃性,它从具体到抽象,以形传神,形神兼备,这也是中国艺术的根本特点。"神与物游"揭示了创作中情景交融的形象思维的特点,在艺术创作中,心灵与情感必须统一起来,方能产生理性内容与感性形态的结合。中国传统艺术特别讲究"神与物游"、"以形传神"。苏轼说文与可画竹时"其身与竹化",便是"神与物游"的一个实例。不过在这里,"其身与竹化"并不是作为一般的宇宙观而出现。它源于"庄周梦蝶"的寓言,但它强调的是形象思维在创作过程中的能动作用,因而有别于"庄周梦蝶"的相对主义哲学,成为一种有益的文艺思想。

总之,"庄周梦蝶"作为一种哲学思辨虽然是不可取的,但它的影响并不仅限于哲学领域,它对后世的影响从思想到艺术,是十分广泛而深远的,既有积极方面,也有消极方面,不可一概而论。

# （八十五） 《庄子》与《孟子》散文风格有何异同

庄子与孟子同生于战国中后期,都为"乱世之民",生存艰难。他们的散文也都反映了社会的动荡、人民的疾苦以及统治者的残暴,谴责了地主阶级的横征暴敛和虚伪狡诈,都不同程度地描绘了当时不合理的社会现实。但是,由于社会政治观点、学术思想和人格精神的不同,庄、孟在表达理想的方式上和散文风格上就形成了各自不同的特点。

作为儒学大师,孟子是从维护封建宗法社会秩序和行为规范出发来抨击时弊,同情人民的,是鲁迅所说的"哀其不幸,怒其不争"的态度,他强调儒家的"仁义礼智信",重视理性精神,宣扬积极入世的儒家思想。所以,孟子的散文具有"现实主义"的精神气质。而庄子是道家文化的代表,他是以彻底毁灭的态度批判封建社会现实和行为规范,追求主体精神的绝对自由,要求人与"自然"的完美融合,表现为一种出世的精神倾向,带有浓厚的"浪漫主义"色彩。具体来看,庄、孟散文的这些区别也是非常明显的。

一、庄、孟散文中的人物形象各具特色。譬如《庄子》中的庄子形象与《孟子》中的孟子形象就迥然两样。《孟子》书中的孟子襟怀坦荡,性情爽直,足智多谋,能言善辩,他上敢藐视君王,下能批评权贵,是一个性格鲜明、很有个性的儒生形象,如《公孙丑》《万章》等篇中都很典型,给人以真实可信之感,毫无荒诞不经之嫌,既是艺术形象,也接近生活的人物。而《庄子》中的庄子则显得虚幻缥缈,尽管有现实的影子,但更多了想象的色彩,如他能超脱生死而与髑髅相对说话,能跨越时空与鲁哀公侃侃而谈等,带有幻想和虚构的成分,这是运用夸张、理想化的手段塑造出来的形象,与历史上的庄子显然有差别。

二、庄、孟的理想世界有着不同的内容。孟子是现实主义者,他的理想社会显然与现实有明显的血肉联系。如孟子心怀"平治天下"的抱负,救民于水火之中,在《梁惠玉》中提出了自己的"王道乐土":"五亩之宅,树之以桑,五十者可以衣帛矣。鸡豚狗彘之畜,无失其时,七十者可以食肉矣。百亩之田,勿夺其时,八口之家可以无饥矣。谨庠序之教,申之以孝悌之义,颁白者不负载于道路矣。老者衣帛食肉,黎民不饥不寒,然而不王者,未之有也。"这是一种充满现实精神的理想王国,体现了孟子的仁政思想。而庄子是一个典型的浪漫主义者,他满怀激情地对自己的理想世界——"至德之世"进行了热情洋溢的歌颂:"被民有常性,织而衣,耕而食,是谓同德;一而不党,命曰天放","含哺而熙,鼓腹而游","同乎无知,其德不离;同乎无欲,是谓素朴"(《马蹄》)。庄子的理想世界不过是人类远古的乌托邦的乐园。由此可见,孟子的"王道乐土"和庄子的"至德之世"有本质的不同,前者是"现实主义"的理想,后者是"浪漫主义"的理想;前者对照现实社会是维护的态度,后者则是否定和反对的态度。

三、庄、孟的散文都多寓言,然而有别。孟子的散文寓言,多取材于民间故事、历史传说,而绝少神话人物,如"揠苗助长""五十步笑百步"、"昔者赵简子使王良与嬖奚乘"等,这也看出孟子散文的现实主义倾向。庄子的寓言则多山川日月,想象诡奇,有历史故事,有民间传说,更多的是神话题材,显得璀璨夺目、光怪陆离,有神仙至人,有鲲鹏斥鷃,有畸形怪人,也有现实凡人,这也反证了庄子散文的浪漫主义的精神特质。

# （八十六） 庄子对阮籍有何影响

庄子及其思想在战国末期并不为时人所知,甚至同时代的大儒孟子也未闻其人,更未闻其道。直到魏晋以来,玄学风行,士大夫们以庄人玄,庄玄合流,才开始了对《庄子》的研究,换句话说,庄子的影响才日渐扩大。这方面居头功的要数"竹林七贤",这里仅举其代表之一阮籍略加论述。

首先,庄子对黑暗现实的愤怒情绪和叛逆精神,直接形成了阮籍放浪的性格和反抗封建礼法的精神品质。阮籍这位著名的竹林狂人,由于不满司马氏集团的高压统治,又不愿与他们同流合污,找不到人生的出路,精神极度苦闷,终日"酣饮为常"(《晋书·阮籍传》),"倜傥放荡,行己寡欲,以庄周为模"(《三国志·王粲传》)。他在著名的散文《大人先生传》中,十分尖锐地造责罪恶混浊的社会现实!,到处是"强者睽眠而凌暴,弱者憔悴而事人",统治阶级是外表上变幻面目,而内心隐藏私欲,贪夺无厌,伪善虚荣,沽名钓誉,鸡鸣狗盗,抨击统治阶级弱肉强食、虚伪狡诈的本性。统治者惧怕百姓知道内幕,一方面用金钱收买人心,另一方面又严刑逼供,编制种种礼法,束缚老百姓,实施愚民政策。剥削阶级就是运用软硬两手,压榨人民百姓。整篇文章闪烁着激昂慷慨的战斗精神,显现出否定君权的大胆思想。他的《咏怀诗》共82首,曲折地写出了自己对现实的不满和无法解脱的苦闷心情,堪称魏晋之际社会矛盾斗争的真实图画,也是庄子社会人生哲学的再现。阮籍茫然"无所寄托",整日忧心忡忡,独自感伤,"膏火自煎熬,多财为患害,布衣可终身,宠禄岂足赖"(第六首),就是庄子"保身全生"处世哲学的消极反映。尽管后人评价说"阮旨遥深",但在其诗意背后,无不折射出阮籍对司马集团的切肤之恨。

阮籍放任旷达、与世周旋的敷衍态度也完全继承了庄子的精神。庄子不接受楚王的聘邀,身处陋室僻巷,以织草鞋为生,逍遥自若。阮籍则隐居山林,纵酒谈玄,无视权贵礼法,但又并非采取过激行动,深得庄子隐忍放达、顺其自然的遗风,两者都流露出消极颓废的情绪。例如对第八十一首诗,人称"厥旨渊放,归趣难求",与庄子的思想一脉相承。

庄子赞美自然,崇尚古朴社会政治理想,追求一种原始自由的理想境界,成为后世众多浪漫主义倾向的艺术家追求自己精神王国的范本。阮籍的《大人先生传》里所描绘的就是这种美妙情境,"昔者天地开辟,万物齐生",在这里万物各安其性,各得其所,人与人之间十分和谐友善,异常恬静自然,没有欺诈,没有争斗,"无君而庶物定,无臣而万事理",表现了诗人对自然状态美好景象的缅怀,对现实丑恶生活的极端愤懑,这些思想都是直接渊源于庄子的精神传统,进而对后世文人学士产生了深远的影响。

## （八十七） 庄子对陶渊明有何影响

东晋大诗人和隐士陶渊明,可谓落花无言,人淡如菊。他"少无适俗韵,性本爱丘山"、"日耽田园趣,自谓皇羲人"。在他的整个生命历程中,我们始终可以看到庄子的精神遗风。陶渊明在《拟古·其八》中说:"不见相知人,惟见古时丘,路边两高坟,伯牙与庄周,此上难再得,吾行欲何求。"在人生的旅途中,诗人知音难求,只有古时的庄周与伯牙的灵魂"盘踞肝肠深"(龚自珍语)。这首诗表现出诗人对庄子的极高推崇。

庄子的思想培养了陶渊明达观放任的精神品格。陶渊明也曾是一个追求功名,热心投身报国的"猛志"之士,但是现实的黑暗,打破了诗人美妙的梦幻,终于在污浊的官场上苦熬挣扎一阵,又回归到自己向往已久的田园乡村。他的《归园田居》正是这种摆脱尘网返归自然的愉快心情的真实记录。陶渊明如久在樊笼里的鸟儿,冲破十三年的官场生活的羁绊,返回故园,重新陶醉于阡陌纵横的世外桃源,这是对自由拔俗人格的充分肯定,这与庄子的生活道路和人生追求是何等的相似,不与世俗同流合污,保持纯洁高尚的节操。这种"勿使心为形役"的精神追求,在漫长的封建社会,确是难能可贵的,令人敬仰。当然,庄子是乱世之民,对混乱的现实切指憎恨,然而又无可奈何,形成了消极遁世的思想,这也给陶渊明显著的消极影响。在黑暗冷酷的现实面前,他早年那种"猛志逸四海"的精神状态消失了,对前途彻底绝望了,开始仰慕原始自然的田园风光,在老子和庄子的精神武库里寻求慰藉,消极退隐,最后染上了感伤主义情调,"乐夫天命","委心任去留",以超脱出世的态度,淡漠一切。所有这些都是老庄哲学思想的直接影响的结果。

庄子终生追求的"小国寡民"的原始自然社会,和谐宁静自由,没有剥削、没有压迫,构成了陶渊明理想国——"桃花源"的基本雏形。桃花源里阡陌纵横,往来耕作的农民,淳朴善良,丰衣足食,鸡犬之声相闻,童发垂髫怡然自得,这是一个绝对和谐自然的理想社会。从某种意义上说,诗人沉醉自怜的"桃花源",就是《庄子》中"其卧徐徐,其觉于于"、"其行填填,其视颠颠"、"耕而食,织而衣"的"至德之世"的再现。

此外,庄子追求去雕饰的自然美,也影响了陶渊明诗作的艺术风格。陶渊明有很多作品是歌颂村舍田园风光的,如"狗吠深巷中,鸡鸣桑树颠"、"采菊东篱下,悠然见南山"、"方宅十余亩,草屋八九间"、"平畴交远风,良苗亦怀新",语言清新自然,意境恬静淡远,与庄子的追求是一脉相承的。

# （八十八） 庄子对李白有何影响

龚自珍说:"庄、屈实二,不可以并,并之以为心,自白始。"可见李白对庄子的领悟达到了一种出神入化的境界。事实上,《庄子》对李白的思想性格与创作风格乃至文艺观点都产生过极大影响。

首先,庄子精神陶冶了李白豪放不羁的性格。李白接受了庄子那种物我两忘、遗世独立的思想,追求一种绝对的自由,蔑视世间一切。他要求摆脱一切羁绊、追求精神与旷达宏放的性格,就是从庄子的"齐物"、"物化"与"逍遥"等概念中领悟到的人生真谛。李白早年写的《大鹏赋》、《上李邕赋》,均以"大鹏自况",表达对自由的向往。这两篇作品都直取于《庄子·

逍遥游》。李华在《故翰林学士李君墓志》铭文中说:"君(指李白)之道,奇于人而侔于天。"正道出了李白的精神境界是受之于庄子的特征。他也像庄子一样,在诗中表现强烈的个性,处处留下浓厚的自我表现的色彩。他要入京求官,就宣称:"仰天大笑出门去,我辈岂是蓬蒿人!"政治失意了,就大呼:"大道如青天,我独不得出!"他登上太白峰,就说:"太白与我语,为我开天关。"其磅礴的气势丝毫不逊于庄子。李白蔑视权贵人物,蔑视荣华富贵:"安能摧眉折腰事权贵,使我不得开心颜。"这种对封建社会一切压迫和羁束毫不调和的叛逆态度,也颇有庄子遗世独立、不为世用的品格。

其次,庄子的浪漫主义文风也"遗传"给了李白,使他成为我国文学史上继屈原之后的又一伟大的浪漫主义诗人。《庄子》浪漫主义的主要特色是神奇超旷,李白诗歌中表现的浪漫主义就具有这种特色。他说自己的诗是"兴酣落笔摇五岳,诗成啸傲凌沧洲"。杜甫称赞他的诗也说:"笔落惊风雨,诗成泣鬼神。"这种无比神奇的艺术魅力,确是李白诗歌最鲜明的特色。明杨慎说:"庄周、李白,神于文者也,非工于文者所及也。文非至工,则不可为神,然神非工之所可至也。"(《杨升庵文集》)这正道出了庄子、李白神奇超旷的特色,揭示了李白与庄子之间的渊源关系。

李白诗中大胆的夸张想象,新奇的比喻都得之于庄子而又有自己的创造性。《庄子》浪漫主义的另一特色是对理想王国的追求,这也影响到李白。李白诗中表现的追求理想的精神就受之于《庄子》。以写"孤独"为例,李白诗也极富庄子之豪气:"花间一壶酒,独酌无相亲。举杯邀明月,对影成三人。……我歌月徘徊,我舞影零乱。醒时同交欢,醉时各分散。"孤寂一身,居然成了三人,而且载歌载舞,热闹非凡。实际的极冷,却渲染得极热,态度如此之旷达,完全不为外物所累。可见,庄子浪漫主义在艺术上对李白的影响是十分明显的。

在文艺观点上,庄子对自然美的推崇直接引发了李白"清水芙蓉"的审美情趣。庄子从道生万物的观点出发揭示了自然美,极力推崇自然美,认为"淡然无极而众美从之",自然美在于朴素、自然。由此,庄子提倡一种完全符合自然精神的文艺,如"大音希声"的"天乐",超乎"言意之表"的文学观念等,反对人为造作,反对雕饰,这直接影响了李白的文学观。李白论诗,崇尚"清真"、"自然",提出"清水出芙蓉,天然去雕饰"的审美理想,主张"笔参造化"。他在《古风》第三十五首中,批判了当时残余的讲究模拟雕琢的形式主义文风:"一曲斐然子,雕虫丧天真。"受庄子浪漫主义精神影响,李白论诗标举"想象"、"逸兴",提倡洒脱奔放的诗兴,汪洋恣肆的文思,清狂傲世的叛逆精神与奔腾无拘的想象。这是李白最具特色的诗歌理论观点,它与《庄子》情思幽深飘逸、想象现玮俶诡、构思新颖奇妙的特色是相通的。

所以说,作为浪漫主义大师,庄子对李白的影响是多方面的。

# (八十九)　庄子对苏轼有何影响

传记读库

苏轼对《庄子》有着深刻的领会,因此,他善于把《庄子》的某些思维形式引入艺术领域,改造成为颇具特色的艺术思想。

《达生》中有两则故事描述了一种"凝神"的境界,虽然庄子谈的并非艺术,却给人以很大启发,苏武"胸有成竹"说便导源于此,二者所描述的过程都具有"忘物"、"忘我"的特点。《庄子》云:"虽天地之大,万物之多,而唯蜩翼之知。"苏轼说:"与可画竹时,见竹不见人。"都指创作主体忘却除对象之外的一切客观事物。《庄子》又有"辄然忘吾有四肢形体",苏轼也说:"嗒然遗其身。"这是一种忘却自身存在的境界。创作主体在"忘物"、"忘我"的同时,将全部注意力集中到对象之上,获得创作灵感,庄子云:"然后成见鐻"苏轼则说:"乃见其所欲画者。"这是创作过程中从艺术积累到艺术构思的飞跃,生活形象被改造成为作者头脑中的艺术形象,思维始终带有具体、生动、直观的特征。苏轼"胸有成竹"说来自庄子的"凝神",又跳出了"凝神"的哲学思辨樊篱,揭示出形象思维的艺术创作中的积极作用,成为苏武最富特色的艺术见解之一。

《庄子》中"真"、"天"、"全"等概念引发了苏武的"传神"说,成为苏轼所谓"神"的近义词.在《庄子》中,这些术语并非为艺术而发,但苏轼的"传神"说既然使用了这些术语,自然要受到《庄子》的影响,他所谓的"神"可以叫真,也可叫天,或者还可叫全。《李潭六马图赞》说:"六马异态,以适为妍。……名适其适,以全吾天乎!"《传神记》中又说:"南都程怀令,众称其能。于吾传神,大得其全。"这里,"天"也好,"全"也好,与"神"都是一个意思,指的是事物固有的天然本性,它只存在于事物的自然状态之中,所以苏武主张:"欲得其人之天,法当于众中阴察之。今乃使人具衣冠坐,注视一物。彼方敛容自持,岂复见其天乎。"(《传神记》)

在苏武看来,只有当人们处在自然状态中,他们的"神"才会流露出来,任何做作状态,都将导致"神"的消泯,因此他主张从自然状态中捕捉形象,这也就是《庄子》所说的"人山林,观天性","以天合天"。不过,苏轼"传神"说并不要求人们与世隔绝,他所说的"法当于众中阴察之",并非反对社会交往,而是要求把握这种交往的自然状态,这样的作品"随物赋形",表现出惊人的传神妙笔而不会有虚假造作之感。苏轼鄙薄徒具形似,强调以形传神,写意为贵,他从《庄子》中的真、全、天等概念受到启发,使"传神"说上升为一种富有民族特点的艺术理论。

《庄子》"庖丁解牛"、"运斤成风"等寓言引发了苏轼对艺术技巧的追求。苏轼《书吴道子画后》中说:"出新意于法度之中,寄妙理于豪放之外。所谓游刃余地,运斤成风,盖古今一人而已。"他把艺术创作上一种妙造自然、姿态横生的自由境界比之为庖丁的"游刃有余"和楚匠的"运斤成风",这就显示了《庄子》对他的影响。不过,庄子是以艺喻道的,论艺的寓言暗含了重视规律的客观效果。苏武正是在这个意义上理解《庄子》论艺的寓言,从而得出"出新意于法度之中,寄妙理于豪放之外"的结论,揭示了在规律法度的基础上充分发挥艺术创造力的道理。他对艺术表现的自由要求虽受了《庄子》影响却并不蔑视规律,所谓"常行于所当行,常止于不可不止"(《答谢民师书》),指的是在艺术规律容许的范围内,让创造力有最大限度的自由活动。只有掌握了艺术规律,才能达到自由的境界,这与庖丁游刃有余和楚匠运斤成风同出一理。

受庄子玄妙神秘的哲理的影响,苏轼提倡含蓄的艺术境界。苏轼《书摩诘蓝田烟雨图》说:"味摩诘之诗,诗中有画,观摩诘之画,画中有诗。"强调一种一唱三叹、余味无穷的艺术境界,这也是受了庄子的影响。庄子把"言"和"意"对立起来,认为"言"不能达"意",这是一种彻底的不可知论。苏轼"遗文以得义,忘义以了心"(《书楞枷经后》)来自《庄子》"得意而忘言"(《外物》)。但苏轼强调的不是"意"的不可表达性,而是表达方法的特殊性。他精辟地指出了陶诗"境与意会"的特点:"'采菊东篱下,悠然见南山',因采菊而见南山,境与意会,此句最有妙处。"(《题渊明〈饮酒〉诗后》)庄子的不可知论被改造成为"意在言外"的艺术理论,在我国艺术史上产生了广泛的影响。

# （九十） 庄子对辛弃疾有何影响

前人有的认为辛弃疾"掉书袋"。其实,他善于熔铸经史百家的语言入词,当然对《庄子》也多有涉猎,《庄子》对辛弃疾的影响主要在思维方式和艺术特色上。

在饱经宦海沉浮和拯救民族危亡的艰险征途上,辛弃疾选择了庄子的"齐物论"作为观察客观世界的锐利武器,创作出发聩震聋的"稼轩词",为我国文学史增添了光辉的一页。

庄子"齐物论"实质上就是用相对主义的方法分析事物的两极性,辛弃疾运用这种方法首先对当时貌似强大的金国作了深刻分析。他在《美芹十论》中指出全国有"三不足虑",即地产不足虑,财多不足虑,兵多不足虑。其原因是:地广而不服者众;财多而赋敛重,民不堪而叛;兵多而难调易溃。这种思维方式在稼轩词里也得到反映:"落日坐塞超,胡骑猎清秋。汉家组练十万,列舰耸层楼。谁道投鞭飞渡,忆昔鸣鹬血污,风雨佛狸愁。"(《水调歌头·舟次扬州》)这正是全国兵多不足虑的生动写照。

正是基于运用庄子思维方式对金国形势的分析,在如何恢复中原的问题上,他和一切主战派一样,力主用武力把金兵赶出去。稼轩词中有很多篇章表现出励己励人、奋勇抗战、洗尽胡沙、收复中原的激扬情绪。《水调歌头·寿赵漕介庵》写道:"闻道清都帝所,要挽银河仙浪,西北洗胡沙。"辛弃疾还运用庄子相对论,揭示南宋王朝权奸当道、粉饰太平中潜在的危机。传诵千古的《菩萨蛮·书江西造口壁》词,上阕回顾金人南侵的血泪史,下阕写报国之志无法实现的悲哀。在这里,他以庄子柔弱胜强的相对转化论,形象地写出了刚直不阿的抗战英雄,常常败给投机取巧的小人。在这种形势下,辛弃疾对南宋王朝产生了怀疑,其《摸鱼儿》词更进一步揭示了南宋王朝的危机,认为南来王朝走向"斜阳正在,烟柳断肠处"是必然趋势。

宦海的沉浮,使辛弃疾的人生观也带着庄子的"逍遥"意味。在被劾落职的前夕,他写了一首《满庭芳》,清楚地看到"倾国无媒,入宫见妒,古来輦损蛾眉",就是自己的下场,所以只好"幸存一枝",像"鹪鹩巢于深林,不过一枝"(《庄子·逍遥游》)。自古英雄人物都沉没无名,"都休问,英雄千古,荒草没残碑",因此,辛弃疾被劾落职二十年之久,心中毫无芥蒂。"倒冠一笑,华发玉簪折","问愁谁怯?可堪杨柳,先作东风满城雪"(《六么令·再用前韵》)。罢官一笑,何愁之有?庄子的"彼亦一是非,此亦一是非"是辛弃疾罢官闲居、屡受谗害而又胸襟旷达的精神支柱。

同时,庄子对稼轩词的艺术特色也有着潜移默化的影响。辛弃疾词创造了雄奇阔大的意境,大有庄子"汪洋捭阖,仪态万方"(鲁迅《汉文学史纲要》)的气势,如果不是深谙庄子的气度和审美情趣,是很难在一首词中表现出这种高超的艺术概括力和想象力的。其《水龙吟·登建康赏心亭》一词,上阕即景生情,描绘出秋日楚天的无边无际,下阕谈古论今,追怀往事,称得起"汪洋恣肆以适之"。

庄子嬉笑怒骂的语言风格也充分表现在稼轩词中,范开《稼轩词序》说"苟不得之于嬉笑,则得之于行乐",这种评价正说明了稼轩词借鉴庄子不以庄语、意在言外的艺术意境。《山鬼谣》一词,作者与怪石相问答,大有庄子梦见髑髅的情趣,在谈笑戏谑中,运用寓言的形式,流露出愤世嫉俗之情。另外值得一提的是,庄子既豪放又委婉的散文风格也给辛弃疾以很大影响,使辛词在豪放中不乏婉媚之作。刘克庄《辛稼轩集序》里说辛词

"其秾纤绵密亦不在小晏、秦郎之下"。在庄子的影响下,辛词形成了多彩多姿的艺术风格。

总而言之,辛弃疾运用庄子相对论分析问题,在词中表现了强烈的爱国激情;同时庄子的艺术风格也使辛词风格丰富多彩而不流于单一。

# （九十一） 《庄子》在中国散文史上有何贡献

在我国文学史上,《庄子》常与《离骚》并列,以其瑰丽奇伟的形象哺育着一个浪漫主义的传统。《庄子》一书,以其傲世独立的精神内涵、汪洋恣肆的文章风格和舒卷自如的语言技巧,创造性地发展了散文的文体,在中国散文史上独具一格。

《庄子》一书,"以卮言为曼衍,以重言为真,以寓言为广"(《天下》),它一反义正词严的庄语,采用寓言、卮言之类荒唐谬悠的语言来表达作者的思想,在戏谑幽默之间,寄寓着尖锐有力的讽刺,借以揭露统治者的丑恶本质,以及人世间形形色色的腐朽与虚伪,鲜明地反映了作者的爱憎情感。《秋水》篇以"鸱得腐鼠"讽刺施惠;《胠箧》篇以"窃钩者诛,窃国者为诸侯,诸侯之门,而仁义存焉"来讽刺统治者;在《盗跖》篇里,又以"不耕而食,不织而衣,摇唇鼓舌,擅生是非"的"巧伪人"来讽刺儒生。庄子以其夸张而辛辣的描写,抨击种种丑恶的社会现象,嬉笑怒骂皆成文章,使散文成为一种特殊的批判武器,开后世小品文之先。这是文章的一大解放,是对哲理文的一次变革与创新。

《庄子》散文构思奇特,想象丰富,气势奔腾浩瀚,表现了作者巨大的、惊人的想象力,富有浓厚的浪漫主义色彩。对此,鲁迅曾作过高度评价:"其文汪洋捭阖,仪态万方,晚周诸子之作,莫能先也。"(《汉文学史纲要》)《庄子》中的许多文字,想象丰富,泉涌万触,汪洋恣肆,不拘绳墨。它摆脱了先秦散文纯语录体的形式特征而开始向专题论文过渡,并把虚构引入散文创作。《外物》篇的"任公子为大钩"是一篇想象奇特、浪漫主义色彩很浓的寓言故事。"任公子为大钩巨缁,五十犗以为饵,蹲乎会稽,投竿东海……海水震荡,声作鬼神,惮赫千里",写钩之巨、饵之重、竿之长、鱼之大,文字不多却极尽夸张之笔,尤其后面一段,描绘大鱼食饵牵钩,馅没而下的巨大声势,更是恣意恢恢,动人心魄。在中国文学史上,庄子是第一个运用浪漫主义于散文创作的散文家。一部《庄子》仿佛就是一个幻想的世界,活动着许许多多神异奇特的艺术形象,使哲理散文出现了一种寓哲理于"荒谬诡诞"之中的特殊艺术风格,打破了哲学与文学的严格界限,这是《庄子》的一大突破。就浪漫主义创作艺术而言,《庄子》散文与屈原诗歌,堪称战国文坛双璧。

《庄子》一书,还有着很高的语言技巧,词汇丰富,富有创造性。诸子散文中,《庄子》最有艺术魅力。它运用夸张、想象、比喻等各种表现技巧,写情状物,含有不尽的"味外之旨"与"韵外之致"。《齐物论》"大块噫气"一节,一连写出了风的八种不同声响,"激者、謞者、叱者、吸者、叫者、譹者、宎者、咬者",几乎把风声的宏细、大小、高低都写尽了,甚至还表现出风声的感情色彩,给人以无穷的联想。《秋水》篇里"兼怀万物,其孰承翼,是谓无方。万物一齐,孰短孰长?道无终始,物有死生,不恃其成。一虚一满,不位乎其形"一段,基本上四字一句,两或三句用韵,字句整饬,音调铿锵,颇与屈原《天问》的句法相似,开了"以诗为文"之先河,使哲理散文第一次出现了高远寥廓、充满诗情画意的理想主义境界与壮丽的"天籁"般的旋律和韵味。《庄子》散文蕴含着一种不可言说的诗的意境,魅力无穷。

总之,在诸子百家文苑中,《庄子》以其寓言的形式,讽刺的手法,独树一帜;它把哲理寓于丰富的形象之中,表现出气势雄伟、意境开阔、想象奇幻、气象万千的风格而又以瑰奇取胜;成为古代寓论散文形成的标志,把我国散文极大地向前推进了一步。所有这些,都是《庄子》对于散文创作的贡献所在。

所以说,一部《庄子》,掀开了散文史上崭新的一页。

# （九十二）　《庄子》在中国小说史上有何贡献

庄子不仅是一位哲学家、散文家、寓言大师，而且还是著名的小说家。他在中国小说史上的贡献是非常突出的，有人甚至称其为"中国短篇小说之父"。庄子在小说史上主要有三个方面的贡献。

庄子是最早提出"小说"这一名词的人。从某种意义上说是庄子拉开了中国小说史的序幕。《外物》篇中说："饰小说以干县令，其于大达亦远矣。"这里庄子提出了"小说"名词，当然对"小说"的意思有不同解释。徐震堮认为，"小说"与"大达"对举，不过指那些浅薄琐屑无关于大道的言论，并不是一种文学样式，"与今天的小说无关"。另有人认为，庄子"饰小说以干县令"是对小说的极简短的评述，记下并正确使用了小说这一名词概念，用以反映当时存在的文学形式，使中国小说的历史得以如实地提前了数百年，从而使其发生、发展得到科学的历史的说明。

我们认为，"小说"一词的含义，古今固然有区别，但不能说就"与今天的小说无关"。先秦两汉"小说"都是指有故事性的作品，如《汉书·艺文志》录有"小说五十家，千三百八十篇"，桓谭《新论》有"小说家，合残丛小语"等，都有现在小说的某种意义，所以，凭此不能断语庄子的"小说"一词独指"小道"或"琐屑"的言谈。可以肯定，《外物》中提到的"小说"至少含有今天小说的萌芽。另外，不管"小说"的内涵演变如何，单从名词学的角度，"小说"一词也是从庄子那里沿用过来的，这无疑是庄子对小说文体的一大贡献。

庄子的寓言创作为小说发展提供了多种艺术准备。寓言虽然并非就是小说，但是两者在创作方法上有很多相似的地方。庄子寓言丰富的想象发展了小说的艺术虚构。小说重要的特征之一就是合乎生活逻辑的艺术虚构，可以说，没有虚构就没有小说艺术。庄子寓言中有大量的神话人物，又经过重新创造，展现出非凡的艺术想象力。《逍遥游》中写鲲鹏之大，鹏之背不知其几千里；羽翼之影如"垂大之云"；振翅高飞，搏风击水三千里；

奋飞六月，才至于南海。想象"藐姑射山的神人"，"肌肤若冰雪，绰约若处子。不食五谷，吸风饮露，乘云气，御飞龙，游乎四海之外"，是何等广漠瑰奇的场景，何等超尘绝俗的形象，对后世小说，尤其是浪漫主义小说产生了深远的影响。

庄子寓言的故事性启发了小说的情节结构。《庄子》书中每一个寓言都是一个完整的故事，尽管人物和事件多属虚设，"空言无事实"（司马迁语），但作为故事又非常生动形象，如"庖丁解牛"、"许由逃尧"等，为历史演义小说创作提供了许多素材和艺术借鉴。

庄子寓言善于运用人物言行，揭示人物思想性格。如《外物》中借"儒以诗礼发家"，在大儒与小儒的言论冲突中，暴露了儒生的虚伪与奸诈。同时，寓言往往描写人物的内心活动，刻画人物的性格特征。如《徐无鬼》篇写徐无鬼见魏武侯。他从武侯喜爱的狗马谈起引诱武侯，从中看出双方微妙的心理变化，最后使武侯把原本不愿听的话也听进去了，见出两者的性格特征。这些都给后人小说创作中成功的塑造人物典型提供了宝贵的艺术经验。

庄子一生创作了不少短篇对话体小说。他是小说艺术的较早实践者。先秦的小说有其自身的特点：以对话为主体。《庄子》一书中保存十多篇这类小说。如《德充符》中的"兀者申徒嘉"、"鲁哀公问于仲尼"；《应帝王》中的"神巫季咸"；《在宥》中的"云将与鸿蒙"；《天地》中的"汉阴老人"；《天运》中的"子贡与老聃"、"孔子见老聃"；《知北游》中的"孔子见老聃"；《徐无鬼》中的"牧马童子"；《渔父》中的"渔父"；《盗跖》中的"盗跖"等。这些对话体小说，成了我国短篇小说的最早源头，对后世小说创作都有深刻的启示。

总之，纵览中国小说的发展历史，无论思想内容、艺术技巧、还是小说作品的形式风格，都能看到庄子投下的不可磨灭的影响。

# （九十三） 《庄子》在汉语史上有何贡献

庄子是一位著名的语言大师。《庄子》二书,在汉语言的发展史上有着非常重要的意义,它的出现,极大地丰富了汉语的词汇和成语,是汉语史上不可多得的重要文献。

《庄子》书中用不同的构词方法,创造了许多新词汇。汉语言词汇经历了由单音节词逐步向双音节词、多音节词发展的历史。春秋以来,随着社会生活的发展,新事物、新概念不断增多,语言中活跃词汇也因之构成了能反映新事物的新词。庄子本人放达无羁,为了表达他那汪洋恣肆的思想感情,《庄子》中创造了大量的。双音节词汇,增强汉语言的节奏感,至今仍然活跃在现代汉语中。如"尘埃"、"尘垢"、"磅礴"、"臃肿"(《逍遥游》);"槁木"、"死灰"、"天府"、"孟浪"、"吻合"(《齐物论》);"形骸"(《德充符》);"天机"、"造物"、"彷徨"(《大宗师》);"强梁"、"雕琢"、"浑沌"(《应帝王》);"权衡"(《胠箧》);"绰约"、"雀跃"、"郁结"、"猖狂"(《在宥》);"蠢动"(《天地》);"恬淡"、"寂寞"、"精神"、"朴素"、"道德"(《天道》);"知识"(《至乐》);"挥斥"、"消息"(《田子方》);"滑稽"(《徐无鬼》);"陆沉"、"卤莽"、"精微"(《则阳》);"小说"、"县令"(《外物》);"寓言"(《寓言》);"布衣"(《让王》);"壮丽"、"勇敢"、"智慧"、"齑粉"(《列御寇》);"方术"、"道理"、"动静"、"荒唐"、"沈浊"、"参差"、"舛驳"(《天下》),等等,不胜枚举。

从新词的结构方法上看,主要有三种类型:联合式、偏正式、重叠式。联合式是采用同义词或近义词联结而成新词,如"秕糠"、"陶铸"(《逍遥游》);"桎梏"(《德充符》);"踌躇"(《养生主》)等。也有反义词联结形式,表示对立双方的矛盾统一,如"动静"(《天下》)。偏正式有三种情况:其一是主谓结构,如"神遇"、"悬解"(《养生主》)等;其二是动宾结构,如"造物"(《大宗师》)等;其三是修饰式,如"天均"、"天府"(《齐物论》)等。重叠式构成新词也很多,如"役役"、"栩栩"、"蓬蓬"(《齐物论》);"恢恢"

（《养生主》）；"浑浑沌沌"（《胠箧》）等。以上事实可见，庄子为了表现丰富的想象和奔放的激情，合理地创造了大量新鲜活泼的词汇，丰富了汉语的词库。

《庄子》一书给后人留下了大量的成语，是庄子在汉语史上的另一重大贡献。《庄子》书中众多的寓言和大量的比喻形象生动，构成了成语的基础。有人统计：上海教育出版社出版的《汉语成语词典》共收成语 5500 多条，其中出自《庄子》的就有 73 条；江苏人民出版社出版的《成语词典》收成语 6800 余条，源于《庄子》一书的就占 197 条，所占的比例是可观的。在中国古代典籍中，留下如此丰富的成语的著作，实在是不多见的。而且尚有许多条语词似乎也可以视为成语，如"往而不返"、"肤如冰雪"、"无所用之"、"大而无用"、"不夭斤斧"（《逍遥游》）；"万窍怒号"、"樊然淆乱"、"涕泣沾襟"（《齐物论》）；"哀乐不入"、"遁天倍情"（《养生主》）；"医门多疾"、"其作始也简，其将毕也必巨"、"终其天年"（《人间世》）；"不与物迁"（《德充符》）；"劳形怵心"、"涉海凿河"（《应帝王》），"跂誉无用"（《骈拇》）；"不疾不徐"（《天道》）；"播糠眯目"（《天运》）；"绝学捐书"、"甘井先竭"、"君子之交淡若水，小人之交甘苦醴"（《山木》）；"钳口不言"、"哀莫大于心死"、"挥斥八极"（《田子方》）；"手足胼胝"、"蓬户不完"、"桑枢瓮牖"、"声满天地"、"身在江湖，心存魏阙"（《让王》）；"矫言伪行"、"擅生是非"、"不耕而食"、"不织而衣"（《盗跖》），等等。足见《庄子》一书留下的成语是多么丰富。更为可贵的是，庄子创造的成语不仅具有丰富的想象力和表现力，而且通俗易懂，合乎百姓语言习惯。如"用管窥天"、"涉海凿河"、"使蚊负山"等。

总之，庄子在汉语史上的贡献是多方面的，单从以上两点就足以证明他是早期汉语革新的杰出代表。

## （九十四）　怎样理解《庄子》的寓言故事

庄子一书"寓言十九，重言十七，卮言日出，和以天倪"（《寓言》），这里

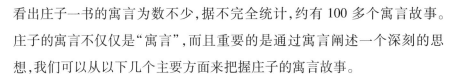

看出庄子一书的寓言为数不少,据不完全统计,约有 100 多个寓言故事。庄子的寓言不仅仅是"寓言",而且重要的是通过寓言阐述一个深刻的思想,我们可以从以下几个主要方面来把握庄子的寓言故事。

一、追求逍遥

在《逍遥游》中,庄子斥鷃笑大鹏:"彼且奚适也？我腾跃而上,不过数仞而下,翱翔蓬蒿之间,此亦飞之至也。而彼且奚适也?"大鹏被鷃所笑,因为还是有所待,庄子追求的是一种无待的境界,并通过鷃与大鹏的对白加以表现。

《至乐》篇中记载:"庄子妻死,惠子吊之,庄子则方箕踞鼓盆而歌。"惠于不解,庄子说:"是其始死也,我独何能无概然？察其始本无生,非徒无生也而本无形,非徒无形也而本无气。……气变而有形,形变而有生。今又变而之死,是相与为春秋冬夏四时行也。人且偃然寝于巨室,而我嗷嗷然随而哭之,自以为不通乎命,故止也。"这里庄子所以鼓盆而歌,是因为他看到了宇宙万物的发生发展及变化,才如此而为之! 庄子通过这一描写来说明"始本无生","无生也而本无形",若"嗷嗷然随而哭之",则是"不通乎命"。他提倡的是不受任何束缚的无待境界——绝对的自由。

二、相对主义思想

庄子的《齐物论》中有关于梦中见蝶一寓言,他说是自己梦蝶,还是蝶梦自己呢？你说是庄周罢,则"栩栩然"蝴蝶也;你说是蝴蝶,则"蘧蘧然"庄周也,因为他们本来就是同一的。

猴子吃橡子,早上三个,晚上四个,它们不同意,但早上四个,晚上三个,猴子高兴了,数量没变,感觉不同了,其实是一样的。在《齐物论》中,他说:"莛与楹,厉与西施,……道通为一。"意思说,细小的草茎和粗大的屋柱子,丑的与美的等,从"道"方面看来,是没有区别的,"自其异者视之,肝胆楚越也,自其同者视之,万物皆一也"。庄子通过人、泥鳅和猴子三者的居住地方的寓言故事来进一步说明居住地方的好坏是没有标准的。美女走来,鱼看见了就跑,鸟见了就飞,什么叫美呢？庄子的结论是,一种正确认识的获得是值得怀疑的。

三、忘我归宗的思想

庄子认为,人我两忘,无忧无虑,便可以享尽天年。他说:"泉涸,鱼相与处于陆,相呴以湿,相濡以沫;不如相忘于江湖。"(《大宗师》)进而"忘其肝胆,遗其耳目,反复始终,不知端倪",于是"离形去知,同于大通"。

在《知北游》中,庄子讲了一个寓言:"东郭子问于庄子曰:'所谓道,恶乎在?'庄子曰:'无所不在。'东郭子曰:'期而后可?'庄子曰:'在蝼蚁。'……曰:'在瓦甓'。曰:"何其愈甚耶'?曰:'在屎溺。'东郭子不应……"这里庄子通过一段对白来说明道无处不在。只要认真修炼,达到忘我归宗,从而就达到了道。"天地与我并生,万物与我为一"(《齐物论》),取消任何认识,这样便可以得到"道",保全生命,以尽天年。

四、顺民而治天下

在《应帝王》中,庄子说:"无根游于殷阳,至蓼水之上,适遭无名人而问焉,曰:'请问为天下。'……无名人曰:'汝游心于淡,合气于漠,顺物自然而无容私焉,而天下治矣。'"他还说:"至人之用心若镜。不将不迎,应而不藏。故能胜物而不伤。"这里庄子提倡顺物自然,不扰民,天下便可大治。庄子通过寓言阐述:"黄帝曰:'夫为天下者,则诚非吾子之事。虽然,请问为天下?'小童辞。黄帝又问,小童曰:'夫为天下者,亦奚以异乎牧马者哉?亦去其害马者而已矣。'黄帝再拜稽首,称天师而退。"(《徐无鬼》)庄子提出治天下的前提是"顺物自然","胜物而不伤",从而达到"为天下"之治。

上述四点,是庄子寓言中主要观点。诚然,庄子的寓言相当深广,许多意境和思想值得我们进一步探索和研究。

# (九十五) 《庄子》在中国文学史上的地位如何

《庄子》在中国文学史上的贡献就像它在中国哲学史上的贡献一样,是深刻而伟大、无与伦比的。正如郭沫若在他的《今昔蒲剑·今昔集》中所说:"庄子固然是中国有数的哲学家,但也是中国有数的文学家。他那思想的超脱精微,文辞的清拔恣肆,实在是古今无两。他的书中有无数的寓言故事,那文学价值是超过他的哲学价值的。中国自秦以来的重要文学家差不多没有不受庄子影响的。"他给《庄子》在文学史上极崇高的地位。通观《庄子》全书,不难看出,它的文学成就主要表现为以下几个方面。

《庄子》创造性地发展了先秦散文的文体,文思如潮,仪态万方。战国时期,诸子散文实属哲理散文,文体上多是语录体,如《论语》、《孟子》等。庄子却独树一帜,另辟蹊径,把哲理寓于形象之中,文章气势雄伟,意境开阔,想象奇幻,气象万千,开创了我国散文创作的优良文风。

《庄子》是最早运用"寓言"这一文学样式进行创作的,寓庄子谑,把抽象的理论形象化。《庄子》一书,就是一部优美的寓言故事集。庄子采取"寓言"的写作方式,并不是偶然的。《天下》篇云:"以天下为沈浊,不可以庄语,以卮言为曼衍,以重言为真,以寓言为广。"即是说,战国时代,诸侯争霸,社会黑暗,一片混浊,庄子不可以用庄重的语言,只得借"谬悠之说,荒唐之言,无端崖之辞"(《天下》),曲折地表达自己的政治理想和人生态度,暴露社会现实的丑态和虚伪。所以,我们要从寓言故事中看到庄子的讽刺指向和抗争精神。

《庄子》在小说史上的贡献也是很突出的。他不仅在《外物》篇中提出了"小说"的名词概念,而且它的许多寓言故事,就已初具了我国小说的某些基本特征。我国古典小说很重视故事情节、人物形象,《庄子》的寓言中很多篇都有一个比较完整的故事情节,如《庖丁解牛》、《东施效颦》等,而且还有众多新鲜活泼、形态各异的人物形象,如不食人间烟火、万物不能伤害的"神人"、"至人"、"真人"、"圣人"群象;"钓于濮水"、"鼓盆而歌"的庄子自我形象;外表丑陋而道德高尚的畸形形象等。《庄子》对于框定我国古典小说的发展方向,不能不说起了至关重要的作用。

《庄子》在文学史上的贡献还表现为浪漫主义精神对后世文学家的影响。《庄子》一书充满着浓厚的浪漫主义色彩,它开创了我国古典浪漫主义文学先河。它想象奇绝,纵横跌宕,可谓"精骛八极,心游万仞"(《文赋》),"寂然凝虑,思接千载;悄焉动容,视通万里"(《文心雕龙·神思》)。

庄子以一种难以企及的想象能力,超绝时空,涵盖宇宙,无拘无束,绝对自由,他的形象别具光彩,令人目不暇接,心动神往。鲲鹏、斥鷃、惠施、列子、神人、仙子……群象飞动,发思超旷,神游天外。

此外,《庄子》对我国古代的文艺美学、艺术鉴赏理论都有许多卓越的贡献。难怪自《庄子》出现以来,从司马迁到鲁迅,历代文人都给予高度的评价,如晋郭象称之为"百象之冠",唐李白称庄文为"吐峥嵘之高论,开浩荡之奇言"(《大鹏赋》)。鲁迅则更为重视,说《庄子》是"晚周诸子之作,莫能先也"。换言之,《庄子》的思想性和艺术性,对后世产生了深远的影响,如嵇康、阮籍、陶渊明、李白、关汉卿、吴敬梓、曹雪芹、蒲松龄、龚自珍、鲁迅等人,都接受了《庄子》中的批判精神,对当时腐朽的社会现实进行了无情的抨击和批判。就艺术风格而言,历代诗、文、小说家,如王维、岑参、韩愈、柳宗元、苏轼、陆游、辛弃疾、马致远、王实甫、冯梦龙、徐渭、施耐庵以及桐城派等,无不挹其清芬,继承了庄子运笔挥洒、汪洋恣肆的行文遗风。

# (九十六) 庄子美学与柏拉图美学有何相通之处

庄子和柏拉图同为中西方的文化名人,他们的美学是中西美学史的两大基石。他们在具体论述美学观的过程中,有许多相同或相似的见解,细细玩味,很有价值。

黑格尔曾说:"美的内容和哲学的内容是同一的。"(《哲学史讲演录》)一定的美学思想来源于一定的哲学内容。庄子的哲学主要是以相对主义为标志的"齐物论",天地万物始生于道,又齐归于道。柏拉图哲学则标举"理式",永恒不变的理式乃是世界的本源,万物是对理式的模仿,是理式的影子。庄子的"道"与柏拉图的"理式"是极其相似的,都是一种绝对先验的形而上的东西,由此出发,就形成他们之间相似的美学观。

庄子和柏拉图都认为美和丑是相对而言的。庄子否定万物有美丑之别,无所谓绝对的美与丑。"厉与西施……道通为一"。《齐物论》云:"毛嫱丽姬,人之所美也,鱼见之深入,鸟见之高飞,麋鹿见之决骤。四者孰知天下之正色哉？……吾恶能知其辩！"即是说毛嫱、丽姬都是世人认为最美的，但是鱼见了就要深入水底，鸟见了就要飞向高空，麋鹿见了就要急奔而去，它们见而远之，并不以为美，这四种动物究竟哪一种美色才算最高标准，没有办法加以辨认。所以说美感不是万物皆有，人人一致，不同的对象有不同的美感标准。柏拉图在《大希庇阿斯》篇中也有相类的论述，他借用了赫拉克利特关于美的相对性理论表达自己的观点："最美的汤罐比起年轻小姐来还是丑的"；"最美的猴子比起人来还是丑的"，"最美的年轻小姐比起女神也还是丑的"。可见，现实世界的万物，既是美的同时又是丑的，美丑是相对的。庄子和柏拉图从各自的哲学出发，殊途同归，得出相似的结论：现实世界美丑的相对性，从而否定现实中美与丑的界限。

庄子和柏拉图都有自己最高的美学原则：至美至乐、至高无上的"道"和完整单纯永恒不变的"理式"。庄子和柏拉图提出现实美的无差异性、相对性，但在理想世界里，在万物之本那里，美则是绝对的，最完整无缺的。庄子云："天地有大美而不言。""大美"就是道，所谓"虚静恬淡寂漠无为者"，道之美，是非感性的内在精神，这种美在于永恒的生气运行本身，"听之不闻其声，视之不见其形，充满天地，苞裹六极"。柏拉图以为理式是"一切美的事物的源泉"，它是完整的、单纯的、静穆的、欢喜的、沉浸在最纯洁的光辉之中让我们凝视。可见"理式"（"美本身"）是多么神圣和绝对。庄子和柏拉图有关绝对的、最高的理性精神之美的论述，目的在于追求纯粹的道或理式。因为，在他们看来只有道或理式本身才是完美无缺、恒定不变的绝对。

在如何获得天地间的"大美"，或最高的理式之美方面，庄子提出了逍遥游的精神原则，而柏拉图提倡凝神反思的审美方法。道是游荡于万物间的根本精神，生气运行，它"寂漠无形，变化无常"，要想观照道的至美至乐，就应该不离天地万物又不拘泥于某一物象，既不能贪于感官所得，又不能单纯依靠冥冥妙悟，只有通过逍遥游的手段，就是主体身心自由自在，无拘无束，翱翔于整个宇宙人生之中，才能寻求、体悟道的真谛。庄子笔下展翅高飞的鲲鹏就是主体精神品格的象征。"若夫乘天地之正，而御六气之辨,以游于无穷者",消除了自我与万物的界限,达到主客体的完全融合,人天合一,这时就能体会绝对至上的"大美"。柏拉图则指出:"美本身存在于天外的理式世界。"只有理智——灵魂的舵手,真知的权衡——才能观照到它。他说:"要把握美本身,首先要对美的形体凝神观照,达到迷狂状态,就是通过对个别美的形体的观赏回忆,抽象出美的观念",从而获得"优美崇高的道理"。

庄子和柏拉图在追求超现实道美和理式美的同时,也不反对现实中的审美活动,又都提出了各自的艺术观。庄子崇高自然美,声称"淡然无极而众美从之"。一切违反自然本性的事物都不以为美;同时又提倡以真为美,反对矫揉造作,"真者,精诚之至也,不精不诚,不能动人",东施效颦之所以不美,因为东施空效西施之形而未得其真,"真在内者,神动于外,是所以贵真"。柏拉图认为美本身(理式)是唯一真实完美,万物由于模仿美本身才美,所以他提出艺术模仿论的艺术观。艺术是自然的模仿,是自然的影子,而自然又是理式的影子,因此艺术是影子的影子,艺术美是通过模仿万物之美而获得的理式美。

总之,庄子与柏拉图的美学思想,虽有各自的特点,但无论是关于美的本质,还是美感的相对性和审美活动,都有许多惊人的暗合之处。

## （九十七）　庄子哲学思想与尼采哲学思想有何相通之处

如果从思想整体而不是从片言只语来看问题,庄子与尼采哲学虽大不相同,却又有不少重要的相通和相似之处。

首先,尼采的"利己"与庄子的"贵身"都是对于个体生命的珍惜与热爱。尼采认为,人是自然的、生理的存在,是原始的和纯化了的欲望的复合体,"我彻头彻尾地是身体,此外无他"。"精神"、"理性"不过是"身体的一种工具"(《查拉图斯如是说》)。尼采认为,人的本能基本上是"利己"的,所以我们总是要求"自我肯定"、"自我保全"。尼采反对基督教的禁欲主义,要求生命的自我肯定、自我颂扬,要求对自己的胜利认可,只有这样才能使世界充实、丰满。他明确表示，他是热爱生命、热爱尘世的人。尼采这些思想与庄子的"贵身"、"全生"之说颇为相似。庄子"以天下为沈浊，不可与庄语"，具有愤世嫉俗的精神。在他看来，处穷间陋巷，贫贱自守，不与统治者同流合污，就是一种叛逆和反抗，是自我保持自然真美之性的高尚行为。他的关于"不材之木"的比喻也就是为了"贵己"、"重生"，以无用保持本性不受戕害。只是尼采达到"利己"的手段是积极的，而庄子是消极的。但二者思想深处都是不满现实、愤世嫉俗的，"利己"、"贵身"的思想都是针对损害人性的旧的道德传统而发的，因而也都具有各自的时代进步性。

其次，尼采的"醉境"与庄子的"道"是相通的。在尼采看来，转瞬即逝、变化无常的世界，既是唯一真实的世界，又是虚伪的、残酷的、矛盾的，能诱惑人的、无意义的。现实世界给人一种不安全感，甚至令人恐惧。只有艺术才能把人的目光从现实的苦难中引开，化苦难为快慰，使人获得一种回归家园的安全感。人生和世界只有作为审美对象才是有充分根据的。尼采强调，艺术是"醉境"，是人生的最高肯定状态，是对人生的祝福。在"醉境"中万物浑然一体，个体融进了万物之中，我与万物为一，逃脱了无常的纷扰，忘记了死亡和时间给个体造成的焦虑，感到一种永远创造、永远富有春意的狂喜和慰藉；由于这种慰藉，人就在整体中能够得到肯定，能够有"超然物外的自由"（尼采《悲剧的诞生》）。而庄子的"道"论证与尼采的"醉境"说相似。《天地》篇说"道兼于天"，天即自然。庄子还认为现实世界中的万物处于永远变化之中，"物之生也，若骤若驰，无动而不变，无时而不移"（《秋水》）。庄子所谓"齐死生，同人我"更是教人以道观物，摆脱事物的是非好恶与利害得失，达到精神上的超越。这些思想和尼采的"醉境"都是为了进入人生的最高肯定状态，只不过庄子所讲的"道"是规律，是理，知此理则可以超出无常，哀乐不入，这是以理化情；而尼采的"醉境"是一种审美现象，此境亦可以使个体融于整体之中，转悲为乐，这可以说是以情胜理。但"道"也好，"醉境"也好，都是超出名言、超出知识的境界，在这一点上，尼采与庄子是相同的。

第三，庄子的"坐忘"、"心斋"与尼采的"远观"殊途同归。庄子把得"道"的途径叫作"心斋"或"坐忘"，"惟道集虚。虚者，心斋也"（《人间世》）。"堕肢体，黜聪明，离形去知，同于大道，此谓坐忘"（《大宗师》）。"坐忘"就是去知去欲，使心虚而"同于大道"即得"道"。反之，终日庸庸碌碌，追逐名利，是不可能达到人生的最高境界的。尼采为了战胜无常的现实，主张"远观"事物以达到"醉境"。现实世界太虚伪、太矛盾、太残酷、太复杂，所以我们渴望通过艺术简化现实斗争，以补偿人生的痛苦，而这就需要"远观"，即对事物作远景透视，给事物罩上一层美的薄纱。过于精明，过于细致，陷入琐碎的欲望追求，反而会把人生撕成碎片。我们需要从远处观望万物，俯视自己，这才能"超然物外"。尼采的"远观"和庄子的"坐忘"同为超知识、超逻辑的直观。庄子与尼采在人生哲学上是惊人相似的。

总之，尼采和庄子对现实世界都感到悲观，但相比较而言，尼采更具有积极主动性，庄子则是消极避世的，所以他们的哲学既有质的不同，又有相通之处。

## （九十八）　怎样看待庄子思想与毛姆思想的暗合

庄子是 2000 年前的中国哲学家，毛姆是 19 世纪到 20 世纪的英国文人，无论时间还是地域，两人相距遥远。但是通观《庄子》一书和毛姆的作品，我们惊奇地发现他们确有许多暗合的地方，值得仔细玩味。

哲学家的睿智和文学家的机敏，使庄子与毛姆有共同的发现。《齐物论》有这么一则寓言："狙公赋芧，曰：'朝三而暮四。'众狙皆怒。曰：'然则朝四而暮三。'众狙皆悦。名实未亏，而喜怒为用，亦因是也。"狙公利用猴子的愚昧无知在名实关系上巧妙地捉弄了它们，满足了众猴的需要。19世纪后的毛姆也有这样的才气，他在小说《现象与本质》中极其精彩地描绘一个"朝三暮四"的故事，使女主人公莉莎特不仅逃脱了情夫斯瑞尔的嫉恨，而且让情夫成全了她和旧相好的美妙婚姻，又能叫斯瑞尔像庄子笔下的猴子一样心理上得到满足，深刻地揭露了资本主义异化状态下的虚伪、假道学面孔。以上两个故事,表面上都很平静甚至令人发笑,但深藏其中则是辛酸的眼泪,透视出社会虚伪欺骗的本质。

毛姆小说的无道德性正好暗合了庄子非仁义的思想。毛姆笔下的人物从来不受任何道德规范的束缚,都是我行我素,他们尽管不都是恶棍歹徒,但个个都是不问良心和人格的。毛姆重视的只有人的个性以及这一个性的是否真实,因为真实是人物的生命,他从不提倡用抽象的道德准则去衡量人。而庄子亦主张弃绝儒家的仁义道德,反对用符合所谓圣人之道来约束人的个性发展,要求顺乎人的自然属性,自由伸展人的身心。毛姆的无道德论,也坚持不从抽象的道德去评价人,他喜欢某人就喜欢某人,不因他不符合道德准则就不喜欢他,讨厌某人就讨厌某人,不因为他符合了道德规范而不讨厌他。这些说法具有一种相对主义色彩,与《齐物论》中一些观点不谋而合。

庄子与毛姆对生命与死亡的意义,有共同性的认识。生命与死亡是人类共同的命题,生的欢乐,死的悲哀,似乎成了不刊之论。死亡是人生无法超越的障碍,生命的有限性,死亡的必然性,促使聪明的哲人不得不思考某些重大的问题:生命的意义是什么? 怎样做到生命的不朽? 庄子对生死的态度是明确的,他认为身体是躯壳,可以消亡,世与道俱丧,不足惧怕,最可惧的死亡是,人身与世道未丧之前人心的丧失(《缮性》)。《田子方》云:"夫哀莫大于心死,而人死亦次之。"所谓"心死"就人失去天然纯真的自由境界,为外物所累,无法解脱。这一理论,正与19世纪西方理性异化现象相似,这种理性的死亡,在庄子看来比形体死亡更可惧怕。毛姆对此亦有深刻地认识,他在《刀锋》中说:"死者死去时那样子看上去多么死啊"。"想到一个在一小时以前还是有说有笑,充满生气的人直挺挺躺在那里,就是这样残酷,这样没有意义。"在这里我们看到,死亡的永恒性、不可抗拒性战胜了理性,这种对死的惧怕转而对生的珍惜,也就是庄子在"白驹过隙"中表露出的把握人生的"至乐"、"至美"思想。

由上可知,毛姆作品中的思想与庄子道家思想有很多吻合的地方。当然也应看到两者间的差别,例如庄子思想中有消极顺应的一面,而毛姆则是积极的反抗;庄子的利己主义带有无为的色彩,而毛姆的利己主义则又是努力追求的。

# （九十九） 中国历代庄子研究情况如何

庄子之学受到历代学者的重视,各家对庄子有较多的评价。最早是司马迁在他的《史记·老庄申韩列传》中对庄子的评价。

司马迁的评述一直为后代学者推崇,不仅由于司马迁治学态度严谨,而且是因为司马迁的评述比较客观,近于庄子思想原貌。

魏晋南北朝对庄子思想评述,多半将老子与庄子并提,当时许多达官名士宗崇老庄,魏王弼、何晏、山涛、阮籍、嵇康、向秀、郭象;晋王济、王衍、卢谌、司马彪、崔譔等为最突出。清代洪亮吉在他的《晓读书斋初录》(卷下)中说:"庄子一书,秦汉以来皆不甚称引。自三国时何晏、阮籍、嵇康出,而书始盛行;陈寿《三国志·曹植传》末言晏好老庄之言。《王粲传》末言借以庄周为模则,于康则云好老庄。老庄并称,实始于此。于是崔譔、向秀、郭象、司马彪等接踵为之注,而风俗也自此移矣。"

由上可知,魏晋老庄之风盛行,尤其是开始了以清谈老庄为玄的风尚,谈玄者不高老庄。这时,以郭象的《庄子注》为最著名。

到隋唐时期,主要是唐代,因为隋代研究庄子较少,仅见张羡、何妥的注疏本,且学术价值不高。唐代,庄子被尊为真人(南华真人),当时,朝廷屡下诏校定老庄等书。可以说,唐代之尊崇老庄,较汉代之尊尚孔子,有过之而无不及。故而后代注《庄子》之本也甚多。

魏晋之人,重在庄子的玄学,而较为忽视庄子之文风;唐代的学者,多重视庄子的文风,却忽视了庄子的哲理,各有偏颇。到宋代,上述两者(即哲理和文风)都受到重视。

欧阳修为宋之古文大家,苏轼也为宋著名的大文学家,都对庄子有过很高的评价。宋代研究庄子除欧、苏之外,还有王应麟、王曙、褚伯秀、林希逸等人,他们都有过注本。比如王应麟有《庄子逸篇》,王曙有《旨归》三篇

（对庄子思想有较深阐述），褚伯秀撰有《南华真经义海纂微》，林希逸撰《庄子鬳斋口义》等。

金元对庄子研究很少。明代则显著不同。当时明太祖也崇尚庄子，最著名的还有杨慎、朱得之、陆长庚、沈一贯、焦竑等。升菴撰《庄子阙误》，评价庄子说：

> 庄子，愤世嫉邪之论也。人皆谓其非尧舜，罪汤武，毁孔子，不知庄子矣。庄子未尝非尧舜也，非彼假尧舜之道，而流为之哙者也。未尝罪汤武也，罪彼假汤武之道，而流为白公者也。未尝毁孔子也，毁彼假孔子之道，而流为子夏氏之贱儒，子张氏之贱儒者也。

这一段文字几乎为后来学者作为庄子不是"非尧舜、罪汤武"的证词。到清代，一些名士对庄子的见解颇有代表性，如王夫之、王懋竑、姚鼐、王念孙等。王夫之的研究重在个人理解，反对因袭他人见解，故对庄学研究颇有新意。董思凝曾说："……抑闻船山为文自云有得于南华，故于内外诸篇俱能辨其真赝。"除外，洪亮吉、桂馥、梁章钜、颐煊、陆树芝等人对庄子研究也颇为深入。值得一提的是刘鸿典的庄学研究很有代表性，他在《庄子约节》中说：

> 世皆谓庄子诋訾孔子，独苏子瞻以为尊孔子，吾始见说而疑之，及读《庄子》日久，然后叹庄子之尊孔子，其功不在孟子下也。

应该说，清代治庄学的大家较多，除了上面提到之外，还有孙诒让、仲容、陶鸿庆、刘师培等人。可惜有的校本或补本未被刊行。清代的庄学研究规模还是较大的。

## （一百） 建国以来庄子思想研究有哪些成就

第一阶段为 1949 年—1957 年。这时期主要对《庄子》篇章的诠释、译解、集注、斠误和音辩等，如刘文典的《解书斠补·庄子》、高元白的《齐物论今释》和《庄子内篇今译》、高亨的《庄子新笺》等形成了这一时期的特点。从事庄子思想研究工作的也不乏其人，如 1957 年举行的中国哲学史讨论会,任继愈提出庄子的唯物主义世界观,认为庄子是古代哲学史上一位杰出的无神论者。杨向奎在其《庄子的思想》一文中认为:庄子内篇的道是一种物质力量,一方面产生天地万物的根源,一方面又有自己道行的法则,属于二元论。但是这一时期研究的路子方始初兴,加之运用比较成熟的马克思主义研究方法不多,特别是对于庄子的相对主义哲学体系的框架几乎没有提出来。有的研究方法也不够科学。

1958 年至 1965 年,是庄子思想研究的第二阶段,也是庄子哲学研究的鼎盛阶段。这期间,无论是广度和深度,或是运用马克思主义的砑究方法均有很大的提高,有的理论问题在学术界进行过激烈的讨论。

关锋研究庄子始于 1958 年,从他的《谈〈望星空〉的灵魂》到 60 年代的《庄子哲学批判》,反映了当时的研究深度。他的《庄子内篇译解和批判》探讨了庄子走向唯心主义的原因,有一定的学术价值,但又表现出明显的偏激。他运用庸俗的实用主义,采取把庄子一笔骂倒的态度,在学术界几乎提倡埋葬庄子精神。这一时期的研究表现了曲折、复杂的特点,可以说多少带有"哲学即政治"的观点,但研究工作还是有成绩的,特别是对庄子生卒年代、哲学体系、以及唯心、唯物等问题以及相对主义思想的特点等进行多层次的探索。除以上几个方面外,学术界还就庄子的"无为"思想、庄子和阿 Q 的关系、庄子的认识论等一系列问题都展开了广泛的讨论,并达到了一定的深度。

1966 年到 1976 年,这 10 年的庄子研究,由于"左"的思潮的影响,庄子思想研究几乎出现了空白。随着"批林批孔"、"批儒评法"等运动的开展,《庄子·盗跖》篇中指斥孔丘的寓言,又成了一个气候,但无论怎样,庄子的地位没有得到正确的评价,庄子思想研究停滞不前;学术界独奏起《老庄哲学是为奴隶制唱赞歌》的乐曲也是出于政治的需要。这样,庄子又与孔子连在一起,两个迥然不同的学术派别被划上了等号,庄子与孔子一样,被无情的岁月和有意的人打进了冷宫。

1977 年到 1981 年,为庄子研究的第四个阶段,这 5 年之所以与现在的庄学研究划开,是因为它标志着庄子思想研究的全面恢复的阶段。随着政治气候的改变,庄子哲学研究出现了一派崭新的气象。许多论文冲破了研究的禁区,对庄子思想给予了重新的评价。学术界认为庄子思想有消极的一面,如相对主义、虚无主义,但其批判现实主义精神是可取的。另外对庄子的相对主义有人提出有其辩证法合理的因素,认为庄子的相对主义在哲学辩证法发展中有其重要的地位。对于庄子哲学体系,有人提出"道"—"物"—"无"的客观唯心主义,又有人提出"道"—"心"—"物"的庄子哲学体系框架,还有人提出"有道—求道—待道","有待—无己—无待"等结构骨架的观点。总之,这期间的研究标志着庄子哲学思想的探索走向了一个全盛发展阶段。

第五个阶段是1981年迄今的庄学研究。这期间可以说百家争鸣,许多领域都展开了深入的探讨,特别是庄子内篇、外篇、杂篇分野,学术界提出了内篇早于对外杂篇的考证,有一定的说服力。对庄子的相对主义思想、辩证法思想等进行了研究,特别是对庄子提倡的追求精神自由、对现实的批判等进行了重新的评价。比较有代表性的著作陆续问世,如张恒寿的《庄子新探》和刘笑敢的《庄子哲学及其演变》等。这期间,学术界比较重视科学比较法的运用,在分析庄子思想时,既注意其体系内部各方面的矛盾和差异,又考虑其外部因素包括庄子后学的影响,无论是考据、辨伪,或是哲学思想的研究,这一时期都取得了很大的成就,特别是近年来,有人试图将中西文化进行比较,在庄子思想的比较研究中,成绩更令人可喜。